国家社科基金
GUOJIA SHEKE JIJIN HOUQI ZIZHU XIANGMU
后期资助项目

资历框架视域下的职业能力标准体系构建研究

谢莉花　著

科学出版社
北　京

内 容 简 介

在国际资历框架蓬勃发展的大背景之下，各教育领域依据资历框架制度实现系统、优化发展已成趋势。支撑职业教育领域发展的职业能力标准体系构建，对于国家完整意义的能力标准体系的形成及能力社会打造意义重大。本书对资历框架视域下我国职业能力标准体系的建设进行了系统探讨。首先明确了职业能力标准体系的建设框架、概念界定与理论基础，随后审视了我国职业能力标准体系建设的进展、问题与发展诉求。通过与澳大利亚、德国等国的国际比较，借鉴其建设经验，提炼出构建规律。书中还深入探讨了资历框架及资格标准体系的制度建设，以及一体化建设的主体思路，并以某一职业领域为例展开了案例分析。最后，对我国职业能力标准体系的未来发展路径予以展望，期望为职业教育体系发展和高素质技术技能人才培养提供参考或启发。

本书可供职业教育与培训领域的政策制定者、研究人员以及教师参阅。

图书在版编目（CIP）数据

资历框架视域下的职业能力标准体系构建研究 / 谢莉花著. -- 北京：科学出版社, 2024. 8. -- (国家社科基金后期资助项目). -- ISBN 978-7-03-079334-8

Ⅰ. C975

中国国家版本馆 CIP 数据核字第 2024H2X388 号

责任编辑：孙文影　崔文燕 / 责任校对：郑金红
责任印制：赵　博 / 封面设计：润一文化

科 学 出 版 社 出版
北京东黄城根北街 16 号
邮政编码：100717
http://www.sciencep.com

天津市新科印刷有限公司印刷
科学出版社发行　各地新华书店经销
*

2024 年 8 月第 一 版　开本：720×1000　1/16
2025 年 1 月第二次印刷　印张：17
字数：300 000
定价：108.00 元
（如有印装质量问题，我社负责调换）

国家社科基金后期资助项目
出版说明

后期资助项目是国家社科基金设立的一类重要项目，旨在鼓励广大社科研究者潜心治学，支持基础研究多出优秀成果。它是经过严格评审，从接近完成的科研成果中遴选立项的。为扩大后期资助项目的影响，更好地推动学术发展，促进成果转化，全国哲学社会科学工作办公室按照"统一设计、统一标识、统一版式、形成系列"的总体要求，组织出版国家社科基金后期资助项目成果。

全国哲学社会科学工作办公室

前　　言

在全球资历框架体系蓬勃兴起的宏观环境下，教育领域纷纷采纳资历框架制度作为其系统性优化升级的关键路径，这一趋势日益显著。在职业教育领域，构建全面而坚实的职业能力标准体系，不仅是推动该领域高质量发展的基石，更是推动国家构建全方位能力标准体系、迈向能力驱动型社会具有重要战略意义的关键举措。这一体系的构建，不仅关乎职业教育本身的深化与革新，更是国家层面促进人才发展、增强社会整体竞争力的长远布局。本书基于相关基础理论，在资历框架视域下对职业能力标准体系进行了系统研究，期望建立向上衔接跨教育领域的资格标准、向下指导教育领域内部专业教学标准和职业领域内部职业技能等级标准，横向上联结产业需求与教育供给的能力规格，为建设技能型社会提供能力方案参考。

2019 年印发的《国家职业教育改革实施方案》（简称"职教 20条"）和 2022 年的《中华人民共和国职业教育法》（简称《职业教育法》）分别指出，"职业教育与普通教育是两种不同教育类型，具有同等重要地位""职业教育是与普通教育具有同等重要地位的教育类型"。这意味着，职业教育与普通教育在国家政策、法律层面已经确立了等值地位，但在规则性、规范性、文化-认知各个层面仍需为实现同等地位建立一套制度系统，这是实现当前职业教育现代化和高质量发展的关键。"职教 20 条"同样提出，"推进资历框架建设，探索实现学历证书和职业技能等级证书互通衔接""有序开展学历证书和职业技能等级证书所体现的学习成果的认定、积累和转换"等内容，这对我国

开展资历框架、职业教育"学历证书+若干职业技能等级证书"制度
（即 1+X 证书制度）、学习成果制度的研究与建设工作提出了要求。这
三者之间相互关联，需要进行一体化研究与设计，才能真正为促进教
育的系统化改革奠定坚实的理论基础。基于以上关于普职等值、资历
框架、1+X 证书制度等政策与实践背景，本书从当前职业教育制度建
设的切实需求与问题出发，结合当前世界范围内主流教育思想与理
念，在资历框架视域下探讨尤其针对职业教育领域的职业能力标准体
系建设问题，以回应当前政策与实践中关于深化产教融合、建设标准
体系、建立普职等值、实现书证融通、实施职业教育 1+X 证书制度试
点等问题与需求，以此确立研究的问题出发点。本书尝试基于研究现
状分析、核心概念界定与基础理论阐释、我国职业能力标准体系的现
状及未来发展反思、国外经验梳理与提炼，最终提出资历框架视域下
我国职业能力标准体系的构建基础、内容及发展。

　　本书共八章：第一章"绪论"分析了职业能力标准体系研究的背
景与问题，提出开发具有我国特色的综合性国家资历框架及职业能力
（资格）标准体系的诉求，并展开研究述评与思考，明确研究对象、定
位、思路与方法。第二章"逻辑起点"从制度、标准和证书层面理顺
主题关联，提出职业能力标准体系建设框架，分析相关基础理论，为
后续研究奠基。第三章"现实审视"回顾总结我国职业资格体系建
设，梳理职业能力标准体系建设，反思整体建设诉求，指出未来需突
破多元资格体系限制，构建统一的职业能力标准体系。第四章和第五
章"国际比较""经验提炼"以澳大利亚、德国为例，描述总结其在资
历框架开发与实施背景下建设职业能力标准体系的状况，提炼构建规
律和特点，并进行经验总结。第六章和第七章"构建基础""构建主
体"提出职业能力标准体系的制度基础和资历框架建立的必要性等，
从系统设计和层级标准层面勾画我国职业能力标准体系的一体化构
建，提出关联设计设想并以案例呈现开发内容与路径。第八章"未来
路向"总结研究的核心观点，提出未来理论和实践研究的突破点与可

能性，以进一步完善我国职业能力标准体系的发展。

本书是国家社会科学基金后期资助项目"资历框架视域下的职业能力标准体系构建研究"（20FJKB013）的成果。研究的触发点来源于2019年印发的"职教20条"中关于实现职普同等地位、推进资历框架、深化产教融合、建设职业教育标准体系、实施职业教育1+X证书制度试点等改革需求，尝试以建设职业能力标准体系作为问题解决的可能方案，并针对这一研究对象与目标，开展了上述系统研究。

在本书的研究与撰写过程中，学术界关于资历框架的研究著作也越来越多，尤其是来自终身学习领域或继续教育研究领域的同仁。这些著作系统阐释了资历框架的基础理论、制度政策与国际经验，为本书在资历框架视域下深入挖掘明确并坚定了发展方向。作为职业教育研究人员，笔者深知资历框架对于职业教育改革发展的重要意义，尤其在产教融合、职普等值融通、技术技能人才发展方面都能更好地提升职业教育地位和促进职业教育高质量发展。因而，在由学历社会转向能力社会发展的大背景下，本着对职业教育的热爱与期盼，笔者畅想在跨教育领域的统一资历框架下能否有一把支撑职业教育独立、高质发展的能力标尺，这把标尺能够实现职业教育的纵向衔接与贯通、横向等值与融通、产教对接与联通、育训协调与互通，因而，本书尝试将资历框架的思想理念落实于职业教育领域，设想从制度到标准再到培养的一体化设计或理顺，并期望能够通过这一能力基准的建设解决当前职业教育发展中的一些瓶颈问题。如此，职业教育便能在提升人才综合职业能力的自身轨道上自信且高质前行。

本书在资历框架、学习成果理论方面的梳理和阐释可为后续相关研究和国家资历框架开发提供基础，标准体系的一体化构建理念可为未来的能力标准构建及能力证书开发提供系统化思路，职业能力标准构建的初步结果也可为产教融合、职普融通、现代职业教育体系建设等提供启发。受本人学识修养、理论功底、实践应用的限制，研究成果还存在一些待发展的方面：在研究框架的搭建和研究主旨的把握方面还有提升和凝练的空间；对于职业能力标准体系构建的方法论把握上还有进一步提升的空间，如将核心能力与专业能力融合从而形成综合职业能力条目的理论与技术还需继续探究；对职业能力标准体系一般规律的概括还比较粗略，还需进一步提炼；本书更多地从理论层面澄清了相关概念、理论及其关联，在实践应用和案例开发中还需集合利益相关者进行深入、细致开展，并在实践中获得反馈和进行修正，通过实践与认识的循环往复形成真正能够服务于国家能力标准体系建设的有益成果。

本书研究成果的呈现得到了国家社会科学基金后期资助项目"资历框架视域下的职业能力标准体系构建研究"（20FJKB013）课题组全体同仁的支持和帮助。首先，我要感谢国家社会科学基金的立项支持，使得这个主题的持续和深入研究成为可能。其次，我要感谢我的学生，特别是当前在终身教育研究领域工作的余小娟、陈慧梅两位硕士在本书撰写过程中做了许多基础工作，为本书的完成提供了丰富的资料，并进行了一些校对工作。另外，我要感谢科学出版社孙文影、崔文燕等编辑为本书出版所提供的专业支持。最后，我要感谢我的家人，是他们的理解与支持使得我有时间从事自己喜爱的职业教育研究工作。

希望本书能对读者深入理解与发展基于资历框架的职业教育能力标尺——职业能力标准体系有所帮助。由于笔者自身研究视野和研究水平的限制，对相关内容和细节的理解可能不够到位，书中内容难免存在不足之处，敬请广大读者不吝赐教。

谢莉花

2023 年 12 月

目　录

前言

第一章　绪论 ·· 1

第二章　逻辑起点：建设框架、概念界定与理论基础 ············ 21

　　第一节　资历框架 ····································· 22

　　第二节　学习成果 ····································· 39

　　第三节　职业能力标准体系 ····························· 75

第三章　现实审视：我国职业能力标准体系建设的进展、问题与
　　　　诉求 ·· 89

　　第一节　我国职业能力标准体系建设的历史进展 ············ 89

　　第二节　我国职业能力标准体系建设的现实问题 ············ 113

　　第三节　我国职业能力标准体系建设的发展诉求 ············ 117

第四章　国际比较：资历框架视域下职业能力标准体系建设的
　　　　他国经验 ·· 122

　　第一节　澳大利亚职业能力标准体系建设 ················· 122

　　第二节　德国职业能力标准体系建设 ··················· 144

第五章　经验提炼：资历框架视域下职业能力标准体系构建规律
　　　　分析 ·· 169

　　第一节　基于资历框架完善标准体系的构建理念 ············ 169

　　第二节　以学习成果为核心导向的构建原则 …………………… 173

　　第三节　基于能力实现职普等值的构建方向 …………………… 175

　　第四节　各级各类标准逐级推进的构建过程 …………………… 180

第六章　构建基础：我国资历框架及资格标准体系的制度建设 ……… 192

　　第一节　资历框架作为制度基础建设的必要性 ………………… 192

　　第二节　综合性国家资历框架建设的重难点 …………………… 195

　　第三节　资格标准体系建设之于职业教育发展 ………………… 199

第七章　构建主体：资历框架视域下我国职业能力标准体系的
　　　　　一体化建设 ……………………………………………… 204

　　第一节　职业能力标准体系的构建价值：承上启下与
　　　　　　左右联通的关键纽带 ………………………………… 204

　　第二节　职业能力标准体系的构建思路：从系统设计
　　　　　　到层级标准的一体化 ………………………………… 206

　　第三节　职业能力标准体系的构建案例：以"汽车维修"
　　　　　　为例 ………………………………………………… 239

第八章　未来路向：资历框架视域下我国职业能力标准体系的
　　　　　再发展 ………………………………………………… 247

　　第一节　研究回顾总结 …………………………………………… 247

　　第二节　核心观点提炼 …………………………………………… 251

　　第三节　未来研究展望 …………………………………………… 254

第一章 绪 论

一、本书研究的背景与意义

（一）研究背景与目的

当前，全球众多国家正致力于打破学历资格体系与职业资格体系之间的传统界限，积极探索并构建两大体系之间的桥梁与纽带。其目标在于实现不同学习路径之间的无缝对接，以及各系统内部资格认证的相互认可与等值转换。这一努力旨在构建一个全新的国家资历框架[①]与体系，该体系不仅促进了学历资格与职业资格之间的深度沟通与有效衔接，还为个人终身学习、职业发展及社会经济进步提供了更为灵活与包容的路径。在世界各国各地区发展资历框架的大背景下，我国也非常重视国家资历框架的开发与建设。我国于 2010 年发布的《国家中长期教育改革和发展规划纲要（2010—2020 年）》明确提出了"搭建终身学习'立交桥'，促进各级各类教育纵向衔接、横向沟通""建立继续教育学分积累与转换制度，实现不同类型学习成果的互认和衔接"。2014 年印发的《国务院关于加快发展现代职业教育的决定》提出，"积极推进学历证书和职业资格证书'双证书'制度"；同年，教育部等六部门印发的《现代职业教育体系建设规划（2014—2020 年）》也提出，要"完善学历学位证书和资格证书'双证书'制度，逐步实现职业教育学历学位证书体系、专业学位研究生教育与职业资格证书体系的有机衔接"，并提出建立学分积累和转换制度，旨在推进学习成果互认衔接。2016 年发布的《"一带一路"建设教育行动计划》明确提出，加快推进本国教育资历框架开发。同年发布的《中华人民共和国国民经济和社会发展第十三个五年规划纲要》，正式将"制定国家资历框架"列为国家"十三五"改革发展议题。2019 年印发的《教育部关于深入学习贯彻〈国家职业教育改革实施方案〉的通知》中也提出，"探索和构建符合国情的国家资历框架，有序开展学历证书和职业技能等

[①] 资历框架（资格框架），英文为 qualification framework，中文"资历框架"中的"资历"兼具"资格和经历"的含义，"资格"则包含"职业资格和学历资格"的意思，虽然"资格"更接近本身含义和符合国际资格框架的定位，但本书仍采用国家文件中的说法——资历框架。

级证书所体现的学习成果的认定、积累和转换"。2022 年修订的《中华人民共和国职业教育法》（简称《职业教育法》）也提出"国家建立健全各级各类学校教育与职业培训学分、资历以及其他学习成果的认证、积累和转换机制，推进职业教育国家学分银行建设"。由此可见，制定资历框架是我国社会发展的必然趋势，因此有必要探究资历框架制定的理论依据与原则。职业能力标准体系作为现代职业教育体系设计与实施的重要参考依据，是未来制定资历框架的核心基础和关键难点。

我国现行的资格（能力）标准体系主要包括由教育部门主管的学历资格体系和人力资源社会保障部及下属部门主管的职业资格体系。从现行教育管理体制来看，这两类资格（能力）标准体系在各自发展及相互融通之中仍然存在着难以突破的障碍，主要表现为：学历教育、职业教育、继续教育多头管理，条块分割；多种教育质量标准并存，水平参差不齐；教育市场与劳动力市场脱节，教育成果难衔接。①

1. 多元资格体系分立

从体系架构的宏观视角审视，教育部门主导下的学历资格认证及其标准体系与人力资源社会保障部门统领的职业资格认证及标准体系，呈现出并驾齐驱、各自发展的态势。近年来，由于经济发展对人才发展需求的结构性变化，各类教育与培训部门的纵深发展以及相互之间衔接联动关系的加深，两个体系之间的沟通衔接已经成为学者关注的热点，并且已经进入实践试点环节。但是，无论是从理论研究还是实践运行来看，两个资格体系及各自资格证书之间的融通仍然存在着难以突破的障碍，归根结底还是因为两者之间未搭建起统一、等值的基准体系，造成两个体系内部与两个体系之间多元资格（能力）标准并存但不互通的现象。

从教育体系内部来看，目前，我国基础教育、职业教育、高等教育领域内部或多或少地存在标准不一的问题，职业教育领域由于其跨界性而更具复杂性，其问题更为突出。以中等职业教育为例，中等职业教育仅专业教学标准就有多种，如国家专业教学标准、国际水平专业教学标准和地方专业教学标准。各个层面的专业教学标准的水平要求不一，也无基准参考，在专业教学标准指导之下制定的课程标准就更为多种多样。虽然教育标准，尤其直接指导教学一线的专业教学标准和课程标准，其多样化、分层次、分地区乃至校本化制定和发展既是因时因地的实际所需，也是教育

民主化发展的应有之义，尤其是在具有区域性、专业发展特色的职业教育领域。但是"标准不一"并不意味着标准的构建可以完全"自作主张"，各标准间仍需要有统一的标准线，为具体标准的制定和进一步教学实施的质量保底，同时同一标准的上下层级之间应相互衔接，较高等级标准囊括较低等级标准，较高层次标准指导较低层次标准。这需要有一个通用于所在领域最上位的基准体系，为领域内各级各类标准自身的质量和标准之间的兼容衔接提供基本参照和依据。

2. 权威统一标准缺乏

就我国在全世界范围内的发展现状与战略来看，我国尚缺乏统一的国家标准，使得职业教育和技能培训难以走出国门。物流、汽车、能源和装备制造业等亟须通过国家资历框架提供规范和标准，既为共建"一带一路"国家培养支柱产业的合格建设者，也为我国企业走出国门提供专门技术人才。"但由于权威而统一的标准体系还没有建立起来，现有资历框架和学分银行建设尚无法满足这些方面的需求。"①由此可见，因为缺乏权威统一标准，使得我国在"走出去"的道路上也存在诸多限制，未来需要在国内与国际需求两个层面综合考虑标准体系的制定与实施。

相较于国际上广泛采纳的学习成果导向原则，我国资历标准的制定仍显著侧重于学习场所、学习方式以及对先前学习经历的严格考量，而对于非正式与非正规学习所取得的成果，其全面融入学分及资格认证体系的路径尚显艰难。这一现状，首先，导致我国资历标准难以与国际普遍认可的标准体系无缝对接，进而成为国际教育合作与人才跨国流动的潜在障碍；其次，过分强调过程性要求的做法，也在无形中加深了教育与社会的公平性挑战，既可能人为设置障碍，又可能因制度设计的不完善而加剧教育资源的不均衡分配。

3. 人力资源供需失调

作为人才培养的核心实施主体的教育与培训体系，与负责人才培养结果权威鉴定的标准体系，以及作为人才吸纳关键环节的就业与升学体系，共同构成了支撑人才开发的三大支柱体系。这三者虽各自相对独立，却通过紧密的相互关联与互动，共同编织起人才成长与流动的生态网络。从供需关系的角度来看，教育与培训体系的人才培养为供给；就业与升学体系的人才接收则为需求；作为供需匹配的桥梁，"资格与能力标准体系"是

---

① 王海东，邓小华. 2019. 我国学分银行与资历框架建设探索：进展、问题与对策. 中国远程教育，40（12）：55-60+93

连接人才培养、评估和使用三大环节的重要关联点之一，它有助于促进这三者之间产生良性循环。我国当前的资格认证及其标准体系，作为沟通教育培训的人才培养供给与劳动力市场的人才质量及结构的实际需求之间的桥梁，其作用的发挥是极为有限的。当前，解决产教融合难题的关键性举措，在于构筑一套能够精准对接教育供给与产业需求双方的标准体系。

鉴于我国当前资格认证体系、标准体系及教育与劳动力市场体系的现状与需求，未来发展的必然趋势与必由之路，在于开发并构建一套融合我国职业与教育鲜明特色的综合性国家资历框架及资格（能力）标准体系。跨教育领域的资历框架、统一的资格（能力）标准，以及学历（资格）证书与职业（资格）证书融通（简称"书证融通"）策略，都是未来教育体系建设的基础，也是当前亟待解决的关键问题。本书旨在职业教育作为一种类型教育、职普等值与融通的大背景下，在资历框架视域下深入探索作为核心关节点的职业资格（能力）标准体系的构建，包括其理论基础、程序与内容及其在职业教育与培训领域的应用。

（二）研究意义

职业资格（能力）标准是职业教育与培训领域内部设计的基准，同时是衔接产业与教育之间的核心纽带，也是沟通教育体系内部、各教育领域之间的参考平台。其研究对综合性资历框架制度的建设、教育教学的设计与实施、资格的鉴定和证书的获取等具有重要意义。

在理论研究上，本书应用资历框架、类型教育、职普等值、学习成果等最新理念，构建联结"产"与"教"的职业资格（能力）标准体系，进一步丰富现代职业教育体系制度、标准及机制建设的相关理论；通过阐释并应用基础理论，开展比较研究与本土研究，探索作为衔接学历证书与职业证书、贯通各级职业资格与教育的职业能力标准构建的理论基础。

在实践应用上，本书回应《国家职业教育改革实施方案》等文件中关于"国家资历框架"建设，"1+X学习成果的认定、积累和转换"等需求，提出中层的指导框架与标准，形成一体化构建职业资格（能力）标准体系的内容与路径，为现代职业教育体系的高质量建设提供基本依据，为实施中国特色学徒制、实现书证融通等提供基准参照；此外，回应当前"产教融合""健全职业教育人才培养质量标准"等关键问题，明确职业教育促进职业综合素质和行动能力的真正价值，探索实现产教融合和提高人才培养质量的可能核心要素与路径。

二、相关研究现状

基于本书的研究背景、目的及意义，本书将从"资历框架"和"职业能力标准体系"两个维度进行深入研究，旨在为明确具体研究问题及奠定前期研究基础提供指导方向。

（一）资历框架研究现状

以"资格框架"或"资历框架"①为"关键词"在中国知网进行检索，一共检索到关联程度较高的中文论文近 700 篇（截至 2022 年 9 月）。近年来的总体研究呈现逐渐递增的发展态势（图 1-1），其"主题"（"关键词"）分布位于前几位的主要是"国家资格框架""资历框架""职业教育""澳大利亚""学分银行""国家资历框架""资格框架""终身学习""1+X证书制度"（图 1-2）。

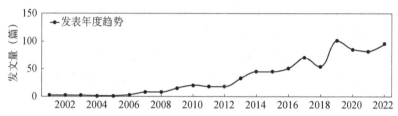

图 1-1　中国知网中以"资格框架"或"资历框架"为关键词的总体研究趋势

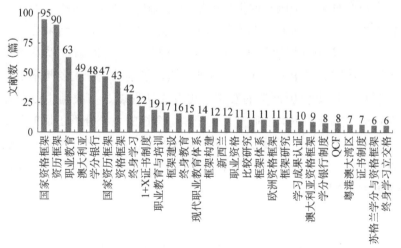

图 1-2　中国知网中以"资格框架"或"资历框架"为关键词的研究主题分布

对已发表成果的具体内容进行分析，按照研究立足点的不同，可以将

---

① 2018 年之后多采用后者表述。

截至 2022 年 9 月产生的以"资历框架"为主体的研究成果划分为比较研究和应然研究两大研究领域。其中，比较研究的立足点是国外地区或国家资历框架，基本的研究思路是在对国外资历框架建设经验进行介绍、分析的基础上，获得对我国资历框架开发、学分制构建及职业教育发展等方面的启示。

1. 比较研究侧重于国外经验介绍与总结

我国对国家或地区资历框架的相关研究开始于 20 世纪末[①]，研究以为本国相关领域理论构建或实践发展提供正面的经验借鉴或反面的教训为主要目标，对于"国家资历框架"这个舶来品的研究多以比较研究为主，且研究时间越靠前，单纯经验介绍的成分也就越多。进入 21 世纪，尤其是近几年才开始由对国外的经验介绍进入理性及逻辑性的反思阶段，并逐步由单纯的文本探究进入实施领域。

对国家资历框架的比较研究主要可以分为以下几种类型：①多国间综合性的比较研究，从多个维度对多个国家的资历框架进行分析总结，揭示其差异性和共同点，如《国际资格框架体系比较研究——基于对英国、欧盟、澳大利亚的分析》[②]此类的文章；②单个国家的综合性比较研究，从多个角度对一个国家的资历框架进行系统性的分析，如《终身教育理念下的澳大利亚资格框架评析》[③]此类的文章；③单个国家单个要素的研究，从某一个角度对某一个国家的资历框架的情况进行细致的分析，如《澳大利亚资格框架下的学分转移与衔接研究》[④]此类的文章。总结来看，当前我国关于国家资历框架比较研究的重点机构与国家有欧盟，以及澳大利亚、英国、德国、爱尔兰、印度、南非等国，国别的选择主要是基于国家的发展程度、国家资历框架的发展历史及成功程度、与我国相似性等要素。对这些国家资历框架的研究，无论是综合性的系统分析还是单个要素的深入探究，其涉及的要素或领域主要有国家资历框架的理论与实践背景、发展历程、功能及影响、内容与结构、实施与运行、特征等方面，具体情况如图 1-3 所示。

① 蓝洁. 2017. 国家资格框架：基于国内文献的述评. 中国职业技术教育，（3）：15-19
② 谷峪，李玉静. 2013. 国际资格框架体系比较研究——基于对英国、欧盟、澳大利亚的分析. 职业技术教育，34（25）：84-89
③ 谭佳. 2011. 终身教育理念下的澳大利亚资格框架评析. 教育与职业，（5）：96-98
④ 焦化雨. 2013. 澳大利亚资格框架（AQF）下的学分转移与衔接研究. 上海：上海师范大学

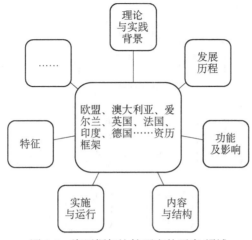

图 1-3　资历框架比较研究的要素/领域

2. 应然研究侧重于理论构建和本土化运用

在比较研究不断深化的过程中，学者开始逐步跳出比较研究的框架，以国家资历框架实体本身为对象，探究国家资历框架整体及构成要素的应然状态，而非已有的他国经验，由此再进一步开展适应性的本土化研究和实践，总体呈现"比较研究—应然研究—本土探索"的研究脉络。国家资历框架的应然研究并不是完全脱离比较研究，对国外资历框架的经验总结也会在该部分中有所涉及，但与比较研究不同的是，应然研究的侧重点和立足点是超越经验总结的国家资历框架本体性分析。

关于国家资历框架应然研究文献主要涉及的要素和囊括的范畴与上述的比较研究几乎重合（图 1-4），这是因为国家资历框架作为一个制度实体，其内涵及外延是相对稳定的，学者的研究也需要基于此开展。对象的重合并不意味着研究内容的重复，相对于比较研究而言，在其基础上发展起来的应然研究的不同主要体现在研究立足点、研究深度、研究侧重点、研究目的等方面。

从研究立足点说，比较研究的立足点是发达国家的国家资历框架，基于对其资历框架全面系统的经验介绍，综合性地提出对我国的启示及建议，但该类研究文献中对我国的启示更多的是国外资历框架发展的经验总结，与我国的实际情况并不一定能够有效对接；应然研究的立足点则是国家资历框架本身或我国国家资历框架，是从应然性的视角探讨一个构建及运行良好的国家资历框架所应包含的要素、结构及运行模式等，本土化国家资历框架的开发和构建研究也开始深入我国当前教育、资格体系的实践

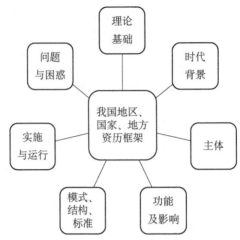

图 1-4　资历框架应然研究的要素/领域

中。应然研究中也会涉及对国外资历框架成功经验的介绍和借鉴，与比较研究有所不同的是，介绍和借鉴并不是此类文章的主体，而仅作为学者陈述自己观点的参考资料。从研究深度上说，应然研究作为探究资历框架本真状态的研究，在研究逻辑及思辨程度上要比前者更为复杂。从研究侧重点来说，比较研究多为囊括国家资历框架多种要素和过程的综合性研究，在研究的各个方面都有涉及，在单要素（以某一主题为主体）的比较研究中，对国家资历框架"功能及影响"的探讨所占篇幅最大，尤其是对职业教育的功能及影响。应然研究中也有对国家资历框架应发挥功能和作用的探讨，有所不同的是，后者更具因时因地的针对性，与此同时，应然研究中增加了对国家资历框架内容、结构、模式等本体性要素的探讨。从研究目的来说，比较研究侧重于对国外经验的介绍与总结，应然研究则侧重于理论构建和本土化运用。

除比较研究和应然研究之外，还有少数几篇是对当前我国国家资历框架研究现状的文献述评，也有少部分学者对构建国家资历框架持怀疑态度，认为国家资历框架并不能实现真正意义上的"双证融通"①。在当前我国存在构建国家资历框架需求且国际上已形成相应趋势的背景下，直接怀疑的声音并不多，相反，更多的是针对国家资历框架问题的深入研究，其根本意图是解决这些问题，以建更加完善的国家资历框架。

还有一部分不以国家资历框架为研究主体或作为主体之一的相关研究，例如：在终身教育的研究中，将构建国家资历框架作为实现终身教育

---

① 匡瑛. 2012. 我们高估了英国国家资格框架. 江苏教育，（3）：18-19

的途径之一①；在学分银行的研究中，将国家资历框架作为学分流动的平台②；在教育体系研究中，将国家资历框架作为教育体系内部实现横纵贯通，外部实现与社会融通的制度保障等③；2019 年《国家职业教育改革实施方案》发布以来，也有数篇文章研究了以资历框架来推进 1+X 证书制度④⑤。这些研究内容在针对国家资历框架的研究中也会有所提及，只是在相关性研究中，国家资历框架与终身教育、学分银行、1+X 证书制度等的研究主次位置有所调换，这也从侧面反映了国家资历框架研究牵涉的范围之广。

3. 关于资历框架研究成果的述评

从我国国内研究来看，我国学者在国家资历框架这一主题上从比较研究逐步深化并转向应然性及本土化研究，研究对象由国家资历框架的外围性影响因素逐渐过渡到国家资历框架本体，围绕对国家资历框架的资格等级与类型划分、资历标准体系等静态因素和学习成果认定及学分转换等动态因素对他国经验进行了分析，并尝试探求和构建我国国家资历框架相应的本体性要素。总体来看，我国关于国家资历框架研究主要有以下特征。

第一，从研究趋势上来说，前期以比较研究为主，后续则基于比较研究的成果，深入探究国家资历框架的本体性，并从多个角度将我国国家资历框架的构建纳入研究的范畴，这反映了一个新制度创立从借鉴国外到深化研究并逐渐实现本土化的一般性研究趋势。

第二，从研究对象和囊括范畴来说，系统分析国家资历框架构建的内外要素的综合研究偏多，以国家资历框架构建中某一或多个元素为对象的专门研究而言，国家资历框架的功能、作用和意义是最受这部分学者青睐的研究要素。在国家资历框架建立初期，这些必要性分析起着重要的基础性和准备性作用。但是对作为核心的资历框架内容及结构部分的分析，例如国家资历框架应该划为几个等级、等级标准和资格规范如何确定等方

---

① 李建忠. 2009. 从理念走向现实——欧盟推进终身学习发展的路径. 职业技术教育，30（31）：82-88
② 李静，鄢小平，季欣. 2018. 以资历框架为引领的学分银行制度建设探索. 终身教育研究，29（1）：48-56
③ 许译心，沈亚强. 2015. 现代职业教育体系下普职融通的困境与破解. 教育与职业，（10）：9-13
④ 吴南中，夏海鹰. 2019. 以资历框架推进职业教育 1+X 证书制度的系统构建. 中国职业技术教育，（16）：12-18
⑤ 季欣. 2019. 基于资历框架与学分银行理念的 1+X 证书制度建设探究. 创新创业理论研究与实践，2（13）：24-27

面，仅有少数几篇论文专门研究，而资历框架内核正是国家资历框架进入开发和构建阶段首要且核心的任务。

第三，从研究主体来说，目前从事国家资历框架研究的学者大多来自职业教育和成人教育领域，这在一定程度上显示出研究主体过于单一，限制了国家资历框架研究的视野。同时这部分学者对资历框架核心部分（即资格的标准体系）及其在教育领域的进一步转化、发展的研究探索仍有限。

当前，我国对资历框架的研究还处于蓬勃发展的态势之中，存在着整体数量上不足，同时在质量上也存在框架构建的理论基础、对国外资历框架深层规律与逻辑体系的把握不够，以及资历框架与我国现有教育体系与资格体系的联结等方面的研究与探索不足，未来还需加强在以下方面的研究。

首先，在理论基础构建层面，国家资历框架本体部分的研究和开发还缺乏有针对性的理论基础，如学习成果维度及内容确立所依据的学习成果理论的探究、资格等级划分数量确定的理论依据等。构建有针对性的理论基础仍有所欠缺，而这理论基础对说服他人并确保构建质量至关重要。展望未来，我们的视野必须超越传统职业教育乃至广义教育的范畴，深刻认识到国家资历框架作为一项高度综合性的社会制度体系，其构建与发展亟需更为深厚且具针对性的理论支撑。

其次，对国外资历框架本体部分的研究尚缺乏足够的规律总结。多数文章还处于某国国家资历框架的等级和资格划分、标准体系现状的描述阶段。规律性的总结不足，我们就无法探寻发达国家构建资历框架的深层和内在逻辑体系，也就无法有效地借鉴其实质的构建内核。展望未来，我们需要深化国家资历框架的比较研究，在总结国家资历框架内容、结构及运行等方面内在性和一般性规律的基础上，侧重于对资历框架本体性的内容和结构层面的本质规律探究。

最后，基于我国教育与资格体系背景，提出并尝试构建本土化的国家资历框架。例如资格等级水平的划分，是划为6个、7个、8个等级还是10个等级，这并不仅仅是对国外经验的借鉴，该数量确定的核心依据还在于对我国现有教育体系和资格体系的分析，缺乏本土的背景研究会导致国家资历框架构建的根基不牢。另外，我们还需要加强对我国相关领域的实践背景研究，在现有教育体系与职业资格体系的基础上，构建既具备理论基础又具备实践基础的国家或区域资历框架。

总结来看，我国学者在国家资历框架这一主题上从比较研究逐步深化并转向应然性及本土化研究，既是其研究范围上不断扩展、理论逻辑思辨性不断强化的过程，也是研究对象逐渐由国家资历框架的外围性影响因素和被影响性因素逐渐过渡到国家资历框架本体的过程。在分析国家资历框架中等级和资格类型划分、标准体系等静态因素和学习结果认定及学分转换等动态因素的他国经验后，我们更需要探求和构建我国国家资历框架中的这些本体性要素。这是我国资历框架从向外探索经验到总结提升经验，进而提出构建的需求和设想，最终能够进入实践运行之中必不可少的环节。优质且具备高信效度的国家资历框架的产生，是以往研究成果的实效证明，也是框架本身能被大范围接受和认可并保证实施运行顺畅的前提。在我国国家经济、教育发展需要的大背景下，国家资历框架已经正式提上构建日程，由此国家资历框架本体的研究和构建也应该成为当前最为核心的任务之一。

（二）职业能力标准体系研究现状

1. 现有职业能力研究多侧重于课程开发层面

以"职业资格标准"或"职业能力标准"为"关键词"在中国知网上进行检索，一共检索到关联程度较高的中文论文940多篇（截至2022年9月），除了一部分与"辅导员"主题相关外，其余大多与职业教育主题相关。其关键词分布位于前几位且相关的主要是"职业能力标准""职业能力""职业资格标准""高职院校""课程体系""职业教育""专业课程体系"等（图1-5）。从中可以看出，"职业资格/能力标准"主要研究的是与职业院校课程体系开发相关的职业（技能）标准。

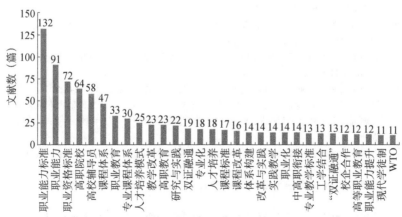

图1-5 中国知网中以"职业资格/能力标准"为关键词的研究主题分布

　　其中，"职业能力"是核心关键词，基于职业能力对职业教育课程的研究较多，如强调职业能力是职业领域与职教领域的中间变量，学者开展了如下研究：①职业能力的内涵，包括定义①②、结构要素③、层次划分④⑤及相关概念⑥⑦的阐释与界定。职业能力是职业教育领域的核心概念，不同国家及不同心理学派对职业能力内涵的理解都不完全一致。②职业能力描述与分析方法⑧⑨，提出职业能力是把工作任务转化为课程内容极为关键的中间变量，需进行具体化的职业能力描述，即职业能力的表述与工作任务相结合。③职业教育培养目标⑩⑪、课程开发⑫⑬、职业能力测评⑭等不同目的视角下进行职业能力的开发与应用。④职业能力形成与培养模式⑮⑯⑰要求遵循职业能力形成的基本规律来促进其发展。总结而言：第一，职业能力的概念及内涵的界定直接影响着职业教育培养目标的定位。因此，需认识到职业能力是一种职业技能基础上可持续发展的综合能力。第二，职业能力开发结果是职业教育培养目标确定与课程开发的基

① 匡瑛. 2010. 究竟什么是职业能力——基于比较分析的角度. 江苏高教，（1）：131-133+136
② 赵志群. 2008. 对职业能力的再认识. 职教论坛，（6）：1
③ 蒋乃平. 2001. 对综合职业能力内涵的思考. 职业技术教育，（10）：18-20
④ 谭移民，钱景舫. 2001. 论能力本位的职业教育课程改革. 教育研究，22（2）：54-60
⑤ 陈宇. 2003. 职业能力以及核心技能. 职业技术教育，24（33）：26-26
⑥ 徐朔. 2006. 论关键能力和行动导向教学——概念发展、理论基础与教学原则. 职业技术教育，27（28）：11-14
⑦ 赵志群. 2013. 职业能力研究的新进展. 职业技术教育，34（10）：5-11
⑧ 徐国庆. 2016. 职业教育项目课程：原理与开发. 2版. 上海：华东师范大学出版社，86-91
⑨ 上海市教育委员会. 2012. 职业教育国际水平专业教学标准开发的研究与实践. 上海：华东师范大学出版社，34-37
⑩ 赵志群. 2008. 对高等职业教育培养目标、课程模式和课程开发方法的一些思考. 武汉职业技术学院学报，7（2）：24-27
⑪ 温福军，黄俊刚，郭海龙. 2013. 职业能力分级培养的汽车类专业中高职衔接体系研究. 中国职业技术教育，（29）：38-42
⑫ 徐国庆. 2007. 职业能力的本质及其学习模式. 职教通讯，22（1）：24-28+36
⑬ 徐国庆. 2016. 职业教育项目课程：原理与开发. 2版. 上海：华东师范大学出版社，38
⑭ 赵志群，费利克思·劳耐尔. 2018. COMET职业能力测评方法手册. 北京：高等教育出版社，1
⑮ 中国就业培训技术指导中心组织. 2009. 职业概论. 北京：中国劳动社会保障出版社，241
⑯ 庄西真. 2008. 试谈技术工人操作技能的形成与职业学校的教学. 职教论坛，（18）：31-34
⑰ 李宇红. 2015. 职业教育分级制研究：职业教育分级教学体系构建研究. 北京：中国财富出版社，1

础。除了基于工作任务分析和资格研究开发职业教育课程外，还需将核心能力融入其中。第三，对职业能力形成规律的认识是确定职业教育培养模式的基石。企业参与职业教育、校企深度合作等机制需要行业企业参与职业能力开发及实施过程。第四，职业能力测评旨在为职业教育人才培养提供良好的考核和评价依据。职业能力测评维度逐渐从劳动市场强调的职业技能鉴定拓展到劳动者职业生涯发展需要及企业发展需要的范畴。

除了"职业能力"研究，职业能力标准作为职业教育体系建设、职业院校专业建设、人才规格确定、课程开发、能力评价的核心内容，近年来其相关研究也愈发受到重视。在学术理论层面，例如，从技术哲学角度分析职业发展进程中从业者职业能力标准历经了阶段性变化，阐释职业能力标准演进的技术实践逻辑。[①]在职业教育人才培养或课程层面，学者对职业能力标准的开发在理论、实践及方法上开展了诸多探讨，如在《职业教育国际水平专业教学标准开发的研究与实践》[②]以及《职业教育国家专业教学标准开发：理论与方法》[③]的研究中，对职业能力标准的内涵、开发内容、路径与方法进行了探索，一些研究也对具体职业或专业的职业能力标准的开发[④]进行了探究。

2. 资历框架视域下职业能力标准研究并不多见

以"资历框架+职业资格标准"为主题在中国知网上进行搜索，发现已发表的文章仅13篇，覆盖的关键词包括：国家资历框架、资历框架、职业资格制度、职业能力标准、职业资格考评等。以"资历框架+职业能力标准"为主题进行搜索，现有已发表的文章仅8篇，覆盖的关键词包括"1+X证书制度""职业能力标准""现代职业教育体系"等，来自广东的作者居多，如广东开放大学，广东省教育研究院等。这也与广东在内地率先开发了首个地方资历框架有关，而资历框架的具体实施正是需要进一步制定职业能力（资格）标准，才能使得资历框架真正发挥功能作用。这几

① 肖凤翔，付小倩. 2018. 职业能力标准演进的技术实践逻辑. 西南大学学报（社会科学版），44（6）：45-50+189-190
② 上海市教育委员会. 2012. 职业教育国际水平专业教学标准开发的研究与实践. 上海：华东师范大学出版社，34-37
③ 徐国庆，李政，等. 2017. 职业教育国家专业教学标准开发：理论与方法. 上海：华东师范大学出版社，126
④ 于坤林，谢志明，司维钊. 2019. 无人机应用技术专业岗位职业能力标准开发研究. 教育教学论坛，（17）：267-269

篇文章，一则与资历框架的构建密切关联①②，二则与当下推行的1+X证书制度直接相关③④。由此我们能够看出，职业能力标准向上衔接跨教育领域的制度框架，向下联结着职业教育的内部制度框架。

如前所述，我国对国家或地区资历框架的相关研究逐步由单纯的文本探究进入实际探索领域。与此同时，研究关注点固化的问题也一直延续下来，无论前期的对国外发展经验介绍，还是后期具有一定创新性的本土化构建，学者的关注点始终聚焦于框架构建的必要性及意义、框架结构、构建程序及主体、保障措施等，而对框架内容层面的核心部分——资格（能力）标准体系构建则关注较少。该部分内容仅有张伟远⑤、李建忠⑥等少数学者以及前述的几位广东的学者进行了专题研究。相对于这部分内容对国家资历框架构建的重要性而言，目前的研究是远远不够的。

由此可见，当前在资历框架视域下关于职业资格（能力）标准体系的研究并不多见。当然，有些在资历框架视域下关于标准体系的研究并不局限于职业教育与培训领域的职业资格（能力）标准，如"职业层级标准与能力要求"⑦，大多是跨教育领域的资格标准研究，如"层级描述符""等级标准"。相关研究在前述的关于资历框架的比较研究中较为多见，而针对我国背景的标准现状及理论研究则很少见。当前一些研究论文也指出，需要"重点研制国家资历基准框架及各行业的子框架标准"⑧，这也是本书探索作为向上对接跨教育领域的资历框架、向下指导职业教育与培训领域的内部标准的职业资格（能力）标准体系的初衷。

3. 关于职业能力标准体系研究成果的述评

尽管关于资历框架、职业资格（能力）、职业资格（能力）标准的研究成果逐渐丰富，但是在资历框架视域下进行职业资格（能力）标准体系

① 李雪婵，关燕桃，李怀俊. 2020. 基于资历框架的能力标准开发：粤港的经验. 中国职业技术教育，（6）：39-48

② 郑炜君，李雪婵. 2020. 资历框架视域下的职业能力标准开发——以香港汽车业《能力标准说明》为例. 吉林广播电视大学学报，（1）：31-33+60

③ 杜怡萍. 2020. 1+X证书制度实施的要件、挑战及策略. 教育学术月刊，（4）：35-41

④ 杜怡萍，李海东，詹斌. 2019. 从"课证共生共长"谈1+X证书制度设计. 中国职业技术教育，（4）：9-14

⑤ 张伟远，谢青松. 2017. 资历框架的级别和标准研究. 开放教育研究，23（2）：75-82

⑥ 李建忠. 2011. 澳大利亚资格框架等级标准评析. 职教论坛，（10）：83-87

⑦ 吴南中，夏海鹰. 2019. 以资历框架推进职业教育1+X证书制度的系统构建. 中国职业技术教育，（16）：12-18

⑧ 王海东，邓小华. 2019. 我国学分银行与资历框架建设探索：进展、问题与对策. 中国远程教育，40（12）：55-60+93

的研究还处在起步阶段。实践中的探索尤其体现在广东在地方资历框架开发完之后，借鉴香港特区资历框架进一步开发各行业的能力标准；国家开放大学在建设学习成果框架的基础上，也在着手开发基于资历框架的能力单元①。

因此，总体来看，相关研究成果较少，且尚不系统，视野还需拓宽。在资历框架视域下来构建资格标准、在此基础上的行业（职业）能力标准、当前职业教育体系内部已经建成的教育教学标准等，这一系列标准可称为"职业能力标准体系"的具体组成部分。目前来看，该标准体系研究尚缺乏一体化构建视野，也缺乏系统化的理念与方法的融入，如类型教育、普职等值、学习成果导向，以及职业能力标准构建的规范化路径。具体而言，从当前研究来看：①对联结"产"与"教"之间的职业能力标准体系建设的关注不多；②学习成果导向的职业资格（能力）研究成果数量少且不深入；③资历框架制度建设视角下的职业资格（能力）标准体系研究尚缺少；④职业资格（能力）标准体系对 1+X 书证融通的作用研究尚未展开。

关于资历框架及资历标准体系等方面的现有研究成果，为本书提供了理论基础与研究视角。针对教育、培训及社会经济发展要求构建综合性国家资历框架及其标准体系的迫切需要，结合我国当前在该问题上的研究和实践现状，本书从国家资历框架建设的视角，尝试构建"制度—标准—培养"的一体化职业资格（能力）标准体系，旨在通过对相关基础理论的阐释、我国职业资格体系的追溯、发达国家学习成果导向职业能力标准体系的分析与比较，提出我国未来职业资格（能力）标准体系的发展框架和方向。

三、研究对象

（一）研究对象的横向定位：人才质量与结构要求的对接平台

本书基于国家资历框架建设的视角，对职业资格（能力）标准体系进行横向与纵向的系统研究。长期以来，我国人才供需存在"两张皮"的矛盾，职业教育或高等教育办学，首先满足的往往并非社会发展、企业用人对人才的质量和结构需求，而是升学需求、学历需求，这是导致供需"两

---

① 李静，李林曙，王丽娜. 2020. 基于资历框架的能力单元开发：国家开放大学的经验. 中国职业技术教育，（6）：31-38

张皮"的根源①。深化产教融合是解决人才供需"两张皮"矛盾的出发点和目标，也是难点所在。自 2017 年党的十九大报告提出"完善职业教育和培训体系，深化产教融合、校企合作"的发展方向以来，产教融合成为职业教育发展的主导思想。根据 2017 年 12 月印发的《国务院办公厅关于深化产教融合的若干意见》要求，除了真正发挥企业重要办学主体作用之外，更重要的是，必须让教育明确真正的需求是什么。

在实践层面，相比于高等教育领域，职业教育与培训领域的产教融合应更深入，方式也应更加直接。三大社会体系之间相对独立同时又紧密相联。从供需关系角度来看，教育与培训体系的人才培养为供给，就业与升学体系的人才接收则为需求，而作为供需匹配桥梁的"资格（能力）标准体系"是联结人才培养、评估和使用三大环节，并使三者之间产生良性循环的重要关联点（图 1-6）。

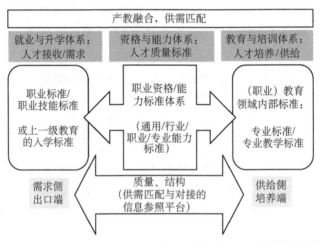

图 1-6　产教融合视域下职业资格（能力）标准体系的横向定位

我国职教领域关于"产教融合的理论与制度"研究逐渐丰富，但"现阶段'产''教'两种类型系统协同仍缺乏理论指导和有效路径"②。依据产教融合理论中的职业教育标准论，职业教育的标准与内容来自实际职业活动的相关规范、要求和任务，即融产教一体的教育标准③。本书的"职业资格（能力）标准体系"一方面涉及所有教育类型（正规、非正规、非正式教育）的学习成果，如跨教育领域的综合性资历框架对职业资

① 熊丙奇.2018-01-02. 产教融合解决人才供需"两张皮"矛盾. 中国科学报，第 7 版

② 张彩云，李红恩，杨雅文，等.2024. 中国教育研究前沿与热点问题年度报告. 教育研究，（2）：79-94

③ 孙善学.2017. 产教融合的理论内涵与实践要点. 中国职业技术教育，（34）：90-94

格与学历资格的统一要求；另一方面，对于某教育领域来说，又需要根据上位资格标准形成该教育领域具体及专门化的标准性人才培养结果规定，如职教领域分级化的"职业能力标准"/"专业（能力）标准"。"职业资格（能力）标准体系"受上位资格标准的指导，同时又参考"就业与升学体系"中的职业标准或入学标准要求，指导"教育与培训体系"中"专业教学标准"的开发、实施与评价。因此，职业资格（能力）标准体系，作为衡量职教人才培养成效的基石，扮演着联结三大体系的核心枢纽角色。它不仅是一个对接平台，精准体现了社会需求侧对教育供给侧在人才质量与结构上的具体期望与要求，更是实现人才输出端（即就业市场）与培养端（教育机构）深度融合、产教无缝对接的关键桥梁。这一体系的有效运作，对于促进教育链、人才链与产业链、创新链的有机衔接，推动职业教育高质量发展具有不可估量的作用。

（二）研究对象的纵向定位：国家资历框架与职业教育内部标准间的衔接纽带

职业资格（能力）标准体系，作为"职业标准"与"专业教学标准"之间的桥梁与纽带，构建了一个高层次的衔接框架，它不仅实现了跨教育领域资历框架中资格等级标准在职业教育领域的精细化落地，还作为职教领域内部标准体系的核心指导原则，引领着各项标准的制定与实施。在此体系中，它扮演着统领 1+X 证书制度一体化标准的关键角色（图1-7），通过整合优化各类证书与教学内容，确保职业教育与培训既符合行业需求，又能够提升学生的综合职业能力与素养，为人才的全面发展与社会的持续进步奠定坚实基础。

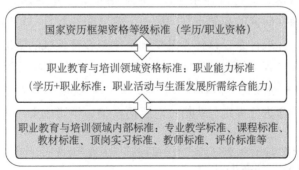

图 1-7 资历框架视域下职业资格（能力）标准的纵向定位

该研究体现在两个方面：一是职业资格（能力）标准开发需要遵循上

位标准的指导。在国家资历框架及职业教育资格体系的宏观架构中，资格标准体系作为高屋建瓴的上位标准，其综合性和基准性特质决定了其仅涵盖最为普遍和基础的学历资格与职业资格标准。鉴于此，为了更精准地对接具体行业或职业领域的实际需求，有必要沿着"通用等级标准—职业能力标准（含行业职业标准、职教领域标准）—1+X 能力标准"这一开发路径进行深入探索与实践。此路径的遵循，不仅能够确保国家资历框架的核心职能与先进理念能够逐级深化、有效落地，还促进了专业或学科标准及其教学标准构建过程的透明度与科学性，使得最终成果能够广泛吸纳并融合来自行业、教育机构及社会各界的意见与建议，从而赢得各方的广泛认可与支持。二是职业资格（能力）标准的特殊内容来自对职业能力的研究。职业能力建立在对职业领域的工作任务与过程分析的基础上，是衔接职业领域与职教领域的桥梁。职业能力开发不仅包含知识、技能等外显要素，还包含真实工作情境中形成的内隐要素。经由职业能力研究产生的职业能力标准是职教领域专业教学标准制定①、课程开发②、职业能力测评③等具体实践活动的共同基础。

四、本书逻辑及研究方法

（一）本书逻辑

本书从资历框架的视角对职业资格（能力）标准体系进行构建，研究思路如图 1-8 所示。

1）研究问题聚焦：从当前经济社会与教育发展的切实需求与问题出发，基于世界范围内学习成果导向理念及资历框架发展趋势，与我国当前关于产教融合深化、标准体系建设、职普等值、书证融通、职教 1+X 试点等需求，确立研究的起始点与问题——建立职业教育与培训领域的职业资格（能力）标准体系。该体系既受到上位跨教育领域的资历框架等级标准的规制，又受到下位职教领域专业教学标准体系的影响（第一章）。

2）基础理论准备与内容框架搭建：对职业资格（能力）标准体系的内涵及关联概念进行界定与辨析；对资历框架、学习成果、职普融通、职

① 上海市教育委员会. 2012. 职业教育国际水平专业教学标准开发的研究与实践. 上海：华东师范大学出版社，1

② 徐国庆. 2017. 职业教育国家专业教学标准开发：理论与方法. 上海：华东师范大学出版社，1

③ 赵志群，费利克思·劳耐尔. 2018. COMET 职业能力测评方法手册. 北京：高等教育出版社，1

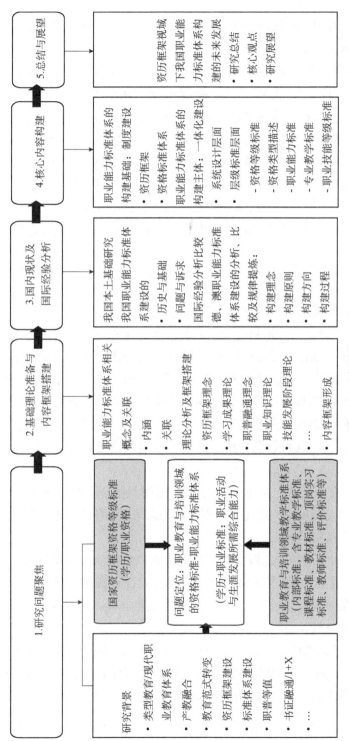

图 1-8　研究思路

业知识、技能发展阶段等相关基础理论进行梳理与分析，形成后续研究的理论分析框架（第二章）。

3）国内现状及国际经验分析：对国内基础及问题进行剖析，提出现实诉求与可能的解决策略；并对国外经验进行阐释和提炼，得到资历框架视域下职业能力标准体系构建的基本规律（第三至五章）。

4）核心内容构建：基于经验总结与一般规律，分析职业资格（能力）标准体系构建的制度基础及构建策略，提出我国职业资格（能力）标准体系构建的内容与路径，确定构建基础与主体（第六至七章）。

5）总结与展望：分析职业资格（能力）标准体系对相关制度机制、标准体系、证书建设的影响及提出相应建议，并对研究进行总结与展望（第八章）。

（二）研究方法

本次研究采用的研究方法包括以下几种。

1）文献分析法：通过对相关政策文本、文献资料的研读，阐释与分析研究问题、概念、理论及经验，获得研究的逻辑起点、理论支撑、分析框架与基本内容；通过对相关文本进行定量与定性分析，获得关于研究问题与需求情况的核心内容，包括国内外资历框架及职业资格（能力）标准，以此作为研究的基本出发点；通过对描述、比较、实证研究结果进行分析和归纳，获得职业资格（能力）标准体系构建的基本结论及相关建议。

2）历史研究法：基于历史分析，阐明我国职业资历体系建设的价值，梳理其发展历史，进而总结规律，为未来职业能力标准体系建设提供历史参照与现实基础。

3）案例分析法：选取典型代表的国家，包括澳大利亚与德国，对其职业资格（能力）标准体系建设经验与规律进行描述、分析与挖掘。另外，选取某些职业领域作为案例对其职业资格（能力）标准构建与实施方案进行具体分析。

4）比较研究法：在同一分析框架下对国内外职业资格（能力）标准体系构建的基础、内容与路径进行比较，挖掘体系构建的一般规律及启示，探讨各国的差异性与共同点，推断职业资格（能力）标准体系构建的基本原则与走向。

第二章 逻辑起点：建设框架、概念界定与理论基础

本书基于制度、标准、培养的综合视角来探索职业能力标准体系的建设内容及其关联（图2-1）。在制度层面，涉及资历框架及职业教育体系的建设问题；在标准层面，涉及跨教育领域的通用资格等级标准到职教领域的职业能力标准再到职教领域的内部标准；在培养层面，聚焦以获得学历证书与职业技能等级证书为主导目标，旨在实现知识积累与技能提升的双重目标。在整个建设框架下，从学理上来思考处于宏观制度层面与中观标准层面的职业能力标准体系的构建问题，通过对现状问题和发展基础的考量及国际经验的提炼，提炼职业能力标准体系构建的一般规律，并尝试将其运用于职业教育与培训领域的系统设计之中。作为总的指导思想，学习成果导向理念对于整个体系的构建来说是一以贯之的，在制度、标准、培养的各个层面，都要求其与人才培养质量的成果（成效）紧密衔接。

因此，本书涉及的核心概念主要有"资历框架""学习成果""职业资格（能力）标准体系"等。其中，"资历框架"本身是一个高度综合性的资格体系，它作为统领性架构，与（职业）资格（能力）标准之间形成了一种清晰的上下位包含关系。在这一体系内，源自教育、职业、行业等多个领域的多元化资格（能力）标准相互交织、有机融合，共同构筑起国家资历框架中资格（能力）标准体系的丰富内涵与广泛外延。依据表征对象的不同，国家资历框架的资格标准可以划分为"资格等级标准"和"资格类型描述"两种，其中，"资格等级标准"用以评估资格所在的等级水平；"资格类型描述"用以评估资格所属类型。根据来源和应用领域的区别，资格类型可进一步划分为职业资格和学历资格。在国家资历框架之中，无论聚焦哪一个资格等级或特定类型，其核心标准均紧密围绕着一个共同目标——明确界定并引导学习者达成获取该资格所需达成的标准化学习成果。这些标准不仅是对学习者知识、技能及素养水平的综合要求，更是衡量其是否具备相应资格的重要标尺。国家资历框架所要求的学习成果可以来源于多段学习过程、多种学习方式，并可以借助学分及学分制等工具实现多个资历标准间的比较、互认和融通。职业资格（能力）标准

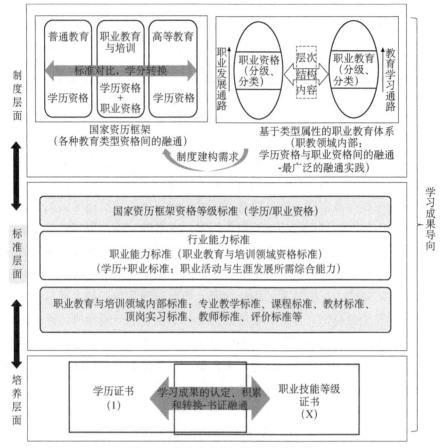

图 2-1　职业能力标准体系建设框架

体系涉及资历框架的通用标准与某一职业领域的特殊标准，共同构成标准体系。

第一节　资 历 框 架

一、核心概念界定

（一）资格/资历

"资格"一词在汉语词典中有两种解释：一是从事某种活动所具备的条件、身份；二是由所从事某种活动或工作时间的长短所形成的身份[①]，二者本质上都是对个体能力的承认。"资格/资历"在英文中对应的词为"qualification"，在具体使用中，它以相应的标准或某一具体活动的实际要

---

① 莫衡，等. 2001. 当代汉语词典. 上海：上海辞书出版社，1488

求为参照，表征从事该活动的个体是否具有完成完整活动的"条件"。这种条件是个体在参与和实施该活动时综合素质的体现，在对其资格进行具体分析的过程中，综合素质被划分为多个维度，例如澳大利亚将这种综合素质划分为"知识""技能""知识与技能运用"三个维度，德国则在"专业能力"和"自主能力"两个大维度下将其细化为"知识""技能""社会能力""自主性"维度。不同国家及组织对综合素质不同的划分维度源于各国及组织概念及原理的差异，也表现出相对应标准及具体活动要求的差异。

欧洲议会和欧盟理事会在《关于建立欧洲终身学习资历框架的建议》报告中将"资格"定义为：经过评估和确认过程后的正式结果，该结果是当主管部门确定个人已经达到既定标准的学习成果时获得的①，即"资格"是主管部门评估和确认个人已达到既定标准的学习结果，通常表现为证书或文凭等文件的形式。经济合作与发展组织认为这种既定标准（或是规格）是指通过一系列标准的教学与培训过程，参训者理应建构和发展出来明述或者暗喻式的知识技能水平指标。②亚太经合组织对"资格"所涵盖的教学与培训过程的范畴有过比较具体的规定：资格在广义上包含所有教学、培训的成果及历程，在狭义上只包含某一特定阶段，如基础教育阶段、成人教育阶段、职业教育及培训阶段等的成果及历程，但无论如何界定，所有的"资格"都旨在增进国内和国际教育及培训资历的含金量、可获性、衔接性以及劳动力市场对其的认可度。③也有学者指出，所谓"资格"是对官方认可的各种正式文凭、证书和学位的统称。④

"资格"与"学习成果"紧密相连，资格是一种学习成果，通过完整

---

① EQF. 2017-06-15. Council Recommendation of 22 May 2017 on the European Qualifications Framework for Lifelong Learning and Repealing the Recommendation of the European Parliament and of the Council of 23 April 2008 on the Establishment of the European Qualifications Framework for Lifelong Learning. Official Journal of the European Union. https://eur-lex.europa.eu/legal-content/EN/TXT/?uri=CELEX：32017H0615（01）

② Organization for Economic Cooperation and Development. 2021-09-08. Qualification systems：Bridges to Lifelong Learning. Education and Training Policy. http://213.253.134.43/oecd/pdfs/hrowseit/9107031E.pdf

③ APEC Human Resources Development Working Group. 2009. Mapping Qualifications Frameworks across APEC Economies. Singapore：APEC，10. https://www.apec.org/docs/default-source/Publications/2009/6/Mapping-Qualifications-Frameworks-across-APEC-Economies-June-2009/09_hrd_mappin_qualifn.pdf

④ 李建忠. 2017. 通向终身学习的桥梁：资格框架国际比较研究. 重庆：西南师范大学出版社，1

或某一阶段的教育或者培训而获得，并与指定的学习成果标准比较，以确定其资格所在等级，同时按学习成果的类别划分对其进行多维度的阐述。各个国家对资格及其相关概念的认识都是在不断变化发展的，例如资格应用范畴的扩展、资格包含维度的调整、资历标准的进一步修订，这些都是各国根据本国发展需要和参照国际发展趋势做出的适应性改变。例如英国的资格与学分框架将评估个体资格的侧重点由"知"转向"做"，侧重于对个体能力的评估和考核，侧重于"能做什么""做到什么程度"①，这在一定程度上反映了社会经济对人才需求的偏向。

　　资格认证是对个体是否具有某一资格的评定活动，该活动由专业的认证机构承担，以个体所掌握的学习成果为对象、以相应的资历标准为参照进行量化和质性分析，确定个体是否具备某一资格和资格所处的具体水平，并决定是否为其颁发相应的资格证明。资格证明通常有职业资格证书和学历资格证书两种，前者用于证明学习者具备职业资格，后者用于证明学习者具备学历资格，两者在来源、表征形式及应用范畴都有着较大的不同，但都是对学习者所掌握学习成果的肯定，都可以根据学习者学习所处的水平归入一定的资格等级，也可以根据学习成果所属的学科和专业领域进一步界定为某一具体的资格类型。具体资格等级和类型的确定实际上都来自一个对比、分析的过程，即来自学习者所掌握的学习成果与目标资格等级和类型的标准要求的对比。只有在前者基本满足后者要求甚至有所超过时，学习者才被授予某种资格。对于这整个过程来说，职业资格和学历资格授予与否是结果，学习者所掌握的学习成果是直接的评估对象，资格的等级标准和类型描述则是评定学习者所掌握学习成果是否足以获取以上两种资格的依据。

（二）资历框架

　　资历框架的概念通常指向"国家资历框架"。在我国国家文件中正式确定"国家资历框架"这一表述之前，"国家资历框架"和"国家资格框架"一般被认为只是英文"National Qualifications Framework"（NQF）的不同中文译法。从知网获取的文献来看，尤其体现在 2018 年之前，两者常常被混淆使用，但在正式文件如 2019 年印发的《国家职业教育改革实施方案》确定使用"资历框架"后，研究者在表述时基本上使用"资历框架"的统一说法。在这个层面，国家资历框架的表述不仅强调了"资历框

---

① 王东平. 2015. 英国资格与学分框架（QCF）质量保障体系探析. 长春：东北师范大学

架"所体现的教育资格证书、职业资格证书等结果性信号机制，更突出了"教育资格证书和职业资格证书表征的个体亲历的教育、学习和工作等实践经验的等值、互通，体现学习成果的连续性，回应终身学习对个体的素质要求"①。

"国家资历框架"概念界定的来源有两种：一种是政府官方颁布的国家资历框架文件，如欧洲（终身学习）资历框架将"国家资历框架"定义为基于学习结果指标对各级各类资格进行等级划分的工具，其目的在于建成完整的国家资格体系，并保障与就业市场和公民社会有关的各类资格的透明度、融通性、等值和可获取性②。澳大利亚资历框架将"国家资历框架"定义为规定澳大利亚教育与培训资格的国家政策。③爱尔兰资历框架将"国家资历框架"界定为单一性的能够在全国和国际范围内被认可的实体，通过该实体，所有的学习结果都可以被衡量，并且用一种连贯的方式相互联系，所有的教育和培训部门资格也以相互联系的方式被囊括在内。④另一种"国家资历框架"概念界定主要是来自学者对国家资历框架的研究总结，如肖凤翔将国家资历框架界定为特定国家人力资源开发与配置的基本规范及其制度体系⑤；李建忠将国家资历框架定义为按照一系列规定的学习水平的标准进行资格分级的工具，旨在整合和统筹国家资格次级系统，以提高与劳动力市场和公民社会相关的资格的透明度和质量，并提供相应的机会，以获得进步⑥。

从上述多种定义来看，各方对国家资历框架的概念的界定多倾向于操作化的描述，主要用于说明国家资历框架是什么以及用来做什么，主要涉

---

① 肖凤翔，杨顺光. 2019. 国家资历框架的基本立意与中国构想. 中国职业技术教育，（19）：38-43+68

② European Communities. 2008. The European Qualifications Framework for Lifelong Learning（EQF）. Luxembourg：Office for Official Publications of the European Communities，4. https://europass.europa.eu/en/europass-digital-tools/european-qualifications-framework

③ Australian Qualifications Framework Council. 2013. Australian Qualifications Framework（Second Edition）. South Australia：Australian Qualifications Framework Council，9. https://www.aqf.edu.au/publication/aqf-second-edition

④ National Qualifications Authority of Ireland. 2003. A Framework for the Development，Recognition and Award of Qualifications in Ireland-Policies and Criteria for the Establishment of the national Framework of Qualifications. Dublin：NQAI，6. https://www.qqi.ie/sites/default/files/2022-09/Policies%20%26%20Criteria%20for%20the%20Establishment%20of%20the%20National%20Framework%20of%20Qualifications.pdf

⑤ 肖凤翔. 2015. 国家资格框架中学历证书和职业资格证书的等值. 教育发展研究，35（5）：3

⑥ 李建忠. 2009. 欧盟各国国家资格框架的开发及进展. 职教论坛，（16）：56-60

及国家资历框架的本质、内容、特点、目的等方面。①对国家资历框架本质的界定，欧盟认为其是一种工具，澳大利亚认为其是一种国家政策。我国学者有认同工具概念的，也有认为国家资历框架实际上是一种基本规范和制度体系。工具、政策和制度这三种定性之间并不是完全冲突的，政策和制度定性实际上是对工具定性的具体化，明确具体地指出了该工具的内涵。后两者之间本身也是紧密联系的，政策和制度都具有国家权威性、规范性、强制性、稳定性等特征，都是国家公共治理的一部分，多数制度是在政策指导下产生，政策相对于制度来说更具有方向性的指导意义，制度则侧重体现为制定行动的准则和规程，从国家资历框架的操作性意义上来说，后者似乎更符合。②国家资历框架的内容主要涵盖两个方面，一是学习成果指标，二是来自所有教育与培训的各级各类资格。前者是后者的标准依据，也就是上文所述的资格等级标准和资格类型描述，对应于所有等级水平上的职业资格和学历资格。③上述概念着重提出的国家资历框架具有囊括各级各类资格及其标准的综合性特征，以及在整个国家乃至国际上都能够发挥效度并被承认的统一规范性特征。④建立国家资历框架的主要目的在于整合资格体系，以促进各级各类资格之间的透明、融通与等值，以及优化人力资源配置，以促进就业两个方面，且两个目的之间存在因果关系。

以上对国家资历框架概念的多种界定是对国家资历框架的多维解构，单从下定义的角度来说，可以精简性地将国家资历框架表述为：一种以学习成果为衡量标准，对各级各类资格进行等级、类型划分的综合性国家资格制度。

（三）框架要素

资格是个体满足某一目标要求所具备的能力和条件，在实际运用中具有个体和情境的依附性，归属于某个个体，并需要体现在一定的实践运用情境中。国家资历框架的资格保留了实践运用中资格的本质含义，同时又对其做标准化、规范化及结构化的处理，分别从就业或升学的角度将资格限定为职业资格和学历资格两大领域下的多种类型，并将所有资格纵向等级序列化，原先笼统化表达的"能力""条件"等用语也被统一地表达为"标准化的学习成果"，并进一步规范了学习成果的表述维度、结构和用语。由是，框架中的资格开始成为脱离于具体个体和实践情境限制的目标资格，成为一种有效指导个体获取资格和证明个体拥有某种资格的标准化参照。目标资格的具体等级和类型则是对目标资格进行等级、部门、学科和专业领域归置后具体产生的结果。

1. 资格等级

资历框架中的"资格等级"概念主要用于两种情境中：一种是站在整体框架的视角下，对所有资格进行纵向等级水平划分形成的纵向上的资格等级序列；另一种则是以框架中某一具体资格为对象，对其进行等级归置，最终确定其所属的具体资格等级。两者之间相互关联，前者是后者工作进行的直接参照对象，后者则是前者在具体资格领域及类型中直接的作用结果。等级是按照某一标准区分的高下差别[①]，以此来看，资格等级就是按照资格的等级标准确定的不同资格间的高下差别，框架中纵向上的资格等级序列就是依据资格间的高下差别进行综合性等级水平划分，即确定总共的资格等级数量，清晰界定高低资格等级间的差异和衔接关系，并进一步由邻近等级聚合形成的资格阶段等要素共同构成的规范化的等级结构。如欧洲资历框架（European Qualifications Framework，EQF）纵向等级结构共包含了八个等级水平，每个等级标准之间都有清晰化的描述差异，并且高一等级标准通常囊括低一等级标准，八个等级水平根据这种差异和衔接关系还可以进一步划分为不同阶段。对于某一资格类型来说，其资格等级就是以已经确立的资历框架中的纵向等级序列为参照，通过与其中目标资格等级标准对比的形式，确定评价对象是否达标。

对于国家资历框架来说，资格等级搭建了纵向维度，直接影响了横向维度标准描述的上下限、变化幅度及具体的描述用语，囊括了框架中具体的资格类型，同时也为资格类型间上下衔接、纵向发展提供了可以依据的标准化序列结构。扩充到资历框架以外，框架中的资格等级划分及标准描述体系是个体学习、教育机构施教、认证机构评估、用人单位录用等活动直接参照的对象，并且对活动结果有导向性的作用。

2. 资格类型

国家资历框架中的资格类型实质上是各教育与培训部门达到相应等级学习结果要求而被授予的资格证明，目前来看，大多数国家的资历框架包含来自普通教育、高等教育、职业教育与培训领域中的资格，这两种资格根据等级水平的达标程度被划分到不同的等级水平形成具体的资格类型。所以，我们看到的国家资历框架样貌的基本组成是等级水平、资格所在领域（即教育与培训部门）、资格类型，后两者交叉组合形成资格类型。多

---

① 李国炎，等. 2003. 当代汉语词典. 上海：上海辞书出版社，146

数国家的所有资格类型可被划入学历资格和职业资格两大类型之中，但也有国家会增加第三、四大类，如丹麦资历框架就包含学位资格、职业资格和补充资格三种；印度资历框架则纳入了四类，即国家职业能力证书、教育部门颁发的职业教育资格、劳动和就业部颁发的技术职称、普通和高等教育资格①。这些大类是资格类型的上位划分，还有一些国家在资格类型基础上进行了更为细致的下位划分，如英国资历框架就根据学习量的大小将资格类型进一步划分为证明、证书和文凭三种类型②。国家资历框架中资格类型的划分应该与其所在国家已有资格体系挂钩，并考虑当前社会对资格体系发展的需要，有学者就指出我国国家资历框架应该包含学历教育资格、非学历教育资格和无一定形式学习结果三种类型③。这与印度资历框架的划分方法一致，但在两分法的国家资历框架中，会将无一定形式学习结果通过学分转换的方式纳入前两种资格类型中。因此总体来看，资历框架主要包含职业资格和学历资格两种资格类型，其余更具体的资格类型大多可归入这两大类别的资格类型中，所以本书只对这两种资格类型加以详述。

（1）职业资格

我国一些关于职业研究或职业资格研究的书籍中将"职业资格"定义为对个体从事某一职业所必须具备的学识、技术和能力的要求。④赵志群等认为这种定义存在着语义上的重叠，应该借鉴国外定义，将职业资格内容要求和服务对象结合在一起而将其表述为人们学到的能力与职业任务的系统化结合，是从事一种职业活动时能够应用和通过学习获取的能力或潜力，包括知识、技能和技巧。⑤相比于前者，后一种定义更强调职业资格获取的过程性和应用的情境性。总结来看，职业资格概念主要涉及主体、对象、内容要求及过程四个要素：其中"主体"是指符合一定职业能力要求的个体；"对象"指职业资格直接指向和服务的对象，笼统而言就是职业活动，也可以更细致化地具体表述为某一工作岗位要求的职业任务；"内容"是职业任务对个体提出来的能力要求，即个体完成职业任务能够

---

① 赵亚平. 2016. 国家资格框架的比较研究. 天津：天津大学
② 白玲. 2016. 从 QCF 到 RQF：英国资格框架改革的新取向及其启示. 外国教育研究，43（11）：31-43
③ 王立科. 2017. 国家资格框架：模式、结构和运行. 教育研究，38（7）：44-54+78
④ 孙戈力，尚志平. 2010. 职业资格与就业准备. 北京：外语教学与研究出版社，2-3
⑤ 赵志群，苏敏. 2005. 职业资格研究——职业资格和学历证书相互沟通的基础. 职教论坛，（12）：4-7

提供和展现出来的能力和潜力，内容是职业资格描述的核心，通常情况可以针对职业任务多维度展开；"过程"包括两个方面，一是职业资格来源的过程性，即职业资格要求的相关能力是学习者在针对性的学习和过程活动中获取的，二是职业资格应用的过程性和情境性，即个体职业资格的应用发生在与具体职业任务情境的相互作用和系统化结合中，该过程既是个体运用职业资格完成职业任务的过程，同时也是在职业任务完成中不断实现职业资格丰富发展的过程。作为四个要素中职业资格直接应用和服务的对象——职业活动及具体的职业任务情境，在整个职业资格的来源、具体内容和使用中都发挥着导向作用，决定着它们共同的职业倾向性，在职业资格概念中对对这一要素的阐述不可过于笼统而失了针对性，也不可过于细致而窄化了职业资格的应用范畴。四个要素中的"内容"是职业资格所要表征的核心构件，其他要素则是为其提供来自主体、来源过程及应用情境等多方面的条件限定。

"职业资格证书"是与职业资格密切相关的概念，它是对个体具有某一职业资格正式的规范化的证明，是指劳动者在按照国家制定的职业分类、职业标准或从业资格条件，由政府认定的考核鉴定机构对其技能水平或职业资格进行评价和鉴定之后，获得通过的凭证。[①]职业资格证书作为连接人才与职业世界的桥梁，直接映射出各级各类职业对于不同等级岗位所需人才素质的基本门槛。它是随着职业岗位要求的不断细化与规范化进程，逐步形成的职业岗位准则的具体体现。[②]职业资格证书不仅是劳动者踏入劳动力市场的关键凭证，也是用人单位在选拔、录用及留任人才时的重要参考依据。它在市场经济的生产、流通、消费等各个环节中发挥着不可替代的作用，是维护市场秩序、促进人才流动与优化配置的重要机制。职业资格证书制度则是用正式的法律契约来代替非正式的情感约束，对职业资格进行规范管理的制度，从广义上说它是所有管理和规范职业劳动者从事某一职业的资格准入的制度。职业资格制度隶属国家劳动制度，与教育及培训体系直接挂钩，是国家及市场进行人力资源配置直接且高效的手段。

---

① 田大洲. 2004. 我国职业资格证书制度研究. 北京：首都经济贸易大学

② 我国颁布的《国家职业资格目录》（最新 2021 年版），经国务院权威发布，旨在明确界定专业技术人员和技能人员的职业资格范畴。该目录严格规定："目录之外一律不得许可和认定职业资格，目录之内除准入类职业资格外一律不得与就业创业挂钩"，这一规定凸显了理论层面与政策实施层面"职业资格"概念的微妙差异：理论上，"职业资格"的范畴更为宽泛，甚至涵盖了职业技能等级资格等多元形式；而政策层面则更侧重于规范与引导。

（2）学历资格

学历即个体的学习经历，在教育和就业语境中，该经历特指个体接受的正规教育经历。学历资格则意味着个体经由学习经历获得了所在学历阶段要求的完整的学习成果，表现在个体掌握的知识、技能及能力等各方面。我国通常用"学历"一词来衡量个体的知识文化水平，学历包含对个体受过何种教育、文化程度、专业水平、修业年限、结业时间等各类过程性和结果性要素的阐述。①国家资历框架中对学历及学历资格的使用侧重于指向结果性要素，即个体经由学习经历后获取个体素质的多方面提升，并有效运用于后续的升学或是就业中，这才是学历资格作为一种资格类型的真正内涵。相对于职业资格，学历资格在内容要求上更具知识性、基础性，在获取过程上更具正式正规性和时间维度上的较长周期性，在目标上兼具升学与就业导向，同时也要求被授予主体拥有一定的学历基础。这些差异性特征都表明了学历资格和职业资格的领域差异性，这也是一直以来学历资格体系和职业资格体系分别隶属教育部门和劳动部门，两大资格体系虽有内在联系但却并行不悖的原因。

与学历资格密切相关的概念是学历证书，学历证书是学历资格的正式证明，为各级各类教育划定了最低的国家标准线，在保证教育质量及提高国民综合素质中扮演了重要的角色。同时，学历证书也是劳动力市场筛选人才的重要凭证，与职业证书共同促进劳动力资源的合理配置和高效应用。

（3）学历资格和职业资格的共性特征

学历资格和职业资格作为两大主要资格类型，其共性特征也是较为明显的。首先从实质性的内容层面来说，两者的核心内容都是对个体能力、素质和条件进行规定，具体到国家资历框架中能力、素质、条件，又可以操作化地表述为个体经由一段学习或工作过程获取的达标性学习成果，并且这两种资格类型的学习成果在表述维度和结构上可被纳入统一的表述体系和用语中。其次，从应用对象和领域来说，无论是拥有哪一种资格类型的个体，其掌握某种资格以及掌握到哪一程度的证明都来自资格中所包含的综合能力素质在相关实践活动的成功运用。无论是职业性、专业实践性抑或学术性、研究性，其本质都是认识世界和改变世界的实践活动。即使是有着升学导向的学历资格，进入职业世界也是大多数个体最终的目标选

---

① 苑茜，周冰，沈士仓，等. 2000. 现代劳动关系辞典. 北京：中国劳动社会保障出版社，605

择。正是由于职业资格和学历资格在内容要求和目标导向上本质上的共通性，才使得两者能够共同纳入到国家资历框架中并享有同一套资格等级体系。正因为这一本质上的共通性，来自非正式非正规学习途径指向升学或就业并达成相应等级标准的学习成果，才能够通过学分认证来获取职业资格或学历资格证明，而后纳入国家资历框架中。

相应地，职业资格证书和学历证书实质上也都是对个体拥有某种资格的表征，是个体学习、受教育或是工作获得经验及学习成果的证明，都是由专业机构经过严格评定并颁发给个体的正式资格证明，都可以作为个体升学或就业的资质证据。这两类证书表征都是人力资源开发，都是教育和培训的结果，涉及专业教育组织或学校和培训机构。它们显示的同一性是人才培养的问题，人才的最终归宿都是工作世界[①]，这是"双证"可以沟通和衔接的实质性基础。

3. 小结

在资历框架的构建中，资格等级与资格类型构成了其不可或缺的两大要素，它们分别从不同属性的维度对资格进行了深入而细致的划分。具体而言，资格等级聚焦于资格的纵向发展特性，依据这一属性，资格被系统地划分为由低到高、层次分明的一系列等级水平。这一过程不仅体现了资格在深度与广度上的逐步累积与提升，也清晰地勾勒出了个人或组织在特定领域内技能、知识及经验成长的轨迹。资格类型则是基于资格来源的多元化以及应用范畴的广泛性，对资格进行了更为细致且专业的分类。这种分类方式充分考虑了资格所属的不同部门、学科或专业领域，旨在精准反映各领域对特定技能、知识及能力要求的独特性与差异性。通过资格类型的划分，我们不仅能够清晰地区分不同领域内的资格认证体系，还能够为学习者、从业者及用人单位提供更加明确、具体的职业发展方向与路径指导。对于具体的资格而言，资格等级表征了其所属等级水平，资格类型则说明了该资格的来源和应用范畴，两者共同决定了拥有该资格的个体进一步就业或升学的方向和领域。国家资历框架囊括所有的资格等级，但受国家资历框架综合性和基准性的影响，资格类型中只有依据教育部门划分产生的职业资格和学历资格这两大资格类型在资历框架中得到了阐述。职业资格和学历资格之下更为具体的学科资格及专业资格，则需要在资历框架之外依据相应的资格等级和资格类型描述进一步制定，资历框架只提供必

---

① 赵志群，苏敏. 2005. 职业资格研究——职业资格和学历证书相互沟通的基础. 职教论坛，（12）：4-7

要的用作标准参照的资格等级和类型。

（四）资格标准

从资历框架运行角度来看，国家资历框架应该至少包括四个子系统，除了质量保障系统、认证系统和学分转换系统外，最首要的就是作为上位系统的资格标准体系，即各资历层级的学习成果标准，该标准既包括通用标准，也包括覆盖各领域的行业标准①。从资历框架的内容层面来说，国家资历框架的单元性要素是各级各类的资格类型，每个资格类型都有其相应的资格标准，而资格标准实质就是达到该资格要求的学习结果，即资格类型描述化的学习结果。经由层层剖析还原来看，国家资历框架从内容层面来看，实质上是由各种学习结果构成的资格标准体系。

标准是衡量事物的准则②，资格标准即衡量个体是否具备某一资格的准则，在内容层面上，该准则指出了个体以某一资格为获取目标必须要具备的能力、条件等，在操作层面上，该准则可以作为个体学习过程和资格评估过程中规范化的标准参照。国家资历框架涉及的资格含资格等级和资格类型两种，并且两者都是个体要达成的目标，也都是资格评估结果的组成部分，所以作为资格等级和资格类型评估及授予的主要依据，资格等级标准和资格类型描述都是本书需要阐述清楚的。

"资格标准"一词并未广泛运用于所有国家，但其功能可在大多数国家得到承认。资格标准既可以指独立文件，如在英国和爱尔兰，也可以指国家或机构层面表明资格总体目标的文件，如挪威职教体系的国家教学大纲（Fagplan）。资格标准定义学习过程中的预期结果，从而获得全部或部分资格。在职业教育与培训领域中，资格概况或资格标准扮演着至关重要的角色，它们回答了诸如"学生需掌握哪些知识与技能以确保有效就业？"以及"学习者应如何装备自己，以成为积极贡献社会、秉持基本人类价值与民主理念的公民？"等核心问题。这些标准超越了单纯劳动力市场需求的技能范畴，而是广泛涵盖了与生活、社会紧密相连的多维度能力要求。许多资格标准或资格概况在国家层面的阐述反映了各利益相关方的共识。③例如，瑞士职业教育的"资格概况"（Qualifikationsprofil）就属于

---

① 文雯. 2019. 中国特色国家资历框架构建：一种制度构想. 中国高等教育，（8）：42-44
② 莫衡，等. 2001. 当代汉语词典. 上海：上海辞书出版社，60
③ Cedefop. 2017. Defining, writing and applying learning outcomes: A European handbook. Luxembourg: Publications Office of the European Union，19. https://www.cedefop.europa.eu/files/4156_en.pdf

国家层面的具体文件，体现了从职业到教育的过渡，包含对职业、能力及其水平的描述，通过与该领域合格专业人员开展的研讨会而进行确定，具体涵盖"职业描述""行动能力领域和行动能力概览""职业的要求水平"三部分，是对资历框架中资格等级标准在具体领域中的指导性描述。

　　资格标准体系内含于整个资历框架体系之中，与资格体系相对应，共同组成了可供资格认证、转换的参照指标体系。它是由所有资格标准按照所属等级和类型排列形成的整体。相较于各教育、职业领域原有分立的资格体系而言，国家资历框架体系最显著的特征在于其综合性和融通性，它将普通教育、高等教育、职业教育、职业培训、继续教育资格都纳入其中，按照统一标准对所有资格进行等级和类型排列，并为不同资格间的转换和融合提供通道。该框架是由所有教育及培训资格共同组成的横纵相关的二维表，其中纵向标示资格等级，一般有 8—12 级[①]，每一资格等级又可容纳一种或多种资格类型；横向则是各资格等级和资格类型对应的标准要求，相同资格等级的不同资格类型在实际价值上等同。与框架中资格的等级和类型划分相对应，所有资格等级和资格类型的标准要求共同组成了资格标准体系，该系统主要包含两类要素，分别是资格等级标准（或称资格等级描述符，level descriptors）和资格类型标准（或称为资格类型描述符，qualification type descriptors）。在一些国家，如澳大利亚，在资格类型标准的指导下，也制定了更为详细的资格类型规范（qualification type specifications）。国家资历框架功能的发挥，包括直接层面的鉴定资格、促进资格间转换、指导具体资格标准的制定，间接层面的完善教育体系、促进教育改革和公平发展、联结教育和劳动市场，保障与就业市场和公民社会有关的各类资格的透明度、融通性、等值和可获取性[②]等，都需要通过资格标准体系来实现。

　　资格标准体系构建是需要与国家资历框架形成同步进行的重要开发任务。当前，我国已经将国家资历框架构建纳入正式规划之中，资格标准体系构建整体上还处于实践基础复杂，理论研究薄弱的阶段，尤其是其中针对职业资格的职业资格/能力标准，它是标准体系研究的重难点，亟须进行突破性的系统研究。

---

① 赵亚平. 2016. 国家资格框架的比较研究. 天津：天津大学
② European Communities. 2008. The European Qualifications Framework for Lifelong Learning（EQF）. Luxembourg：Office for Official Publications of the European Communities，4. https://europass.europa.eu/en/europass-digital-tools/european-qualifications-framework

1. 资格等级标准

等级主要是区分资格的层级，通常按照正规教育的学段来划分，在高等教育阶段，各国基本是按学位层次划分的（典型的如学士—硕士—博士三级），而在高等教育阶段以下的资格等级并不完全按照学段来划分。大部分国家将初中毕业作为资格的起始等级，一直向上延伸到博士阶段教育。设置多少等级则需要根据国情来定，从国际经验看，八级结构成为主流形式。等级标准是资历框架结构要素中最核心的部分，在国际上也称为"水平描述符"，是指对个人继续学习或从事某一工作所必需的知识、技能和能力的基本要求，是各级各类人才培养的基本目标和依据，也是国家教育总目标的一部分。[①]

"等级标准"一词在实际运用中通常都有实体对象，如技术等级标准，作为技术工种工人的技术等级规范，是衡量评定工人技术水平的尺度[②]，该标准以工人的技术为对象。资历框架中资格等级标准则是以个体综合能力水平为对象，标准自身作为各资格等级上规范性的要求，用以衡量个体能力所处的等级水平。资历框架是通向终身学习的桥梁，资格等级标准为学历教育和非学历教育资格证书认证提供了共同参照，资历框架的等级结构为各类学习者提供了共同的资格进阶阶梯。[③]国家资历框架一般包含 8—12 个资格等级，每个资格等级都有其相应的资格等级标准。标准的核心内容在于明确界定了在特定等级层次上，个人为达到资格标准所必须满足的一系列要求。这些要求在国家资历框架内被统一视为个体所累积并展现出的学习成果，而这些学习成果又可细致地分解为多个维度，具体涵盖了知识掌握的深度与广度、技能操作的熟练程度以及综合能力的展现等多个方面。由此来看，国家资历框架中资格等级标准的实质就是各资格等级水平对个体应掌握学习成果的标准化要求。个体通过一段时间学习掌握的学习成果只有满足了这一标准化要求，才算达到某一资格等级。在资历框架的构建下，上下等级之间的标准衔接不仅为个体资格的纵向成长铺设了清晰的发展路径，还提供了明确的标准参照体系。这一设计确保了学习者在逐步提升自身技能与素养的过程中，能够清晰地认识到自己在职业发展阶梯上的位置与方向，从而更加有针对性地制定学习计划、规划职业

①　李建忠. 2017. 通向终身学习的桥梁：资格框架国际比较研究. 重庆：西南师范大学出版社，2
②　王益英. 1997. 中华法学大辞典·劳动法学卷. 北京：中国检察出版社，150-151
③　李建忠. 2017. 通向终身学习的桥梁：资格框架国际比较研究. 重庆：西南师范大学出版社，1

道路。同时，这种衔接机制也促进了教育与培训体系的连贯性与一致性，为人才的持续培养与终身学习提供了有力支持。

等级标准本身具有分级的特点，它是资格类型标准、学科专业标准、课程标准等培养标准体系的上位标准，发挥着统领作用。此外，构建等级标准也体现了分层的特点，包括如何确定维度。国际上比较有代表性的做法是构建知识、技能和能力三维结构模式，以保证人才培养素质结构的全面性、均衡性。①在此基础上，从"知识"（知道什么）走向"能力"（能做什么），也是资历框架标准制定的主导方向和人才培养的主要趋势。

2. 资格类型描述

资格等级标准，作为评估与界定个体资格等级的关键依据，其重要性不言而喻。而相应的资格类型描述，则引领我们明确判断个体资格所归属的具体类型。在这一体系中，个体资格的获得并非仅凭主观意愿或简单条件，而是必须严格遵循既定的规范与要求。只有当个体的知识、技能、经验及其他相关能力达到或超越某一资格类型的规范标准时，他们方有资格被授予相应的目标资格类型。这一过程不仅体现了资格认证的严谨性与权威性，也保障了各类资格证书在社会中的公信力与价值。

由于国家资历框架中资格等级和资格类型存在属种关系，所有资格类型都可被划入一定的资格等级之中，资格类型实质上就是资格等级在具体部门、学科和专业领域的类型划分。资格等级标准和资格类型描述之间的关系实际也是这一属种关系的顺延。资格等级标准是资格类型描述构建的基础，资格类型描述则是资格等级标准在各个不同领域加上领域特征的具体化。鉴于此，国家资历框架中资格类型描述也采用和资格等级标准共同的描述方式及标准结构，以规范化的学习成果作为标准描述的核心，并进一步具体化为知识、技能及能力等维度。国家资历框架中具体阐述的资格类型描述仅仅涵盖了处于各个等级水平上各个教育部门一级的职业资格类型以及学历资格类型，例如高等教育部门的博士学位，还有职业教育部门的职业资格证书。至于更进一步的学科和专业领域的具体资格类型描述的制定，则不在国家资历框架管辖任务范围内，但国家资历框架中的一般性的资格类型描述可以为更具体的资格标准制定和评估工作提供参照。

资格等级标准和资格类型描述实质上都是对该等级或类型资格要求的最低学习成果的规范化表述。通常情况下，该表述是依据相应的工作及职

---

① 李建忠. 2017. 通向终身学习的桥梁：资格框架国际比较研究. 重庆：西南师范大学出版社，2-3

业世界、学历水平对个体综合能力的需要来确定最低学习成果要求的基本内容，并根据一定的构建逻辑、理论基础以及实践需要将其划分为多个维度。在完整的资格标准体系里，资格等级标准和类型描述的表述会展现出上下等级之间的逐步变化、阶段之间质的不同以及不同种类之间的类型差异。资格等级标准和类型描述乃是整个资格及资格体系最为核心的构成部分，其在构建资格体系主体内容的同时，也是评定机构评定资格以及个体获取目标资格所需达成学习成果目标的主要凭据。

二、理论基础

国家资历框架建设目标在于，整理、分类、规范、认可整个国家范围内存在的不同层次和不同类型的"资历"，并建立"资历"之间的转换标准和规范体系。[①]国家资历框架中的标准体系主要包含两类描述话语，一类是资格等级标准，另一类是资格类型描述。两者的实质都是标准化的学习成果，前者用以表征达到某一等级水平的学习者必须具备该等级的最低标准化学习成果要求；后者则是在其所处等级水平标准要求上的进一步发展。资格类型是等级水平在不同教育部门的实质资格证明。学习者要想获取某一资格类型，首先就需要达到该资格等级所在的等级水平要求。换言之，达成资格类型描述的要求是以达到该资格类型所在等级标准为前提的。目前多数国家资历框架是以学习成果为导向建立的，该导向的根本就在于资历框架的核心内容（即用以评估资格的标准体系）是以标准化学习成果来表征的。在学习和工作实践中，学习者所获取的学习成果是内含于个体的心智之中、表现于行为之上的统一体，国家资历框架在采用学习成果作为资格评估标准和内容的时候，对其进行量化和操作化处理，使得用以评估的学习成果能够较大程度地反映学习者的真实资格水平。具体的操作则是将综合性的学习成果划分为多个维度，而后对各维度的学习成果进行细致和规范的描述，以此作为评估学习者资格的标准参照。以下分别从资历框架的结构划分和横纵联结两方面来阐述。

（一）资历框架的结构划分

在资历框架划分完等级后，还需要为每一级别的资历确立通用的能力标准。其难点在于设计通用能力标准维度，包括需要对每一维度进行详细

---

① 王洪才，田芬. 2019. 国家资历框架建设：原则·过程·路径. 教育学术月刊，(6)：3-10

的描述。通用能力标准维度主要有两类：第一类聚焦"知识、技能、能力"范畴，代表国家包括新西兰、澳大利亚、法国、爱尔兰等；第二类在"知识、技能、能力"基础上加入一些特色指标，例如，英国通用能力标准维度是"知识与理解、应用与行动、自主性和问责性"。即使建立了通用能力标准，资历框架仍然难以畅通各类学习成果的转换，需要由行业依据通用能力标准制定更加详尽细致的行业能力单元。这才能够彰显资历框架引导各行业开发课程、开展教育和培训、发放职业资格证书及完成其与学历教育证书间转换等重要功能的关键要素。①

在学习结果的标准维度划分上，不同国家在划分维度的数目以及具体的维度表述上都有所不同，但也具有一定的共性，如欧盟国家的资历框架基本上采用了与 EQF 类似的三维划分，将综合的学习结果划分为知识、技能和能力三个维度，在具体表述中会略有差异。如 EQF 的第三个维度是"能力"，"能力"之下主要包含责任性和自主性两个子维度。爱尔兰资历框架的第三个维度同样为"能力"，不过在子维度的划分上更为精细，划分为情境、角色、学会学习、洞察力这四个子维度。表面上看，爱尔兰资历框架中的能力维度和欧盟国家的资历框架大相径庭，但实际上并非如此，两者在核心内容方面是较为一致的。爱尔兰能力维度中的情境子维度中包含的内容已蕴含在 EQF 各个维度的叙述中，而角色、学会学习、洞察力三个维度实质上表述的核心内容就是 EQF 中的责任性和自主性维度。

德国资历框架虽然仅将综合性的学习结果划分为"专业能力"和"个人能力"这两个维度，然而通过比较分析能够看出，其中"专业能力"所描述的主要内容正是欧盟国家资历框架中的"知识"与"技能"，"个人能力"则和欧盟国家的资历框架的"能力"维度大致相同。即使是非欧盟国家，其国家资历框架在学习结果的维度划分上也大多以"知识""技能""能力"三者为核心，或是蕴含在具体的表述中，如印度资历框架就将学习结果划分为过程要求、专业知识、专业技能、核心技能和责任心五个维度②。俄罗斯资历框架将学习结果划分为一般能力、技能和知识三个维度③，但我们都能从中看到"知识""技能""能力"划分的影子。于是，

① 季欣. 2019. 终身学习时代国际资历框架建设范式及发展趋势. 国家教育行政学院学报，（5）：89-95
② 马君. 2014. 印度现代职业教育体系的构建——基于资格等值的印度国家职业教育资格框架的文本分析. 河北师范大学学报（教育科学版），16（4）：73-78
③ 杨大伟，陈婉蕾. 2017. 俄罗斯国家资格框架的制订及内容解析. 中国职业技术教育，（3）：40-43

有些学者建议我国国家资历框架的构建也可以参照 EQF，将学习结果划分为知识、技能和能力维度①。我们从中可以看出，对学习结果进行知识、技能及能力上的划分是大多数国家的共性，其中除了借鉴他国成功发展经验之外，这种三维划分方法也存在哲学、教育学和心理学的理论基础（见第二章第二节）。

（二）资历框架的横纵联结

国家资历框架的一项基本功能是资格之间横纵的联结与贯通，用以表征各个等级及资格类型要求的学习结果之间的横纵衔接，即较高等级资格的学习结果是建立在较低等级之上的。如此，学习者只有掌握了低一等级的学习结果要求，才有向高等级资格发展的基础和路径。国家资历框架中的标准化学习结果，在描述子维度时都会构建出每个等级或资格类型的关键指标。此指标是判定等级和资格水平的核心依据，同时也是上下资格之间实现贯通的直接途径。如 EQF 中，其等级水平上的各学习结果维度就包含通用性、事实性、原理性、理论性等关键指标。第一等级资格要求学习者掌握通用性的学习结果，第二等级资格要求在掌握通用性学习结果的基础上还需掌握事实性的学习结果，以此类推，上下资格间有效衔接，从而构成了一个完整的资格体系②。

以学分及学分的积累和转换过程等主要元素构成的学分制在很多国家是国家资历框架整体制度体系的构成要素之一。在另外一些国家，即使学分制不是直接作为构成要素，也依然是一个关联性要素。国家资历框架基本功能的实施，包括评估资格等级、类型和实现资格间的转换，都需要以学分为计量工具，学习量是学习者得以获取或转换某种资格最直接的凭证。从国家资历框架发展的大趋势来说，国家资历框架除了要囊括传统意义上正式正规的教育与培训资格之外，还需要对来自多种学习途径无一定形式的学习结果进行有效的认证③。对前者正式正规教育与培训的学分认证，可以直接使用来自学习者所在教育与培训机构已经认证而具实效的学分；后者则需要多一层对于当前所掌握的学习结果的认证操作，在此基础上才能开展进一步的资格认证、授予及转换工作等。

学习成果或学习结果是各类教育的价值标识，若要达成各类教育产品的高效等价交换，标准化的"产品货架"即为资历框架。资历框架中学习

---

① 王立科. 2017. 国家资格框架：模式、结构和运行. 教育研究，38（7）：44-54+78
② 张伟远，谢青松. 2017. 资历框架的级别和标准研究. 开放教育研究，23（2）：75-82
③ 王立科. 2017. 国家资格框架：模式、结构和运行. 教育研究，38（7）：44-54+78

成果的维度、分类分级、同一描述分别决定了各类教育与培训的统一标准要求、资格的纵向衔接与横向贯通、等值性与可比性。共同的标准和规范也为各类教育后续的教育目标、课程标准、教学评价设定提供了统一的指导。职业教育所依据的一以贯之的职业资格（能力）标准体系是其类型划分及分级的基础。

第二节　学 习 成 果

一、概念界定

（一）学习成果的概念

1. 不同角度对学习成果概念的理解

"学习成果"是教育学领域的一个重要概念，国内外学者对这一概念从不同角度有不同的理解。在国外，学习成果对应的是英文是"learning outcome"，意指由教学或信息呈现所引起的学习者在行为或任务完成上的任何可预期和可展现的变化[①]。在国内，我国教育领域对此也形成了自己的语义体系，例如黄甫全认为，学习成果是学生通过长期而持续的学习所发生的表征个体发展的、变化了的经验和行为[②]。也有研究者认为学习成果一般是指教学目标所要求达到的内容。

从词源学的角度来看，学习成果是一个复合词，由"学习"和"成果"两个具有独立意义的词语组成。汉语词典对"学习"的解释是"①从阅读、听讲、研究、实践中获取知识和技能；②效法"[③]。"学"指通过一定途径获得知识和技能，"习"侧重于反复而知新。"成果"的意译就是"收获到的果实"[④]，引申意义为"经过一定阶段，人和事物发展所达到的最终状态"[⑤]。学习成果作为一种并列短语，前者重路径，后者重结果，两者具有时间上和逻辑上的因果关系。在这个意义上，学习成果可以界定为经由一系列的学习活动，个体在知识、技能、能力等方面所达到的发展状态。

---

① 缪蓉，赵国栋. 2013. 教育技术研究的方法与策略. 北京：北京师范大学出版社，143
② 黄甫全. 2006. 现代课程与教学论学程（上册）. 北京：人民教育出版社，200
③ 中国社会科学院语言研究所词典编辑室. 2005. 现代汉语词典. 5 版. 北京：商务印书馆，1548
④ 中国社会科学院语言研究所词典编辑室. 2005. 现代汉语词典. 5 版. 北京：商务印书馆，692
⑤ 莫衡，等. 2001. 当代汉语词典. 上海：上海辞书出版社，122

　　从教育心理学的角度来看，广义的"学习"是指人和动物在生活中获得经验，并由经验引起的行为较持久的适应性变化。①该概念对"学习"有四个方面的限定性要求：学习是人和动物共有的心理现象；学习是后天习得性行为；任何水平的学习都能够引起适应性的行为变化；只有通过实践活动所产生的变化才是学习。②狭义的"学习"是指人类的学习，是人类在社会生活实践中，以语言为中介，通过思维活动而积累经验，进而产生行为、能力和心理倾向的相对持久变化的过程。③本书取狭义的概念，其核心关键词主要有人类、实践活动、经验、持久性的变化。其中持久性的变化即经由学习过程产生的学习成果，对变化的具体论述则是学习成果分类学的主要研究内容。

　　在具体的教育实践活动中，"学习成果"更多地与教育评价学的内容相关。"学习成果"与"标准""资格"两个概念共同构成了一个完整的评价过程，其中，"标准"是评价要达到的直接目标，个体所拥有的学习成果则是评价对象和内容，而"资格"的授予与否则是评价的结果。从该角度来看，相关文献将"学习成果"表述为"学习者在完成一个学习过程时知道什么、理解什么、能做什么和准备做什么"，这一释义更多的是将"学习成果"视为一个偏正短语，重点在于对通过学习所产生结果的论述，具体包含哪些结果，即有关学习成果分类学的内容。

　　"学习成果"概念从教育心理学中一般性内涵界定到教育评价学中多维度动宾结构表述，实质上反映了"学习成果"定义从内涵向外延上的扩展，并且后者因在教育实践活动中的较高实用性而备受使用者青睐和重视。例如英格兰学分积累和转换系统将"学习成果"定义为对一个学习者完成一段学习之后被期望知晓、理解和能够证明什么的表述。④联合国教科文组织认为"学习成果"是学习者经过一段时间的学习过程，应知道、理解和能够展示出来的知识内容，以及成功学完某一课程单元、科目或方案后所掌握并能够展示出来的有关理智及实践方面的具体技能。⑤

　　以上对学习成果的界定基本都是从内涵解说和外延展开两个方面着

---

① 韩进之. 1989. 教育心理学纲要. 北京：人民教育出版社，66

② 韩仁生，李传银. 2007. 教育心理学. 济南：山东人民出版社，71

③ 张承芬. 2000. 教育心理学. 济南：山东教育出版社，37

④ CQFW，NICATS，NUCCAT，SEEC. 2001-11. Credit and Qualifications-Credit Guidelines for HE Qualifications in England，Wales and Northern Ireland. https://ehea.info/media.ehea.info/file/Qualification_structures_Copenhagen_2003/10/9/BritQF_576109.pdf

⑤ 谢赛. 2012. 儿童学习结果取向的美国教师教育课程研究. 上海：华东师范大学

手：学习成果内涵在表述上一般囊括学习主体、学习过程及学习主体所产生变化三个方面。一般表述结构为学习主体经由一段学习过程所产生的变化，该句重心立于变化之上。具体来说，学习成果以学习者为主要对象，以教和学过程为主要途径，以学习者所表现出来的理论及实践上的能力变化为主要的结果表现形式。学习成果外延是对学习成果具体包含哪些方面的论述，是基于操作需求对学习成果进行的多维度划分。

2. 学习成果与学习过程关系的理解

"学习成果"是学习理论中的一个核心概念，它有别于教学理论中的教育教学目标。学习活动的唯一主体是学习者自身，学习过程是由学习者参与的各项学习活动组成的，学习过程的长短通常以期望的变化及其达成程度为依据。学习成果真正指的是经由该过程产生的实际变化，在我国语境中多指个体能力、经验上的变化。这种变化是发生在学习者的整体发展中，且多具有持久性。关于变化的维度、程度及内容，这些则多见于学习成果外延或具体学科学习理论的论述之中。

目前，关于"学习成果"的统一定义还存在诸多争议，虽然我们可以确定一些共同要素，但"学习成果"概念在不同背景下仍有不同的理解。从对有关学习成果内涵解释的回顾中可以明显看出，学习成果被理解为三个主要领域的陈述：知识（knowledge，即 learning to know）、技能（skill，即 learning to do）和能力（competence，即 learning to be）。但"知识""技能""能力"本身也是有争议的概念，并且其解释因环境而异，因此关于学习成果共同语言的建立仍在不断探索中。总体来看，学习成果具有两个相互关联的定义：①学习者在完成学习过程中知道，理解和能够做什么的陈述，这些陈述是根据知识，技能和能力来定义的；②个人已经获得和（或）能够在完成（正规，非正规或非正式）学习过程之后展示的知识，技能和能力的集合。①这两种定义分别描述了两种学习成果：预期的学习成果和实际取得的学习成果。两者之间是循环关系，其中预期内容与实际内容之间的相互作用进入持续改进过程。资历框架、资历标准、职业标准以及课程中所运用的学习成果的定义和描述属于预期性的陈述与表达。它们并非学习的实际结果，而是期望达成的目标。学习成果的实现唯有通过学习过程，需凭借评估以及展示在现实生活（例如工作中）所学到

---

① Cedefop. 2014. Terminology of European Education and Training Policy：A Selection of 130 Key Terms（second edition）. Luxembourg：Publications Office，73-74. https://www.cedefop.europa.eu/files/4117_en.pdf

的知识来加以确定。学习成果的持续运用需要在预期结果和实际结果之间展开持续的对话，以便依据实际取得的成果优化既定期望（预期学习成果）。①

相较国际上日益普及的学习成果原则，我国在资历标准的制定方面仍然颇为注重学习场所、学习方式、先前经历等要素，非正式与非正规学习也难以全方位纳入学分及资格体系。这一方面致使我国国内的资历标准难以与国际上通用的标准对接，进而对国际教育交流以及学生和工作人员的国际流动形成限制；另一方面，对过程性要求的重视也在一定程度上由于人为及制度因素造成了教育和社会的不公平。当然，对学习成果的强调并不意味着对学习过程的弱化，而是从产出与教育相融合的角度，教育的结果（尤其是职业教育的结果）更加需要以成果（效果）为导向，在此基础上注重学习过程。

（二）学习成果的相关概念

"学习成果"是与"资格"及"资格/资历框架"相关的重要概念，图2-2 显示了三者之间及其他相近概念之间的关系。由此可见，建立资历框架的基础研究首先依赖于对资格的研究，包括对两种类型资格：学历资格和职业资格，以及相应的等级标准和资格规范的厘清与论证。而资格的研究又是以对"学习成果"的理解与应用作为基础和核心。"学习成果"概念又与"学习目标""学习方式""学分制"等概念相互关联。

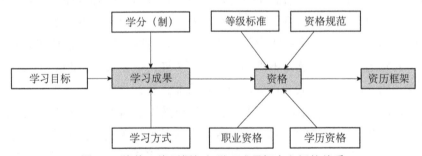

图 2-2　资格、资历框架与学习成果概念之间的关系

1. 学习目标与学习成果

"学习成果"与"学习目标"或"教育目标"是有所区别的。从哲学的角度来看，目的和目标都是指被意识到的人的需要，是主体对价值的自

---

① Cedefop. 2017. Defining，Writing and Applying Learning Outcomes-A European Handbook. Luxembourg：Publications Office of the European Union，29-30. https://www.cedefop. europa.eu/files/4156_en.pdf

觉追求，有无教育目的是判断教育自为性和自在性的根本条件和唯一标准。而学习成果则是经由一定学习和实践过程发生在个体身上客观的变化。就学习成果和目标来说，二者之间一般存在包含或交叉关系，即学习成果部分达到学习目标的要求，或是重合关系，即学习成果完全达到学习目标的要求，而背离关系则是学习成果完全偏离了学习目标的要求走向；反向的包含关系意味着学习成果不仅达到了学习的目标要求，还产生了其他的隐性或显性的长久性的变化。立于目标立场对结果进行评判的话，学习目标大多是目标设立者基于一定的社会性及个体性的需求对学习者所产生学习成果的主观预期，而学习成果则是学习者以一定学习目标为导向经由一定学习过程获得的实际的学习产出。

2. 学习方式与学习成果

学习方式与学习成果之间的关系，以及前者对后者的影响程度是用以解释国家资历框架中学习成果价值取向的重要的理论依据。对学习方式（style of learning）概念的理解会因研究立场和学科视角的不同，而有着对象及外延上的差异。在教育学学科的研究中，学习方式是一个中观层面的概念，囊括了"学习者在学习知识和技能时所采取的途径、程序、形式和手段"。其在范围上扩充至整个学习过程，表现在掌握学习内容、获取学习成果、参与实践活动的各个环节中。在此意义上，它是与学习内容和学习成果并列的概念，共同构成学习者完整的学习活动。

按照国际惯例，从学习的不同途径和形式的角度可以将学习方式划分为正规学习（formal learning）、非正规学习（non-formal learning）和非正式学习（informal learning）三种类型（表2-1）。学习方式与学习成果之间有着十分密切的关系。采取何种学习方式从某种程度上来说可能直接影响学习成果。从学习的不同途径和形式的角度所划分的正规学习、非正规学习、非正式学习来说，每一种学习方式对学习成果的影响都是不同的。

表 2-1　学习方式的三种类型

比较维度	正规学习	非正规学习	非正式学习
组织化及制度化	教育及培训体制内部	教育及培训体制之外	教育及培训体制之外
有无意识	有意识、有目的	有意识、有目的	随意性
学习场所	教育与培训机构	非教育与培训机构	日常生活中
学习内容	结构性、普适性	针对性、实用性	情景化、细节化
学习成果	有标准、有资格证明	无标准、有资格证明	无标准、无资格证明
学习目的	明确、外在、内在	明确、内在	不明确

续表

比较维度	正规学习	非正规学习	非正式学习
主体	教师、学生、管理者	学习者个体	学习者个体
范围	教育及培训系统内部	教育及培训系统之外	全社会
时间	时间长、分阶段、有限度	可调整	灵活

　　正规学习作为一种制度化、结构化、资格导向性及有意识性的学习，主要发生于教育及培训系统内部。因此，一般来说，正规学习的学习成果最为明显，学习成果的成效最大。例如，在学校内进行的就是一种典型的正规学习，是一种结构化的学校教育活动，有明确的学习目的、学习时间、学习场所，其中教师及教学行为也十分明确，在学习的知识、技能、情感等方面最具有完整性和结构性，学习的质量也相对较高。所以，正规学习对学习成果的获取有着十分重要的影响。

　　非正规学习通常是指在学校正规教育之外的一种有目的、有组织、有计划的学习活动，其目的也在于增进个人的新知、授予个人必需的技能及改变个人的态度等。[①]因此，在当今社会，特别是在整个社会大力倡导"学习型社会""终身教育"的浪潮下，非正规学习对学习成果的影响也至关重要。随着知识的不断更新，通过正规学习所获得的学习成果可能不足以满足人们日常工作、生活、学习的需要。因此，非正规学习作为正规教育之外的一种学习方式，在很大程度上使人们的学习成果得以更新和补充。例如，由某些慈善机构提供的预防流行疾病的培训课程，或者社会上某些具有实质教育目的的青年或成人俱乐部，都属于非正规教育的范畴，这对人们掌握学习成果的更新及补充有很大的意义。

　　非正式学习的涵盖范围十分广泛，可包括信息和内容在内的一切事物，例如会议、书籍、网站等，或者是非正式的人与人的交流，例如交谈、讨论、会议等。几乎是在不知不觉中，人们可以在任何地方向任何事情学习。有些非正式学习具有清晰的目标，如改进一个软件或学习使用一种新工具；但更多时候非正式学习的目标并非清晰明确的，如理解企业的文化、对新身份找到"感觉"等。因此，非正式学习的学习成果不一定是所预期的，但是这种学习方式无处不在，融入了人们整个生活、工作、学习的过程之中，从某种意义上来说，它对人们学习成果的影响有可能更大、更广泛。相对于非正规学习，非正式学习的学习成果认证及评价的难度更大，它与正规学习成果之间的衔接、评价及认证方法的选择及创新、

---

①　黄富顺. 2009. 台湾地区非正规学习成就的实施与展望. 成人教育, 29（1）: 9-14

认证标准的规范化是当前该领域研究的主要方向。

在以上三种学习方式之间，正规学习和非正规学可以统称为"正式学习"，它们与"非正式学习"主要的区别在于，作为学习活动主体的学习者对当下正在进行的活动是否具有明确的意识性和目的性。正式学习，无论是外在提出的目的还是学习者内在的自我追求，其学习活动的展开、学习内容和方法的选择以及对学习成果的追求都是具有主观性、目的性和计划性。相比较而言，非正式学习更多地发生在不以获取学习成果为目的的日常实践活动当中，在学习目的、内容、方法以及时间地点上更具灵活性与随意性。三种学习方式在影响学习者掌握学习成果的途径、程度和内容等方面可能存在差异，但它们都是产生完整学习成果并促进其丰富发展不可或缺的要素。

3. 学分制与学习成果

学分本质上是对学生学习过程及结果量化的数据，学分制是以学分为主要操作对象及内容的教育教学管理制度。有学者认为学分制的核心理念是"学习自由"，这种自由主要表现在两个方面，一是学习内容自由，二是学习时间自由。[①]这一理念与当前终身学习潮流的特征是极为相符的。学分制的推行一定程度上保障了学生的受教育选择权[②]，促进了教师的专业成长，在高等教育普及化发展中扮演了重要角色，也为后续人力资源的管理工作及学习者个体的发展提供了重要的依据。

学分制起源于德国，发展于美国，主要运用于主张"学习自由"的高等教育领域。[③]随着信息时代的到来，知识总量急剧增长，学科门类进一步综合和细化，学习方式多样化以及终身学习和学习化社会逐渐成型，使得学分及学分制的应用领域进一步扩展，逐渐成为计量所有正规、非正规、非正式学习成果并用于相应资格评估的主要工具系统。学分制在学生的学习、教师的教学、学校的管理以及国家的人力资源配置及管理上都扮演着重要的角色。

对学分制的一般理解是，它是一种教育教学管理制度或方法，以学生的学习量为计量单位，用以评估学习者课程修读成绩是否合格以及能否准

---

① 晏维龙，吴明忠. 2015. 高校学分制改革的理论基础与制度保障. 教育研究，36（7）：57-63
② 吴运兰. 2008. 中国高校学分制改革中存在的问题及对策研究. 上海：上海交通大学
③ 陈涛. 2013. 再探学分制——学分制的形成、发展、问题及展望. 现代教育管理，（9）：58-62

予毕业。①在学分制下，每个学分所包含的实际学习内容、过程以及学习获得的成果都有所不同，但是都共同地反映了学习者在取得该学分时所花的时间和精力，都是人类体力和脑力劳动的结果，在本质是可以等价的，学分制度的实施则为其提供了等价的框架和进行等价分配及操作的工具。

高等学校用"学分"作为计算学生学习分量的单位，学生修满一定数量的学分方能毕业。一般以每一学期的每周授课时数、实验和实习时数以及课外指定自习时数为学分的计算依据；根据各门课程的不同要求给予不同的学分。②不同的国家、地区，甚至是不同的学校，其学分计量方法可能有所差异。在我国高等学校中，学生每周上课一学时，自学二学时，学满一学期，经考试及格者，得 1 学分。需课外自学时间较少课程，每周上课二至三学时，读满一学期，经考试及格者，得 1 学分；需课外学习时间较多的课程，每周上课一学时，读满一学期，经考试及格者，可计算为 2 学分，或每周上课二学时计算为 3 学分。科学研究训练、实习、实验、毕业设计（毕业论文）等，均参照 48 学时学习量相当于 1 学分的换算方法计算学分。③

以上对学分的解释更多地基于高等教育领域，这在很大程度上限制了对学分及学分制的理解和应用。当前各国教育及培训领域出于教育全民化、终身化、国际化的实际所需，都相应地扩充了学分的内涵及运用范畴。例如，澳大利亚修订的国家资历框架中，就将学分解释为：学分是从内容和学习成果两个角度对不同类型学习和资格进行等价认证的价值分配。④相比较而言，它是将学分的运用范畴从高等教育领域拓宽至"不同类型的学习和资格"中，并且强调了不同学分之间价值的等同性，这为后续实现各类学分间的无缝衔接与高效转移奠定了坚实的技术支撑与理论基础，促进了教育体系的开放性与灵活性。

二、理论基础

伴随终身教育与教育公平等理念在全球范围内的演进，学习成果理念于国内外教育领域受到了极大的关注。"学习成果"作为国外持续推进教

① 潘懋元. 2009. 新编高等教育学. 2 版. 北京：北京师范大学出版社，291-292
② 宋子然. 2014. 100 年汉语新词新语大辞典（1912 年—2011 年）·上. 上海：上海辞书出版社，381
③ 杨学为. 2006. 中国考试大辞典. 上海：上海辞书出版社，280
④ Australian Qualifications Framework Council. 2012-09. Credit Transfer：An Explanation. https://www.aqf.edu.au/sites/aqf/files/credit-transfer-explanation.pdf

育改革的核心要素，即将开启"一种教育和课程开发的新范式"①。中国知网中以"学习成果"为关键词的期刊论文大约为490篇，近年来有增长趋势，同时与"教育"相关的为430篇左右，与"职业教育"相关的仅90多篇（2022年10月统计）。教育领域的相关著作主要涉及学习成果导向的课程开发②与学习成果认证③等。国外，尤其是欧盟，研究"学习成果"的学术成果较多，如欧洲职业培训发展中心（Cedefop）与联合国教科文组织联合出版的一系列关于学习成果的定义、描述、应用与认证的出版物④⑤。总的来说，相关理论涉及学习成果分类、应用、描述、学习成果导向与产教融合。

（一）学习成果分类

1. 心理学基础

以学习成果为主体的研究传统上主要发生在教育学、心理学及二者交叉产生的教育心理学界⑥，且尤以后者为甚。其研究方向可大致分为两支：①学习成果的应用研究，以学习成果及其相关理论在教育教学及学习过程中的实践和作用为主要研究内容；②作为学习理论中的一环开展教育心理学基础理论方面的研究。学习成果的概念界定及其相关方面理论研究工作的开展多来自后者。行为主义学习理论认为学习成果是个体经由多次愉快或痛苦的经历产生的行为或是模仿他人的行为，以桑代克为代表的行为主义心理学家认为学习实质上就是刺激和反应之间的联结；认知主义学习理论则注意到个体在学习过程中不易观察到的心理活动，认为学习是基于有机体与环境的交互作用实现内部经验重组和构建知识的过程，完整且处于平衡状态的认知结构是该学习理论中主要的学习成果；由认知学派发展而来的建构主义学习理论在继续强调学习者自我构建、自我发现学习重要作用的同时，开始由内及外地关注到环境（尤其是社会环境）对学习者建构认知结构的激发及促进作用，该理论指导下情境性、交互性及真实性

---

① 严中华. 2017. 学习成果导向职业教育课程开发理论与实践. 北京：清华大学出版社，1

② 严中华. 2017. 学习成果导向职业教育课程开发理论与实践. 北京：清华大学出版社，1

③ 王海东. 2017. 学习成果认证制度研究. 北京：中国人民大学出版社，1

④ Cedefop. 2017. Defining，Writing and Applying Learning Outcomes：A European Handbook. Luxembourg：Publications Office，1. https://www.cedefop.europa.eu/files/4156_en.pdf

⑤ UNESCO Institute for Lifelong Learning. 2012. UNESCO Guidelines for the Recognition，Validation and Accreditation of the Outcomes of Non-formal and Informal Learning. Hamburg，1. https://unesdoc.unesco.org/ark：/48223/pf0000216360

⑥ 当前，继续教育研究领域也围绕"学分制""学分银行""学习成果认证"等主题开展了学习成果的相关应用研究。

的学习过程大大促进了学习者所获取学习成果应用性程度的提高；人本主义学习理论则开始把视角转向学习者自身，强调学习者情感、态度、价值观在学习过程及结果中的重要地位①。

各理论学派对学习成果理解的变化发展在纠正前者在某一方向上过度倾向的同时，构建了基于前者及自身所在教育及社会背景新的学习成果理论。从"行为主义—认知主义到建构主义—人本主义学习理论流派"的发展历程可以很清晰地看出，学习成果研究热点或核心指向"行为—认知—能力—情感"的转变过程。这一转变过程是研究侧重点的转变，学习成果概念及其种类实质是不断囊括前者、不断扩充完备的过程，学习成果分类理论即建立于此。

2. 哲学基础

不同学习流派对学习成果内涵的基本看法都会配以学习成果来源、性质及分类的认知体系，例如在行为主义学习理论中学习成果多表现为良好行为的养成，在外部强化中不断行动、操作，以实现错误行为的消退和正确行为的获得。认知体系是个体作为主观存在与客观世界发生关系形成的对世界、对自身及其相互关系的认知网络和结构，对认知体系内容层面的分析属于心理学的范畴。但究其根源，还需回到哲学的认识论层面，不同学习流派形成的有关学习成果的认知体系都有其一定的认识论根基。

近现代西方哲学中占据较主导地位的认识论流派有培根的经验论和笛卡儿的唯理论。后续发展起来的康德的先天综合判断理论、黑格尔的绝对精神论、新托马斯主义的先验论、实证主义和实用主义的认识论等多是基于唯心或唯物、实践与认识的关系、客观与主观世界关系等角度对前者的批判性继承和发展②。早期的学习理论都可以在这两大认识论流派中找到思想渊源，经验主义认为人类的学习来源于感觉经验，学习成果是简单观念的集合。经验主义在人类简单陈述性知识与动作技能的掌握中有较强的说服力，但更为复杂的原理学习和复杂问题解决的能力则较难从中找到解释性的依据。理性主义认为人类的认知来源于推理、思辨，精神可以脱离物质独立存在，抽象思维、认知结构、问题解决能力的形成等都依赖人类的理性思辨，认知学派的大多理论遵循一定的唯理论传统。③

在西方社会曾一度占据主导地位的认识论，如以杜威为代表的实用主

---

① 陈琦，刘儒德. 1997. 当代教育心理学. 北京：北京师范大学出版社，47-49
② 中国大百科全书出版社编辑部. 1987. 中国大百科全书·哲学2. 北京：中国大百科出版社，172-178
③ 皮连生. 2011. 教育心理学. 4版. 上海：上海教育出版社，65

义及机能主义认识论认为，人类学习的结果是经验的重组和改造，结果能对进一步的学习和工作起直接的指导作用；以雅斯贝尔斯为代表的存在主义认识论则更为充分地认识到人在学习活动中的价值、地位和尊严，给予人类情感和精神发展上更多的关注。这些不同哲学认识派别对各自关注领域的深度研究，在认识论领域为其研究主体和对象赢得了一席之地。实用主义中的能力、存在主义中的情感都可被视为学习成果外延范畴及子维度重要的思想理论来源。作为迄今为止唯一能够揭示主客观世界之间辩证关系的马克思主义哲学的认识论——辩证唯物主义认识论，在认识论向科学性、客观性的发展中扮演着重要角色，直接影响了一般科学理论的构建和发展。马克思主义认识论认为人的意识或思维能够认识客观的现实世界，认识过程发生在社会实践活动中，随着主体能力的提高，认识将不断加深，并通过实践作用于客观世界，以实现主观认知和客观世界的共同发展。马克思主义认识论认为，个体认知的发展具有螺旋向上的趋势，在一定条件下能够实现从感性认知向理性认知的能动飞跃。[①]其中，认知的多途径来源、认知的实践性应用和检验、认知的量变乃至质变式的发展等理论观点，对学习成果理论中重结果轻过程、知识和技能的情境应用性、结果等级及阶段性划分等思想都有一定的解释力度（表 2-2）。

表 2-2 不同认识论、教育心理学论对学习成果的不同理解

认识论	教育心理学论	学习成果
经验主义	行为主义	简单认知和操作行为
理性主义	认知主义	陈述、程序性认知
实用主义	机能主义	能力
存在主义	人本主义	情感
辩证唯物主义	—	等级划分；来源多样性；知识与技能应用性

3. 教育学基础

（1）教育学的学习成果分类理论

目前，发展较为完备且认可程度较高的学习及教育分类理论多发生在教育心理学领域，且多由认知学派心理学家提出，其中具有代表性的有加涅的学习成果分类理论、安德森的学习成果分类理论以及布鲁姆的教育目标分类理论。

---

① 中国大百科全书出版社编辑部. 1987. 中国大百科全书·哲学 2. 北京：中国大百科出版社，177

1）加涅的学习成果分类理论。加涅的学习成果分类理论诞生于其对行为主义心理学理论的批判性发展，加涅认为行为主义心理学家如桑代克、巴浦洛夫、科勒等对学习心理及结果的研究多为具象化情景式的实验结果分析，研究结论往往呈现出脱离人类复杂、多样学习现象的片面化、单一化倾向，各理论独立甚至对立，这对于促进理解学习是不利的。在加涅看来，虽然各类学习的表现形式不同，但是学习成果所包含的"具有共同特征的人类行为表现"是一致的①，且可以按照一定的标准进行维度划分，划分结果即为著名的加涅学习成果分类理论。在该理论中，加涅将人类后天习得的学习结果划分为言语信息（言语表达事实性知识）、智慧技能（运用符号对环境做出反映的解决问题能力）和认知策略（控制和管理自我认知过程的能力）、动作技能（依据规则支配身体动作的能力）和态度（学习中稳定的心理倾向）五个维度②，并仅对其中的智慧技能维度做了进一步的探讨和研究，将其划分为具备层级关系的不同阶段，即辨别、概念（包括具体概念和定义性概念）、规则、问题解决，后一学习阶段的进行必须以前一阶段的学习成果掌握为基础。在其余四类学习成果的获得中，虽然没有这种严格的学习层级，但加涅的观点仍旨在证明：若要获得其中某项能力，须以先前已经获得的其他能力为基础，这在五类学习成果中是互通的。

2）安德森的学习成果分类理论。加涅的学习成果分类理论形成于 20 世纪七八十年代，同时期，美国教育心理学家安德森也提出了较为系统化的学习成果理论，并将关注目光聚集认知领域，专注研究个体通过学习所获得概念、知觉、判断、想象、思维等知识性学习成果的分类。安德森将人类习得的知识划分为陈述性知识和程序性知识两类，前者是个体在与外在世界相互作用过程中形成对内和对外的认知，包括"是什么"及"为什么"两个方面的内容，表征为命题或命题网络两种形式；程序性知识是指个体形成的处理对外问题和管理对内学习过程的知识，用于回答"怎么办"，表征为产生式。在人类真实的认知情境中，陈述性知识和程序性知识交互存在，互为基础，并能够实现相互间的转化和迁移。

3）布鲁姆的教育目标分类理论。与加涅和安德森的立场有所不同，美国教育心理学家布鲁姆提出教育目标分类，该分类旨在为"编制课程和

---

① 徐晓雄. 2004. 教育技术学视野中的加涅思想研究. 广州：华南师范大学
② 吉菁，韩向明. 2002. 加涅学习结果分类理论对确定课堂教学目标的启示. 教育理论与实践，22（S1）：40-41

课堂测验提供基础"①，这是布鲁姆等对理想中的标准化教育结果及学习
成果的表述，理论的发展经历了从产生到发展两个重要时期。布鲁姆的教
育分类理论产生于 20 世纪 50 年代，该理论将教育目标分为认知、动作技
能和情感三大领域（图 2-3）。其中布鲁姆本人对认知领域的教育目标做了
进一步划分和深度解析，"认知领域"涉及知识和智力技能的发展。认知
行为按照简单到复杂可分为六个层次：知道（回忆数据）、理解（理解意
义、解释）、应用（在新情境下使用概念）、分析（将材料分成组成部
分）、综合（建立结构或模式）和评价（作出判断）。层次越高，抽象性、
复杂性以及逻辑性就越强，从布鲁姆对知识的分类来看，六个层次越靠前
的则属于陈述性知识，越靠后就属于关于"如何做"的程序性知识。后两
个领域在布鲁姆的论述则较少，这与学科系统化的教学倾向有关。

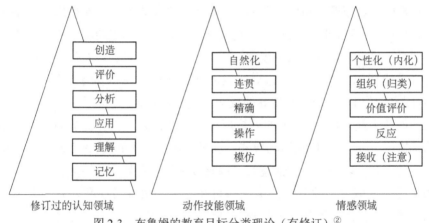

图 2-3　布鲁姆的教育目标分类理论（有修订）②

　　布鲁姆的教育目标分类理论的发展是在 20 世纪初期，即布鲁姆去世
45 年后，由以安德森为首的专家小组耗时 5 年时间修订完成的，修订主
要集于三大领域中的认知领域。该版本将认知教育目标划分为内容和过
程两个维度，内容维度也即知识维度，该维度将个体通过教育获取的知识
进一步划分为事实性知识、概念性知识、程序性知识和元认知知识四类
（表 2-3）。这四类知识的认知和掌握过程即过程维度，该维度由低到高、
由简单到复杂划分为记忆、理解、应用、分析、评价和创造六个维度，

① 李鑫倩. 2015. 基于布鲁姆教育目标分类学指导下的数单元教学研究. 西安：陕西师范
大学

② Cedefop. 2016. Learning-Outcome Application of Learning Outcomes Approaches across
Europe-A Comparative Study. Luxembourg：Publications Office of the European Union，36.
https://www.cedefop.europa.eu/files/3074_en.pdf

内容和过程维度之间的交叉组合即具体的教学目标，如记忆水平的事实性知识。[①]

表 2-3　认知教育目标的内容与过程维度[②]

内容维度	认知过程维度					
	1. 记忆	2. 理解	3. 应用	4. 分析	5. 评价	6. 创造
A. 事实性知识						
B. 概念性知识						
C. 程序性知识						
D. 元认知知识						

　　此外，该理论中的"动作技能领域"包括骨骼和肌肉的运用、发展和协调。发展这些技能需要通过实际的操作训练，并且这些技能在实际操作的过程中通过速度、精度、距离、过程或技巧得以衡量。布鲁姆等在创立教育目标分类理论时，仅意识到这一领域的存在，但未能制定出具体的目标体系。后来，戴维提出了模仿、操作、精确、连贯、自然化五阶段，辛普森提出了以下七大类：感知（运用感官获得信息以指导动作）、准备（对固定动作的准备）、有指导的反应（模仿、试误）、机械动作（学习复杂技能的中级阶段）、复杂的外显反应（运动行为，包含复杂动作模式的熟练操作）、适应（修正运动模式，满足具体情景的需要）、创新（创造新的运动模式，以适应具体情境）。"情感领域"涉及处理情绪问题的方式，如情感、价值观、欣赏、热情、动机和态度，按难易程度划分为五大类别：接收（注意，即认识和重视）、反应（如积极参与）、价值评价（即接受和承诺）、组织（归类，以组织价值观为重点）、个性化（内化，形成控制行为的价值体系）。

　　布鲁姆教育目标分类理论是对思考与发展学习成果产生最重要影响的理论之一。布鲁姆最早的《教育目标分类学——认知领域》（1956 年）提出了认知学习的等级分类，从基础（"知识""理解"）转向日益复杂的技能（"应用""分析""综合""评价"）。安德森等于 2001 年通过将原始版本中使用的名词改为动词形式（"知识"改为动词"记忆"；"理解"改为动词"理解"），并将"综合"（创造）置于评价之上，以复杂性的最

[①] 吴红耘. 2009. 修订的布卢姆目标分类与加涅和安德森学习结果分类的比较. 心理科学, 32（4）：994-996

[②] 洛林·W. 安德森, 等. 2009. 布卢姆教育目标分类学（修订版）：分类学视野下的学与教及其测评. 蒋小平, 等译. 北京：外语教学与研究出版社, 25

高顺序修订了分类学的认知领域。布鲁姆的第二本出版物《教育目标分类学——情感领域》（1964 年）为情感领域设定了一个学习层次，从基础（"意识""反应"）开始，转向更复杂的层次（通过价值或价值复合体"价值化""组织和归类""内化"）。分类学的进一步发展引入了描述动作技能领域（技能）的层次结构，从"模仿"开始，通过不断精确化上升到"连贯""自然化"。

4）以上三大理论的比较。对以上三大著名的教育和学习成果理论进行统合分析，形成表 2-4。这三个理论的分析、阐述中有一个共同特征，即对前一个维度（布鲁姆教育目标分类中的"认知"维度）关注较多，而未将后两个维度（"技能"和"情感/态度"）做出较为细致的论述，仅将其作为一级分类列出。其中存在主客体两方面的原因，一方面，对于教育心理学家们等研究主体来说，他们大多数是认知心理学派，其关注及所擅长的自然是对认知领域学习和教育结果的研究和分析；另一方面，对于研究客体（教育和学习成果）来说，知识内涵的丰富及复杂性、传统学科本位下对知识的重视、结构主义教育学理论兴起和发展等都是知识内容及其认知过程备受重视的原因。

表 2-4　加涅、安德森、布鲁姆三大理论的比较

典型代表	学习成果分类与对照			
加涅	言语信息	智慧技能/认知策略	动作技能	态度
安德森	陈述性知识	程序性知识	—	
布鲁姆	认知（记忆和理解水平上知识）	认知（理解水平之上的知识）	动作技能	情感

（2）知识分类理论及其学习成果分类应用

1）广义知识观下的知识分类。如前所述，对知识内涵、外延、分类及其认知过程的不同理解，既是对学习及教育结果分类理论进行类别划分的重要依据，也是重要的内容构成部分。知识是主客体相互作用的结果，广义的知识观认为知识是个体通过实践活动获取所有的认知经验及成果，狭义的知识观则认为知识是仅存在于语言文字符号或言语活动中的信息[①]。包括上述三位心理学家在内的现代认知心理学派接纳和采用的基本上是广义的知识观，该知识观回答了有关知识概念及其获取的三大主要问题，即知识产生于实践中主客体之间相互作用，是主体主动建构的过程；知识表征的对象由对内自我和外在的世界两部分构成；知识表征形式包含

---

① 张承芬. 2000. 教育心理学. 济南：山东教育出版社，120

言语信息性的用于记忆和理解的知识，也包含用于解决处理问题的产生式知识。

　　基于以上问题的不同理解和互相之间交叉组合的不同形式，出现了几个较为著名的知识分类理论，如安德森将知识分为陈述性知识和程序性知识，其中陈述性知识即上文所述狭义视角下的知识概念，主要说明事物是什么、为什么及怎么样，是个体可以有意识回忆并陈述的知识；程序性知识则是关于怎么做的知识，是个体具有的用于具体情境的算法或一套行为步骤。①安德森语境中的程序性知识范围十分之广，包含认知技能和操作技能两类：前者是借助内部语言在头脑中进行的动作方式或智力活动方式，是抽象思维的主要组成部分；后者是通过学习形成的合乎法则的操作活动方式，调节和控制着操作动作的执行。在安德森等信息加工心理学家看来，动作技能本质上是一套关于如何执行动作以处理问题的知识，有一整套的规则系统，所以属于程序性知识的范畴。加涅语境下的知识规则不包括后者，其学习成果划分维度中的言语信息相当于陈述性知识，认知策略是处理个体内在学习过程的程序性知识，而智慧技能则是对外办事的程序性知识，动作技能单列为技能维度。法国教育学家梅耶则在陈述性知识和程序性知识之外单列出了策略性知识。程序性知识用于具体情境，策略性知识则是解决问题的一般方法；策略性知识再进一步划分为认知策略和元认知②，后者用于表征学习者对自我认知过程的掌控。梅耶的分类将安德森语境中统合的程序性知识划分为对外处事的程序性知识和对内的策略性知识。这与安德森在修订布鲁姆的教育目标分类中对知识分类基本吻合。综合以上观点，广义知识观下的知识分类可以概括为图 2-4 所示。

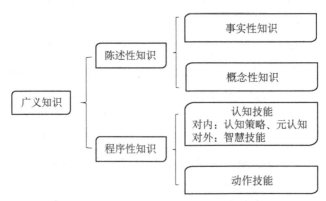

图 2-4　广义知识观下的知识分类总结

①　张承芬. 2000. 教育心理学. 济南：山东教育出版社，120-121
②　陈琦. 2001. 教育心理学. 北京：高等教育出版社，169

2）认知学派与我国对学习成果的分类。知识是学习及教育结果的一大重要分支，对学习者通过教育或学习获取知识的剖析一直是认知学派教育心理学家研究的重中之重，乃至广义知识观有无所不包之嫌，例如表2-4中来自安德森的知识观就将动作技能划入程序性知识的范畴。这种划分认识到知识在动作技能形成中的重要作用，例如个体对动作概念及规则等掌握和运用，但同时也混淆了知识和技能本质上的差异。知识是个体的认知经验及结果，动作技能则来源于动作经验，相对前者来说具有明显的客观性、外显性和展开性①。在动作技能学习及获取过程中，所使用的心智技能本质上是广义知识观下的程序性知识。值得注意的是，个体通过不断练习展现自如的动作技能，其本身则是与知识并驾齐驱的又一重要学习及教育结果分类的维度。与知识、动作技能并列的第三个维度是情感或态度，这是学习者在学习过程中或是通过学习获取的稳定的心理倾向，是学习者对自身、学习对象及相互之间关系的主观感受，直接影响学习成果的获取及之后的运用效率。因而，传统认知学派对学习成果的划分可以概括性地为图2-5的结构。

图2-5　传统认知学派的学习成果分类

我国大部分的教育心理学书籍中对学习成果的分类，或已付诸教育实践的新课程标准中对教育目标的分类，采用的是三维学习成果划分的结构。这种划分模式是在借鉴传统认知学派的学习成果分类理论的基础上形成的，是与中国教育教学实践经验和理论相融合的结果。我国三维学习成果划分与传统认知学派划分的不同点主要体现在对知识范畴界定的差异。传统认知学派认为知识是个体与环境互动产生的所有的认知结果，既包括静态的陈述性知识，又包括用于内在操作的心智技能和外在操作的动作技能。比较而言，我国三维学习成果划分中知识的范畴有所缩小，主要包括陈述性知识和处理外部问题的程序性知识，具有明显的客观性特征②；而

①　陈琦. 2001. 教育心理学. 北京：高等教育出版社，219
②　陈琦. 2001. 教育心理学. 北京：高等教育出版社，167

认知学派划分中用于内部操作的程序性知识在我国的三维学习成果划分中则作为认知或心智技能，与动作技能一起被划入第二个维度"技能"的范畴。在我国的语境中，技能是在运用一定知识基础上形成的动作活动方式和心智活动方式，个体能力的发展以有关技能的形成为前提[①]。第三个维度则都侧重于表征个体在学习过程中形成的主观的稳定的心理倾向，受社会及教育实践的多重因素影响，相比于国外教育心理学家对情感、态度及动机等的重视而言，我国在第三个维度上更强调学习者在学习中良好、正确的价值观的形成（图 2-6）。

图 2-6　我国的学习成果分类

通过以上分析可以看出，我国现行的三维学习成果划分与传统认知学派学习成果分类理论的分歧主要还在对认知/心智技能的归属范畴上。从总体来看，两者所包含的学习成果总量大致相当，主要由陈述性知识、智慧技能、认知技能、元认知、动作技能、情感态度等要素组成，要素之间相互作用并展现于学习者的学习及工作实践之中，促使学习及工作任务完成即为学习者所拥有的能力。

（3）统一的 KSC[②]类型学

1）KSC 类型学。建立一个学习成果分类的统一的知识、技能、能力类型学，对于在能力理解上有明显差异的国家来说尤为重要，它可以促进各国资格学分的互认，加强各国间的交流与沟通。欧盟职业教育与培训学分转换系统（European credit transfer system for vocational education and training，ECVET）正是欧盟建立统一的 KSC 类型学的成功实践经验。在此，学习成果用 KSC 来表述，这三个维度具体指向认知能力、功能能力及态度和行为。KSC 表征了学习的输出或成果，而不是学习的输入。

---

① 陈琦. 2001. 教育心理学. 北京：高等教育出版社，217
② KSC 即知识（knowledge）、技能（skills）、能力（competences）。

KSC 类型学是由欧洲职业教育与培训发展中心（Cedefop）于 2006 年出版的《知识、技能和能力的类型学：概念和原型的澄清》一书中提出的一种学习成果分类理论。该理论的提出借鉴了上述教育心理学家提出的一般的学习成果分类理论，并融入了基于 EQF 发展产生的新的理论经验。Cedefop 构建该理论模型的直接目的是为欧洲国家的资历框架和学习转换系统的构建和发展提供统一的学习成果分类维度和标准，以促进个体通过评估学习成果获取的资格和学分在欧洲范围内的有效互认，从而实现欧洲人才、教育乃至经济等更广泛的流动①。对于欧洲国家的资历框架来说，KSC 类型学是其理论基础，也是其框架原始的结构来源。在 EQF 及欧洲国家的资历框架取得较大发展成效的背景下，我们在分析借鉴其框架构建及发展经验的同时，也需要考察其背后的理论基础，如此方能透过现象看本质，真正掌握框架构建的精髓（原理和方法论），而非仅停留于表面的了解和模仿上。

KSC 类型学框架从概念性（conceptual）、操作性（operational）、职业的（occupational）、个人的（personal）4 个方面将能力划分为 4 种类型。对 4 种能力的"概念性"和"操作性"的二维划分意在表明能力的展现方式，"概念性"的能力存在于个体的心智之中，"操作性"的能力则外显于个体的行为之上。其中，前 3 种类型维度（认知能力，功能能力、社会能力）相当普遍，并且与布鲁姆的目标分类理论中的知识、技能和态度维度一致。一般来说，知识通过认知能力获取；技能通过功能能力获取，而态度和行为通过社会能力获取。元能力不同于前 3 种能力维度，它主要是促进其他实体能力的获得。将个体的学习成果划分为通过认知能力获取的知识、通过功能能力获取的技能、通过元能力获取的学习能力和通过社会能力获取的态度和行为 4 个方面（表 2-5）。出于操作方便的角度考虑，元能力被纳入社会能力之中，而后社会能力方便性地表述为"能力"，由此获得了个体学习成果的知识、技能、能力的三维类型划分。虽然对这些维度之间的区别可以进行分析，但在实践中，一个人能够有效工作需要具有潜在的知识、功能性的技能以及适当的社会行为，并且一个职业所要求的能力也总是多维度的。

---

① Winterton J，Delamare F，Deist L，et al. 2005. Typology of Knowledge，Skills and Competences：Clarification of the Concept and Prototype. https://www.researchgate.net/publication/265082356_Typology_of_Knowledge_Skills_and_Competences_Clarification_of_the_Concept_and_Prototype

表 2-5　统一的 KSC 类型学[①]

类型维度	职业的	个人的
概念性	认知能力 （知识）	元能力 （促进学习）
操作性	功能能力 （技能）	社会能力 （态度和行为）

2）KSC 类型学的知识概念。KSC 类型学认为知识实质上是智力（学习能力）和情境（学习机会）之间相互作用的结果，是个体通过学习过程获得对内外世界的认知结果。个体掌握的知识在不同分类视角下有不同的分类结果，例如：从运用范畴角度来说，有针对特定行业、职业或情境的特定知识，也有脱离情境限制的通用知识；从知识的表征形式来说，有以包含事实知识为主的陈述性知识，也有作为在情景中运用知识的程序性知识，并且陈述性知识的发展先于程序性知识；从知识显隐性角度来说，有以包含理论和概念为主的命题性知识，也有产生于任务执行过程中难以言明的隐性知识。不同的分类之间并不截然对立，如第二种分类中的程序性知识和第三种分类中的隐性知识在一定程度上都是相对于事实性、概念性、理论性知识的另一种知识类型，两者都以产生式的形式表征，隐性知识相比于程序性知识而言更难以用语言正式说明。以知识表征形式的不同为立足点来看，KSC 类型学中的知识实质上更偏重静态的陈述性知识部分；表征为产生式，主要用于解决问题的程序性知识则根据作用对象的不同分别划入了"技能"和"能力"两大维度之中。

3）KSC 类型学的技能概念。KSC 类型学将技能定义为通过实践和努力获得的有一定目标导向并且组织良好的行为，技能的高低也即表现为个体行为水平高低，通常可以通过行为的准确性和速度两个方面加以衡量。熟练（准确性高、速度快）技能的获得和发展依赖于身体的运动能力，同时也需要心理上的认知能力，并且后者在复杂技能发展中的作用日益突出。由是，在技能即行为水平发展中实际上牵涉到更为具体的两种技能：一种是认知技能，是指个体借助于内部语言在头脑中进行的动作方式或智力活动方式，以抽象思维因素为主要成分，也可叫作思维技能；另一种是运用技能，相对于认知技能而言，则是外显于个体行为之上的动作方式和

---

① Winterton J，Delamare F，Deist L，et al. 2005. Typology of Knowledge，Skills and Competences：Clarification of the Concept and Prototype. https://www.researchgate.net/publication/265082356_Typology_of_Knowledge_Skills_and_Competences_Clarification_of_the_Concept_and_Prototype

活动方式。有学者把个体技能的获得和发展划分为三个阶段，分别是理解任务性质的认知阶段、认知和行为匹配的关联阶段以及之后的行为自动化阶段。从技能这一发展过程可以看出来，随着技能成熟度和自动化水平的提高，个体认知成分的影响逐渐减弱。

4）KSC类型学的能力概念。"能力"本身是一个非常复杂、模糊而难以操作化、清晰化定义的概念，不同的文化背景、身份地位等都会使人们对"能力"的概念产生不同理解。在一定的语境中，"能力"可以是囊括范围极广的综合性概念，凡是个体在工作或学习中良好表现都可被称为个体的能力，该能力包含个体所掌握的知识、技能和一些主观性的因素。在另一语境中，"能力"可能是与"知识""技能"并列的概念，主要用于表征个体知识和技能的运用效果。就综合性的能力观来说，可以从能力构成的角度将综合能力划分为概念能力、程序能力和运用能力几个部分；也可以从能力功能的角度将能力分别表述为主观能力、客观能力、行为能力、关键能力以及元能力几种类型。

在日常用语中，"能力"一词多以综合性概念的形式呈现，如某人具有较强的交流能力或是写作能力等，都是以能力作为属概念，加上类别限定词来具体表示某种能力。在KSC类型学中，能力主要指社交能力和元能力两种，其中社交能力表示在共同生活或是工作中与他人有效交流沟通以实现学习和工作目标的能力；元能力着重指个体对自我认知和学习过程的控制、管理及反思，以学会学习，获得缺失性知识和技能，增强解决困难问题和面对不确定任务情境的能力，该能力的核心在于为能力的进一步发展提供准备条件，而并非单纯呈现现有的能力。社交能力和元能力存在的主要意义是使个体的知识和技能能够在任务情境中更具有自主性、判断性及责任性地运用和发挥。另外，对于国家资历框架中资格标准构建来说，关键能力也是横贯其中的一种重要能力类型，关键能力具有情境独立性和较强的迁移性，在不同情境、职业和任务中运用并发挥作用。常见的关键能力有方法能力、判断能力、交流能力等，这些都是构成资格标准的必要元素。

"知识""技能""能力"三者本身都是内涵丰富且使用上较为多义的概念，如果都以综合性视角进行概念界定，三者之间可互为子集。KSC类型学作为实践的理论基础，出于操作化运用考虑，对知识、技能及能力三者的概念进行了特殊限定和一定程度上的窄化处理，以实现三者在国家资历框架的资格标准描述中的相互协调。简言之，其知识内涵主要指向限定为事实性、概念性、理论性等陈述性知识；技能内涵主要包含对外处理事务和问题的认知技能及表现为外在行为的动作技能；能力内涵则特指对内处理自我认知和学习过程的元能力及用于共同生活、工作或学习的社交能力。在 KSC 类型学语境中，知识、技能及能力的产生及发展都建立在一定的智力基础上，陈述性知识先于程序性知识，不断强化的程序性知识为技能的形成提供基础，并可以转化为技能，知识和技能包含于能力之中，是能力得以发挥的前提，同时能力又能促进知识和技能在实践的有效运用和持续发展。

5）通用 KSC 分类法与一般学习成果分类理论的区别。KSC 类型学和一般学习成果分类理论的不同源于其目标和运用范畴的差异，以往教育心理学领域提出来的学习成果分类理论主要用以构建和完善教育理论体系及促进教育实践发展，具体表现如为教育教学标准和目标制定提供理论框架，并进一步在指导教学内容选择和在教育教学评价中发挥参照作用等。相比而言，KSC 分类的运用目标和范畴则极具针对性，其提出和构建的直接目标在于，为国家资历框架构建提供资格标准描述框架及维度。KSC 类型学发展于传统学习成果分类学理论的基础上，囊括了传统分类学中的核心观点，同时出于国家资历框架的构建需要又表现出了一些不同之处。

这些不同之处主要表现在以下三个维度上，在"知识"维度上，传统学习成果分类学遵循的是广义的知识观，认为知识是人类一切的认知结果，包含陈述性知识和程序性知识两个方面，其内部存在争议主要在于"动作"是否也应纳入程序性知识的范畴，KSC 类型学中则将知识窄化为陈述性知识一种；在"技能"维度上，传统学习成果分类学的技能主要是指外在的行为技能和动作技能，KSC 类型学则将对外处理事务的认知技能也划入技能范畴；在"能力"维度上，传统学习成果分类学中第三个维度不能称为能力，而应该是情感或态度，主要用于表达个体主观心理状态。KSC 类型学第三个维度是能力，主要包含社交能力和元能力，后者在传统分类学中实际上是属于对内处理事务的程序性知识。这两种能力实际是个体在知识和技能的实践中运用中表现出来的对内和对外的态度、情感和思维状态，主要可以表现为责任性、判断性和自主性等方面，这与传统分类学的第三个维度在情感、态度上有部分重合，但 KSC 分类法对此表述更具针对性，且超出了情感、态度的范畴，将一些知识性和技能性的要求也纳入其中（表2-6）。

表 2-6　一般学习成果分类理论与通用 KSC 分类法的区别

维度		一般学习成果分类理论	通用 KSC 分类法
目标		以构建和完善教育理论体系及促进教育实践发展为目标	以构建国家资历框架提供理论基础为目标
运用范畴		为教育教学标准和目标制定提供理论框架，指导教学内容选择以及在教育教学评价中发挥参照作用等	为国家资历框架构建提供资格标准描述框架及维度
具体表现	知识维度	广义的知识观（包含陈述性和程序性知识两个方面）	陈述性知识
	技能维度	外在的行为技能和动作技能	对外处理事务的认知技能，外在技能
	能力维度	个体主观心理状态	社会能力和元能力

因此，根据一般学习成果分类理论和通用 KSC 分类法的理解和维度，形成了该类型学资历框架的基本模型（表 2-7）。横向从知识或认知能力、技能或功能能力和能力或社会能力（含元能力）三个维度进行划分，纵向是资格的水平等级，共同形成了各等级水平下学习成果的要求。

表 2-7　KSC 类型学的模型

等级	知识或认知能力	技能或功能能力	能力或社会能力（含元能力）
等级…			
等级 6			
等级 5			
等级 4			
等级 3			
等级 2			
等级 1			

总结而言，KSC 类型学三个维度之间联系更为紧密，前两个维度表征个体通过学习后掌握的知识和技能两种不同学习成果类型，第三个维度则作为个体自身重要的条件性因素，保证知识和技能在具体工作或学习情境中协调发挥以达成目标资格要求。KSC 类型学中知识、技能和能力的三维划分是为了规范化、操作性表征某一资格的标准，并直接导向升学或就业。这与单纯教育学、心理学意义上的传统学习成果的分类是有差异的。

（二）学习成果应用

1. 不同目的下学习成果的运用

学习成果的定义与描述方式对个人学习者、劳动力市场和整个社会都具有重要意义。根据 Cedefop 梳理，在欧洲范围内，学习成果主要运用于资历框架、资格标准、职业标准、课程标准和评估标准这五个方面（表 2-8）。

表 2-8　不同目的下学习成果的运用[①]

维度	具体内容
资历框架	增强了资历框架等级描述符的透明度，推动国家资格体系向外开放，支持学分转移或积累，并使各国的资历框架之间更加具有可比性，促进各国之间资格以及学历的互认，加强国家间的交流
资格标准	定义了学习过程中的预期结果，从而获得全部或部分资格。资格标准并非仅仅用于推动与劳动力市场相关的技能，而是必须处理与生活和社会相关的更为广泛的能力
职业标准	规定了"人们所从事的主要工作"，描绘了职业的专业任务与活动以及职业的典型能力。表明学生在就业方面必须做的事情，理想情况下可以作为教育与培训和劳动力市场需求之间的联系
课程标准	设置了规划学习经验的框架，指导教师的教学过程，并告知学习者在给定的学习活动后他们应该知道、做什么和理解什么
评估标准	确定了支持评估的方法和标准，为学习成果的使用指明方向

（1）资历框架

如果国家资历框架的主要目标是支持终身学习并包括不同类型的学习，则需要开发一套全面而广泛的水平描述，且该描述能够跨越国家体系的各个层面。如果国家资历框架旨在解决更多限制性问题，如职业教育与培训或高等教育，则学习成果将倾向于使用不那么通用的，而是更专业的描述符。这也意味着，不同目标下的资格描述符的专业化程度是不同的。

（2）资格标准

"资格标准"定义学习过程的预期结果，从而获得全部或部分资格。在职业教育和培训当中，"资格概况"或者"资格标准"通常会对诸如"学习者需要学习哪些内容才能实现有效就业"以及"学习者需要学习什么才能成为积极的公民，支撑基本的人类和民主价值观"这类问题予以回答。资格标准并非只是专门用于推动与劳动市场有关的技能，而是必须处理与生活和社会相关的更为宽泛的能力。它还必须考虑到劳动市场和社会不断变化的性质，并澄清横贯技能（transversal skill）的作用，例如与沟通、社交和解决问题相关的能力。

（3）职业标准

"职业概况"或"职业标准"通常由劳动力市场利益相关者在教育和培训系统之外设置，但可能对学习成果陈述的定义和描述方式产生重大影

[①] Cedefop. 2017. Defining，Writing and Applying Learning Outcomes-A European Handbook. Luxembourg：Publications Office of the European Union，17-24. https://www.cedefop. europa.eu/files/4156_en.pdf

响。职业标准明确规定了"人们从事的主要工作"，详细描述了职业的专业任务和活动，以及该职业所具备的典型能力。职业标准表明学习者在就业方面必须做的事情，理想情况下可以作为教育和培训与劳动力市场需求之间的联结点。

"职业标准"与"资格标准"通常是不同的。"资格标准"需要超越单个工作或职业的特定功能，并为学习者应对随着时间推移不可避免发生变化的各种工作和职业做准备。"职业标准"的制定方式也很重要，直接影响标准中包含功能的范围。与"资格标准"一样，术语"职业标准"并非在所有国家使用，而是指在大多数国家可被识别的一种职能。在一些国家，例如德国，资格标准和职业标准的功能密切相关，其职业教育与培训人员被授予某一职业名称的资格，标志着职业与资格之间的密切关系。

（4）课程标准

课程标准设置了规划学习经验的框架。学习成果陈述是课程的重要组成部分，它指导教师在教学过程中，进行例如支持方法的选择，并告知学习者在给定的学习活动后他们应该知道、做什么和理解什么。课程学习成果的细节可能有所不同，有时是定义整个计划的结果，有时侧重于模块的特定结果。

（5）评估标准

评估规范（标准）确定了支持评估的方法和标准。使用学习成果陈述的这些标准通常被制定为被评估者必须满足的阈值水平。评估标准比资格标准和课程标准更详细，因为他们必须准确地向学习者描述要求。这些要求通常在学习过程结束时支持总结性评估，但也可以在整个学习过程中进行形成性评估。[1]

在资历框架、资格标准和课程标准中所运用的学习成果的定义及描述，属于预期性的陈述和表达，也就是说，它们并非学习所产生的结果，而是所期望达成的目标。学习成果的实现唯有通过学习的过程，依靠评估以及展示在现实中所学到的知识来加以判定。学习成果的持续运用，需要在预期结果和实际结果之间展开持续的交流，从而依据实际获取的成果优化既定的期望（即预期学习成果）。[2]

---

[1] Cedefop. 2017. Defining，Writing and Applying Learning Outcomes-A European Handbook. Luxembourg：Publications Office of the European Union，17-24. https://www.cedefop. europa.eu/files/4156_en.pdf

[2] Cedefop. 2017. Defining，Writing and Applying Learning Outcomes-A European Handbook. Luxembourg：Publications Office of the European Union，29-30. https://www.cedefop. europa.eu/files/4156_en.pdf

2. 在资历框架构建中的运用

当前，学习成果不断被用作全球背景下"现代化和改革的动态工具"①。随着终身学习理念的不断深化，国家资历框架的理念也不断更新。以学习成果作为构建国家资历框架和描述资格的指导原则，对资历框架的发展有着十分重要的意义，不仅有利于促进理念更新和学习范式转变，还能加强在不同学习背景下取得的学习成果的认证。一方面，资历框架是实施学习成果方法的关键机制。另一方面，学习成果对资历框架意义重大，资历框架能够利用学习成果支持政策协调，并在管理教育和培训系统的诸多方面发挥作用：①为资历框架提供透明的等级描述符，反映与框架中每个等级一致的资格描述符；②帮助资历框架收集和提供统计数据，并作为改革资格的工具提供国家资格系统的连贯图像，并在某些情况下向外开放国家资格体系，支持学分转移或积累；③根据框架的目标考虑描述符的质量，并对国家资格进行可靠、有效的分类②；④使各国的资历框架之间更加具有可比性，促进各国之间的资格以及学历的互认，提高其透明度，加强国家间的交流。

（1）国家资历框架原型

国家资历框架原型实质上是对学习成果进行的横纵结构化描述，旨在标准化地划分各级各类学习成果的维度。完整的国家资历框架，则需在原型基础上，对各级各类综合性的学习成果进行资格命名，从而形成以学习成果为实质内容、以资格为表征形式、横纵衔接的参照体系。

国家资历框架原型（表2-9）是一个由横向上的学习成果维度和纵向上的等级水平维度构成的二维结构，其中横向上的学习成果维度就是基于学习成果分类理论对各个等级水平上的综合性学习成果进行的操作性描述，与上文所述结论一致，大多数国家资历框架在横向维度上对学习成果的维度采取三分划分的方式，用于回答资格水平处于相应等级的学习者应该"知道什么、会做什么以及如何表现"。原型的纵向维度是对综合及不同维度的学习成果进行高低等级判断并得出学习成果所在等级水平的自下而上的结构，不同国家资历框架学习成果一般有8—10个等级，其中以8级和10级居多，等级数量的确定与框架所在国家的教育阶段和等级划分

---

① Cedefop. 2009. The Shift to Learning Outcomes-Policies and practices in Europe. Luxembourg: Cedefop, 16. https://www.cedefop.europa.eu/files/3054_en.pdf

② Cedefop. 2017. Defining，Writing and Applying Learning Outcomes-A European Handbook. Luxembourg：Publications Office of the European Union，59-61. https://www.cedefop. europa.eu/files/4156_en.pdf

有直接的关联。某一等级的学习成果总量（包括总述和分维度叙述在内）共同构成了相应资格类型的资格规范要求，以此为标准也就意味着学习者在满足学习成果达到相应的等级要求后即可获得目标资格类型。

表 2-9 国家资历框架原型

等级水平	维度一	维度二	维度三	资格类型
等级 M				资格类型 N
……				……
等级 2				资格类型 2
等级 1				资格类型 1

对于国家资历框架来说，各级各类资格都是构成框架的元素，元素之间的关联是框架内部得以沟通衔接的基础。而对资格来说，学习成果及其在各个维度上的描述是构成资格的实质内容，相邻资格之间之所以能够关联也是因为学习成果的掌握本身就具有阶段性的特征，较高等级学习成果的习得需要建立在较低等级学习成果熟练掌握的基础上，由此也就为资格之间的衔接搭起了关联的桥梁。所以，对于国家资历框架的构建来说，第一步需要着手进行的应是对学习成果及其分类的研究和确定。

不同国家的资历框架在学习成果的维度划分和具体描述上，以及在综合性学习成果等级水平的数量确定上可能有所差异。这些差异来源于多个方面。就学习成果维度划分和具体描述来说，各国可能因选择和依据的学习成果分类理论不同，或者根据本国教育和培训的实际发展需要做有针对性的调整。此外，对于知识、技能、能力等术语概念以及相关原理、理论的理解差异也会造成结果的不同。对于等级水平的数量确定，本国的教育体制是主要的影响因素，但也可能受到其他外在因素的影响，例如欧洲部分国家的资历框架中 8 级水平的建立或多或少地受到了 EQF 的影响。对典型国家资历框架中学习成果概念、等级和维度划分进行分析和比较，有助于我们进一步厘清学习成果理论在国家资历框架构建中的应用逻辑。

（2）发达国家资历框架中的 KSC 比较

国家资历框架是直接指导各级各类教育与培训学习成果评估以及间接影响教育和培训过程的标准化文件，其主要价值体现在清晰、明确、有操作性地指导教育与培训实践活动。国家资历框架从最初的概念界定到构建再到实施，都需保证其较强的实践性和操作性，其本质上是应用性而非理论研究性文件。各典型国家资历框架从对核心概念"学习成果"的定义开始，就力求保证其实践性和操作性取向。各国的资历框架对学习成果的定义主要由三部分构成：主体、过程及结果。其中，主体和过程相对确定，主体是想要获取目标资格的学习者，过程即多种多样的学习过程、方式和途径，定义的核心及各国之间的表述的差异主要体现在结果上。从以上表述可以看出，各国资历框架对结果的表述，从结构上来看是对结果进行了内容构成上的多维划分；从表述语法上来看，采用了动词性的偏正短语，强调了对操作性动作的表述，例如"知道什么""理解什么""会做什么"等。学习成果定义中的结果部分，实质上是其后学习成果分维度描述的简要概括。其中，划分的维度通常使用"知道""理解""做"等词来表示，各维度下的学习成果的实质内容则用"something"这样的占位符来代替。典型国家资历框架的学习成果定义方式的主要意义就在于，它能够为学习者、教育与培训提供者、雇佣者、资格评估机构等各方主体提供清晰明了的操作性指导。

　　本书选取了典型的欧洲、爱尔兰、澳大利亚、德国的资历框架中的KSC划分进行简要比较（表2-10）。在对学习成果的维度划分上，其资历框架都采用的是三维划分方式，这与上文一般学习成果分类理论及KSC类型学的划分一致，且在各维度的内容构成上与后者更相符合。①在定义知识和技能时，既有从实际内容角度进行的定义，如知识包括事实、原理等，也有从主维度进行子维度划分来定义，如将知识维度划分为知识种类和知识宽度两个子维度。一方面，从内容角度对知识和技能进行界定时，这些框架往往基于本地区或本国教育、培训及就业市场需求的实际需求，从众多知识和技能中选择核心的几项进行重点论述，例如澳大利亚资历框架在技能维度上重点选取了创造性、技术性、人际交往技能等。另一方面，从划分子维度的角度来看，不同地区或国家资历框架划分的子维度在数量和内容上也有所差异，例如在知识维度上，澳大利亚相较于爱尔兰增加了深度和复杂程度两个子维度。值得注意的是，从子维度对学习成果进行论述的方式虽然涵盖范围更广，但在描述内容上可能不如直接从内容角度进行论述来得深入。此外，值得一提的是，上述资历框架都将认知技能纳入技能维度而非知识维度，这是在安德森之后，教育学和心理学界普遍认同的观点。②关于第三个"能力"维度，尽管三个国家资历框架在具体表述上有所差异，但它们所指的核心内容是一致的，都包含对内和对外两个方面：对内能力维度的学习成果标准要求学习者有效掌控和管理自己的学习和工作过程，拥有认知、调控并最终学会学习的元能力；对外能力维度要求学习者在共同学习和工作中扮演一定的角色，并承担相应的对他人、自己及团队的责任。

表 2-10 欧洲、爱尔兰、澳大利亚、德国的资历框架的 KSC 比较

资历框架	学习成果维度		
	K	S	C
欧洲资历框架	知识	技能或功能	能力或社会能力
爱尔兰资历框架	知识	技能	情境、角色、学会学习、洞察力
澳大利亚资历框架	知识	技能	知识和技能运用
德国资历框架	专业能力（知识、技能）		个人能力（社会能力、自主性）

与其余三者有所不同，德国资历框架在总体上采用二维划分方式，即将综合性学习成果划分为"专业能力"和"个人能力"两个主维度。专业能力包括知识和技能，主要服务于专业学习和工作任务的完成。学习的过程和途径也是影响专业能力获取的重要影响因素。受经济和教育的发展背景影响，个体通过学习过程掌握的专业能力一直是学习成果要求的重中之重。该专业能力从一开始就涉及学习或工作领域，有明显的职业和专业倾向，这与其他三者稍有所不同。德国资历框架中"个人能力"维度的产生和子维度划分一定程度上受到 EQF 中能力维度的影响，个人能力主要是指社会能力和自主性。其中，社会能力是指学习者能够在共同的学习和工作中与他人融洽交流、合理表达自己的建议，承担相应责任，并与团队中的他人一起解决困难性问题的能力，而不是单纯与人交流的能力。这与 EQF 中能力维度上责任性和判断性的描述相符合。自主性主要是学习者对自己的学习过程和结果进行反思和管理的能力，与上文所述元能力基本同义。德国资历框架中学习成果划分的两个维度之间的主要差异在于，专业能力具有特定领域性，个人能力则更具普适性和通用性，不受具体情境限制。

通过对以上资历框架中学习成果及其维度划分的介绍和分析，可以看出：①典型地区或国家资历框架中学习成果的运用和分类与 KSC 类型学中知识、技能、能力的三维划分基本上是吻合的，知识维度主要是指"知道是什么"的陈述性知识，技能维度包括认知技能和操作技能，能力维度主要是指在共同生活中的能力和管理以及学会自我学习的能力。各个地区和国家根据资格等级的不同，在对学习成果的描述上都有着清晰的层次划分，这有利于根据不同层次学习成果对不同层次资格等级进行鉴定与比较。②这些资历框架不是一个单纯的职业教育或高等教育资历框架，而是与整个教育体系结合在一起，把职业教育、基础教育、高等教育与成人培

训等各种类型的教育和培训统筹在一起。尤其在资历框架的学习成果描述上，其核心都是围绕着"知识""技能""能力"三个维度，在此基础上各地区或国家再做相应调整与扩充。从学习成果的描述上可看出，其最终目标都是希望借助清晰可比较的学习成果来实现各级各类教育的贯通和协调发展，从而构建无障碍、可以自由流动的终身学习体系。③这些资历框架都把学习者作为核心，以学习者的学习成果为导向和标准，将资格分为从低到高的不同级别，把职业教育与普通教育放在平等的位置上进行互相认证与比较，消除职业教育和普通教育作为不同教育类型的差异。

（三）学习成果描述

1. 学习成果的水平与垂直维度描述

在对"知识、技能、能力"进行水平和垂直维度深入分析后，如何在此基础上对其进行描述是理解学习成果类型学的关键。因此，进一步探讨知识、技能、能力的水平和垂直维度的描述，掌握其描述的一般规律和应用规则，可以为进一步推动资历框架的建设与发展奠定基础。学习成果用于描述知识，技能和能力的主要聚焦点体现在，"知识"用于描述"如何回忆和呈现信息"，"技能"用于描述"如何做"，"能力"用于描述"如何在情境中应用知识和技能"。

首先，关于知识、技能、能力水平维度的描述。在构建资历框架的过程中引入学习成果的水平维度是为了澄清预期学习的目标和范围，特别是所涉及的学习领域，例如，在这一过程中主要关注理论知识还是实践或分析技能。一般来说，在对水平维度进行描述时，需要使用动作动词，并需要注意以下四点：一是动作动词的选择可参考布鲁姆分类法；二是避免使用含糊不清的动词；三是在"能力"维度的描述上可根据自身特色进行适当的个性化描述；四是避免过于僵化和机械地应用。

其次，关于知识、技能、能力垂直维度的描述。引入学习成果描述的垂直维度，是指示学习成果的水平等级和复杂性的方式，这通常需要参考预期学习成果的等级（隐性或显性）。当前学习成果的垂直维度描述正在将重点从基于机构类别或等级的传统水平化向基于目标和预期知识、技能和能力的水平化转移。通过该描述方式上的转变，基于学习成果的水平作为衡量标准，可以确保各机构和计划的一致性，例如，不同机构提供的学士学位是否等同。从总体上来说，在进行学习成果的垂直维度描述时可遵循以下原则：一是仍使用动作动词来定义和描述垂直维度，并可参考布鲁姆分类法；二是在使用动词描述时需要体现动作动词与对象和背景的规范之间的交互性，从而更加清晰地呈现日益增长的复杂性；三是用更精确的陈述取代含糊不清的陈述，澄清并支持教学、学习和评估；四是动词必须能够指出知识和技能的关系特征，指出学习者所处环境的复杂性；五是尽量澄清学习对象及学习发生的职业与社会背景以及所获得学习成果的使用环境。①

为呈现学习成果如何在资历框架中进行水平与垂直维度的描述，在此以 EQF 的等级 4 与等级 5 为例进行分析（表 2-11）。从中可知，从水平维度来看，EQF 直接从知识、技能、能力三大维度划分学习成果以澄清预期学习的目标和范围，并在三大维度的描述过程中也倾向于采用识别、解决、管理、监督等更加精确的描述。在垂直维度上，EQF 较为清晰地体现了学习成果的水平及其复杂性的递增。为了更深入分析学习成果在垂直维度的描述，在此将进一步从行为、对象、背景三个角度来分析：EQF 重视通过动作动词与对象和背景之间的交互来表达日益增长的复杂性，如等级 4 向等级 5 发展的过程中，在行动上从侧重于自我管理、承担某些责任发展到对他人的审查，在行为程度加深的同时将对象从个人扩大到个人与他人之间的交互，并且通过行为及对象的加深与扩大，个人所处的工作与学习背景也更加复杂，更加不可预测。实际上，通过分析和比较可知，无论是 EQF 或者其他国家的资历框架，都显性或隐性地借鉴并采用该种描述方式以保障其自身框架的科学性与合理性。

表 2-11　EQF 等级 4、等级 5 水平与垂直维度描述的分析②③

维度		EQF4 级	EQF5 级
水平维度	知识	某一工作或学习领域内广泛的事实和理论知识	某一工作或学习领域内综合的、专门的、事实性和理论性知识，以及跨学科的认识
	技能	某一工作或学习领域中解决特定问题所需要的系列认知和实践技能	解决抽象问题所需的一系列综合性认知和实践技能

① Cedefop. 2017. Defining, Writing and Applying Learning Outcomes-A European Handbook. Luxembourg: Publications Office of the European Union, 17-53. https://www.cedefop.europa.eu/files/4156_en.pdf

② Cedefop. 2017. Defining, Writing and Applying Learning Outcomes-A European Handbook. Luxembourg: Publications Office of the European Union, 17-53. https://www.cedefop.europa.eu/files/4156_en.pdf

③ European Commission. 2016-05-24. Descriptors defining levels in the European Qualifications Framework（EQF）. https://ec.europa.eu/ploteus/content/descriptors-pag

续表

维度		EQF4 级	EQF5 级
水平维度	能力	在通常可以预知，但又时常有变化的工作或学习环境中运用指导原则，实施自我管理； 对他人的常规工作予以监督，为工作或学习活动的评价及改进承担一部分责任	在不能预知变化的工作或学习活动中进行管理和监督； 检查并提高自己和他人业绩
垂直维度	行为	自我管理、监督、承担某些责任、评价和改进	管理、监督、审查、发展
	对象	他人的常规工作、工作或学习活动	自己和他人业绩
	背景	在通常可预知的工作或学习环境中，但有可能发生变化	在不可预知变化的工作或学习活动环境中

总之，学习成果是为了特定目的而编写的，并应用于特定的国家、机构或学习背景。然而，目前对于学习成果的描述尚未形成统一标准。描述学习成果是一种寻求解决部分矛盾要求的平衡行为，需要在刚性和灵活性之间取得平衡。如果学习成果描述过于宽泛和通用，就需要通过详细的学校课程或评估标准来细化其具体内容；反之，如果描述过于具体，则可能引发理解上的困难。因此，在学习成果描述过程中，很重要的一点就是，需要结合动作动词、对象、背景，沿着垂直和水平两大维度进行合理表达。不过，如何优化学习成果描述，仍需我们不断探索和研究。

2. 资历框架中学习成果的描述特点——以欧洲地区为例

目前，大多数欧洲国家的国家资历框架以 EQF 为基础，并受到 EQF 等级描述符的影响。从整体上来看，各个国家对学习成果的描述呈现两大趋势：整体趋同化与个体差异化。

（1）整体趋同化

通过深入分析各个国家运用学习成果构建资历框架的特点可知，多数国家在构建本国资历框架的过程中有很多相似之处，其共同特点涉及两个方面。

一是多数国家的国家资历框架与 EQF 等级描述符保持紧密一致。这些国家将 EQF 作为制定本国资历框架的重要参照，在制定等级描述符时都采取了与欧洲资历框架较为一致的描述方式——"知识""技能""能力"，并在资格等级上也大都学习 EQF 确定为 8 个等级。

二是多数国家的资历框架着重强调"综合能力"的概念。能力的解释对等级描述的发展及表述达成一致尤其重要。由于能力术语内涵的丰富性，目前对于"能力"概念的解释仍需进一步统一。虽然一些国家在资历框架的应用范围、水平描述、发展阶段以及与 EQF 的联系上存在差异，但如德国、匈牙利、立陶宛、卢森堡、荷兰等国在解释"能力"术语时都呈现强调能力综合性的趋势。通过分析可知，大多数国家将"能力"视为一个总体性概念，认为能力与知识、技能是不可分离的实体，不可以孤立地看待，个人须在工作和学习所提供的具体情境中将其综合应用。而且，随着劳动力市场的发展和人才需求的不断变化，很多国家把个人以自我导向行事的能力看作理解"能力"关键要素，进而划分出不同的能力等级。将"能力"看作一个综合性概念，强调个人在工作和学习情境中，以自我导向的方式使用知识、技能的能力和态度，以及个人、社会或方法上的各种能力，以应对复杂性、不可预测性和变化性问题，这已成为多数国家理解"能力"内涵的共同趋势。[①]

（2）个体差异化

与 EQF 等级描述符保持紧密的一致性，一方面有助于跨境比较，但另一方面也可能降低国家特性和淡化获取复杂能力。因此，各个国家在发展本国资历框架时为了更加符合本国国情，体现国家特色，在个体发展上也呈现了差异化的趋势。整体来看，除了爱尔兰、法国和英国三个欧洲国家在 EQF 产生之前就制定了国家资历框架，其他三十多个欧洲国家均是基于 EQF 制定了本国资历框架的等级描述符。各国根据自身特色个性化发展本国资历框架的过程，共同体现了以下特征。

一是部分国家针对性地补充了 EQF 等级描述符。如奥地利、葡萄牙、罗马尼亚等国家在使用 EQF 等级描述符的基础上对维度细节稍作修改。这些国家在使用 EQF 等级描述符的同时提供了描述更为详细的解释性表格或指南，以支持教育和培训系统不同部分的一致应用以及学习成果的不同应用。

二是部分国家特色性地扩展了 EQF 等级描述符。如丹麦、芬兰、荷兰等国家虽然受到 EQF 等级描述符的影响，但已扩大并重新定位了部分描述符。这些国家的差异化主要表现在以下两大方面：①都使用"知识"和"技能"作为第一和第二维度，但在维度上更加细节化。在"知识"维度，许多国家在 EQF 引入事实和理论知识的基础上，更强调"系统知识""主题知识""与知识领域或学科相关的综合知识"等；在"技能"维度，一些国家在 EQF 引入操作和认知技能后，进一步将"计划，组织，

---

① Cedefop. 2018. Analysis and Overview of NQF Level Descriptors in European Countries. Luxembourg： Publications Office. Cedefop Research Paper（No 66）. https://www.cedefop. europa.eu/files/5566_en.pdf

社会和沟通技巧""评估和判断技能""工具和系统技能"列为需要解决的附加性问题。②在第三维度"能力"上融入本国特色。如有的国家将"能力"称为"责任性和独立性""一般能力""社会能力""分析、综合和评估"。也有的国家对能力的内涵进行拓展，如涉及"批判性思维""创造力""创业、学习、交流和合作"等方面。综合来看，这些国家都试图扩大和丰富国家特色，以更好地反映自身资格制度的复杂性和独特性。①

"学习成果"在资历框架中发挥着极其重要的作用。从教育质量保障过程来看，学习成果导向不考虑学习输入和学习路径，更加侧重于学习输出和学习成果。学习成果分类的意义在于促进个人职业生涯发展、各部门间以及劳动力区域范围内的流动、正规教育和非正规教育与培训之间的整合、终身学习战略目标的实现、学习和发展机会的增加等。学习成果整合了通过不同的路线获得的知识、技能和行为，并且使资历框架的基础变得更加透明。然而，目前在明显使用不同方法的国家之间建立一个一致连贯的 KSC 类型学面临挑战，因为每个国家现有的方法具有特殊的优势，以适应本国在经济和职业教育培训情境中的特定需求。实际上，试图建立一个适合所有国家的类型学并不是最好的解决方式，因为当前特定的劳动力市场和教育培训系统的统一类型学尚未建立，并且由于各国之间的差异性，统一类型学的建立也并未能很好地适用于所有国家的发展。因此，目前最主要的是对 KSC 类型学加大研究力度，深入探究其内涵与核心要素，为各国资历框架的发展提供坚实的理论基础，使各国在结合自身特色的基础上借助 KSC 类型学，真正建立起适合本国发展的国家资历框架。

(四)学习成果导向与产教融合

1. 学习成果作为"产"与"教"的桥梁

学习成果联结着人才培养、评估和使用三大环节，是三者之间产生良性循环的重要关联点之一。学习成果提供的透明度也为决策者提供了一个重要的参考点，可以更容易地判断社会需求与教育、培训所提供的课程和资格之间的匹配情况②，这也是当前解决人才供需"两张皮"矛盾、深化

① Cedefop. 2018. Analysis and Overview of NQF Level Descriptors in European Countries. Luxembourg: Publications Office. Cedefop Research Paper (No 66). https://www.cedefop.europa.eu/files/5566_en.pdf
② Cedefop. 2017. Defining, writing and applying learning outcomes-a European Handbook. Luxembourg: Publications Office of the European Union, 5. https://www.cedefop.europa.eu/files/4156_en.pdf

产教融合[①]的关键。

教育不能仅满足升学需求、学历需求，更应满足社会发展的需求、企业对人才的质量和结构的需求。这两方面需求的不统一，正是源于缺少介于教育体系与职业体系之间起桥梁作用的统一的质量标准。而人才质量标准构建的核心理念则是学习成果导向。图 2-7 展现了教育和培训系统与劳动力市场系统的反馈循环，揭示了两者之间的相互作用。但是，基于学习成果的资格（能力）通常不会完全覆盖劳动力市场的信息，因为劳动力市场的信息通常须与其他利益相关者的意见相结合，例如与公民身份、民主等更广泛的目标相关联。

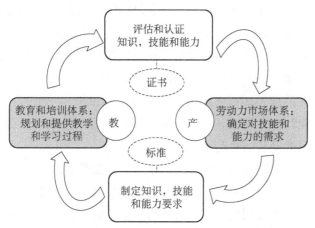

图 2-7　教育和培训系统与劳动力市场系统的反馈循环（有修改）[②]

产教融合是背景也是目的，资格标准体系建设是任务，学习成果则进一步限定主要方向和线路，三个要素之间相互作用。在职业教育发展日益联系产业界，以产业界人才需求为主要导向的背景下，需重点关注职教界与职业界的中间变量——资格标准体系，以体现学习者综合能力的学习成果为标准体系构建的主要原则和方向，以便准确反映职业界需求，并进一步反馈到职业教育实践中。通过这一桥梁作用，进一步实现产教融合的发展。

2. 学习成果导向原则在产教融合中的具体体现

学习成果在产教融合的资格标准体系建设中，一方面桥接不同教育和

---

① 熊丙奇. 2018-01-02. 产教融合解决人才供需"两张皮"矛盾. 中国科学报，第 5 版
② Cedefop. 2013. Renewing VET provision：understanding feedback mechanisms between initial VET and the labour market. Luxembourg：Publications Office. Cedefop research paper（No.37）http://www. cedefop. europa. eu/EN/Files/5537_en. pdf

培训子系统，另一方面联结教育培训系统与劳动市场系统。

（1）学习成果桥接不同教育和培训子系统

世界绝大多数地区或国家的资历框架是综合性框架，一般包括各级正规教育与培训中所有类型的资格。这也意味着，综合性框架面临的一个基本挑战是，需要考虑到不同教育和培训领域中存在的知识和学习的认识论差异。为了解决这个问题，各国在很大程度上是通过使用一般和中性的语言来表述学习成果描述符，从而避免过于具体地指向特定部门或机构类型。但一些国家，如德国，也意识到采用这种一般和中立的方法是不够的，于是根据特定部门和资格的需要引入了"替代集"（alternative sets）的方法，采用"或者"的描述方式来区别不同领域（学习领域或工作领域）之间描述特点，例如，资格等级 6 的"知识"被描述为"具有涉及科学基础、科学专业的实践运用以及重要理论与方法的批判性理解等方面的广泛和综合的知识或者具有涉及当前专业发展的广泛和综合的职业知识；拥有科学专业继续发展或者职业活动领域的知识"[①]。通过这种方式，普通教育与职业教育之间的等值已经延伸至资历框架的第 6、7 等级。

（2）学习成果联结劳动市场需求

基于学习成果的等级描述符的一个重要功能是提高劳动市场利益相关者资格的透明度。这要求等级描述符能够体现其学习成果与职业和工作情境的相关性，需要使用可以被教育和培训以及劳动市场理解的语言。但等级描述符也可能存在一些缺点，如降低了它们作为工作世界镜像的能力，人们特别关注描述符是否能区分能力等级，而忽略其能否表达复杂程度，因而，必须进一步完善"能力"术语，发展描述符，以更好地捕捉资格所涵盖的职业活动范围和复杂程度。

表 2-12　学习成果描述举例——挪威"焊接"资格（EQF 4 级）

资格领域	学习成果
基本技能	● 能够口头表达自己观点，需要与同事讨论和阐述专业解决方案； ● 能够以书面形式表达涉及描述偏差、准备测量的报告或文件以及安全与维修报告； ● 能够阅读涉及理解的程序，说明，报告，标准和图纸； ● 能够计算供热，使用材料和焊接消耗品； ● 能够使用数字测量仪器和企业的控制系统

① BLK DQR Bund-Laender-Koordinierungsstellefuer den Deutschen Qualifikationsrahmen fuer lebenslanges Lernen. 2013-08-01. Handbuch zum Deutschen Qualifikationsrahmen. Struktur-Zuordnungen-Verfahren-Zustaendigkeiten. Bundesministerium fuer Bildung und Forschung，20. https://www.dqr.de/dqr/shareddocs/downloads/media/content/dqr_handbuch_01_08_2013. pdf?__blob=publicationFile&v=1

资格领域	学习成果
规划和准备	● 根据技术图纸和文件，按照程序以及工作许可证制度和现行规章制度规划工作流程； ● 进行安全的工作分析，计划焊接顺序； ● 说明焊接认证的要求，介绍无损检测（NDT）方法及其使用领域； ● 选择适合工作任务的材料，工具，设备和消耗品（焊料，助焊等）； ● 说明企业组织和自身任务和职能，说明可能影响盈利能力的因素； ● 按照生产和质量控制系统开展工作； ● 评估工作方法和材料选择可能带来的经济后果，与其他专业人士合作讨论并阐述专业解决方案，根据现行规则和法规进行源头分离和废物处理
焊接技术	● 按照工作说明、焊接工艺规程和现行标准进行工作； ● 使用基于现行标准的自动焊接方法； ● 说明现有焊接方法对机械化的可能性； ● 根据供应商提供的说明使用焊接材料，对焊接设备进行故障排除和维护； ● 根据图纸，焊接程序，规格和说明进行焊接，进行碳弧凿； ● 计算和解释供热参数； ● 说明保护气体对焊接工作的影响，说明选择焊接方法的优缺点； ● 测量预热和层间温度，并计算供热量

表 2-12 是挪威国家教学大纲中关于"焊接"领域资格定义的学习成果（EQF 4 级）。这个例子说明了为解决特定职业和更广泛（横向或基本）的技能和能力之间平衡在学习成果描述方面所进行的开发。在一些国家，这些资格概况或标准将划分为具有单独和特定学习成果陈述的模块或单元。欧洲职业教育与培训学分系统特别强调对学习成果单元的识别，它认为这对推动整个欧洲职业技能和能力转移与积累是至关重要的。为了支持这一过程，ECVET 已经建立了相关工具包，并允许在整个欧洲范围内实现了资格单元的识别。

在资历框架等级描述符层面，该系统通过聚焦于学习成果导向的资格描述，增强了与劳动市场的关联性。同时，在各职业（专业）领域层面，该系统也尝试通过详细描述职业特定和横贯能力来更准确地反映资格所涵盖的职业活动内容。资格的学习成果描述之间相互关联，其详细程度和针对性也层层递进。

第三节 职业能力标准体系

一、概念界定

如前所述，本次研究的"职业资格（能力）标准体系"指向的是资历框架视域下职业能力标准体系的一体化构建，具体包含以下内容。

1）母标准——跨教育领域的资格等级标准（资历框架的通用能力标

准）。这是国家资历框架所包含的框架等级及相应要求，为学习成果认证提供基准参照。另外，它也可进一步细化为资格类型描述，即类标准，如职教领域的类型标准。

2）子标准——行业/职业资历等级标准（某职业领域的职业能力标准）。这是以行业为主体制订行业/职业能力标准，为各级学习成果的认证评价与沟通衔接提供依据。该标准具体到某行业/职业领域的人才能力要求。依据该标准，可以建设专业教学标准、课程标准、教材标准、顶岗实习标准、教师标准、评价标准等。

3）X 标准——面向职业或岗位的职业技能等级标准[①]。本书的职业能力标准体系从体系建设来说，主要包括基于资历框架的通用等级标准、资格类型描述、行业/职业资历等级标准（职业能力标准）、职业技能等级标准的一体化设计。期望后续研究在此基础上，一是为资历框架建设中的重点和难点——职业资格标准建设探索路径与方法；二是修改完善职业与专业教育内部的专业教学标准，为各级各类职业教育与专业教育的人才培养提供参照；三是构建完备的学分银行认证标准，为不同类型资历的转换提供参照依据。

首先，资历框架的等级标准（即通用能力标准）是学业或职业能力标准的"母标准"。资历框架通常以"通用能力标准"对每一级资历应达成的学习成果予以描述，以明晰不同资历所处的级别，不同的资历级别体现了不同资历所要求的学习深度、难度以及复杂程度。[②]"类标准"是针对各个教育领域，如基础教育、职业教育和培训、高等教育、继续教育领域的类型标准。其次，资历框架的落实还须体现在各级各类教育的结果上，尤其是与各级各类行业紧密衔接的职业和专业教育上。因此，基于资历框架，根据各学科（专业、行业领域）的特点制定相应的层级化、具体化的可实施性的"子标准"，即指向行业的职业能力标准。此外，职业能力标准作为职业/专业教育的统领性标准，可以在等级递进与要求上指导面向单个社会职业或岗位的 X 标准（含人力资源社会保障部与教育部的职业技能等级标准）的建设。

就与行业发展需求最为紧密相关的职业教育来说，当前所提出的 1+X 证书制度的核心是建立起与专业对应的职业技能等级证书体系，实现夯实

---

① 本书的"X"泛指人力资源社会保障部门或教育部门认可的社会评价组织开发的职业技能等级证书。

② 王洪才，田芬. 2019. 国家资历框架建设：原则·过程·路径. 教育学术月刊，（6）：3-10

学生可持续发展基础、拓展就业创业本领的目的①。在整个制度中，其核心是职业技能等级证书，该证书不是职业的门槛要求，而是对不同岗位形成的相对统一的职业水平证书，证明证书持有者在证书的职业领域有特定层次的技能水平。②基于此，职业领域的内部标准可根据上位标准进行调整与优化，但不在本书重点探讨范围之内。

唯有形成始终如一的职业资格（能力）标准体系，方可保证标准体系自上而下的指导性与衔接性。当下，我国国家教学标准体系的建设已步入正轨，这就表明，我国职业教育的内部标准体系获取了诸多建设成果，然而基于母标准的类标准及子标准的开发仍有待进一步进行科学、规范的开发。尽管当前我国国家层面的资历框架尚未出台，但是职业能力标准的进一步推进"必须植入资历框架的分类分级意识、能力标准意识"③，如此才能确保类标准与子标准拥有框架性的制度保障，以及与其他教育类型具备沟通与互认的功能。因而，如何基于资历框架的资格等级标准统一设计职业能力标准体系是本书研究的重点。

二、理论基础

与职业能力标准体系建设相关的基础理论涉及职业教育类型说、职业知识理论、技能发展阶段理论等。

（一）职业教育类型说

职业教育与普通教育是两种类型的教育，两者等值而不同类，这在一些国家的资历框架中体现得尤为明显。而两者的等值也表现在其学习成果：学历资格（证书）与职业资格（证书）的等值上，但在实践中，并不是所有的职业资格证书都具有与学历资格证书同等的效力，需要进行科学、规范的设计与发展。在我国，随着高等教育普及化和职业技能等级证书及其鉴定机构的发展，学历证书和职业证书的使用价值正在降低，两类证书的公信力和含金量均面临来自市场和社会的认同危机。因此，"需要从提高质量的角度强化教育资格证书和职业资格证书作为劳动力市场信号

---

① 国务院办公厅. 2019-01-28. 国务院关于印发国家职业教育改革实施方案的通知. http://www.moe.gov.cn/zhengce/content/2019-02/13/content_5365341.htm
② 吴南中, 夏海鹰. 2019. 以资历框架推进职业教育 1+X 证书制度的系统构建. 中国职业技术教育, （16）：12-18
③ 李海东, 杜怡萍. 2019. 建立我国国家资历框架的思考. 中国职业技术教育, （7）：77-80

的筛选功能，这亦是国家资历框架要致力于解决的难题之一"①。

1. 职业教育与普通教育等值沟通的核心价值基础：学习成果

随着终身教育思想在全球范围内广泛传播，学习成果理念在国内外教育领域备受高度关注。"学习成果"作为国外持续推进教育改革的核心要素，即将开启一种教育和课程开发的崭新范式。学习成果的内涵经历了由关注教学策略的改进，到关注教育质量的评估，再到关注教育的衔接与融通的历程②。对于职业教育来说，寻求与普通教育的等值、融通，需要证实通过职业学习路径产生的学习成果的价值。

采用学习成果能够描述资格层级、国家资格，说明学科基准和行业标准。例如，在欧洲，无论是欧洲高等教育资历框架还是欧洲终身学习资历框架，都采用"学习成果"概念来描述学历资格或职业资格。就当前国内学分银行的建设来看，大多基于证书、课程或学分间的认定与转换。这种认定与转换在相同层次、相同类型或沟通双方较为熟悉的基础上较为可行，而要实现学习成果在不同教育类型之间的转换，前述的沟通方式就存在一定的难度。而且，证书、课程或学分仅是学习成果的载体形式，必须通过"学习成果"这个核心价值基础来进行比较、认证与沟通。

我国国家开放大学所开发的学习成果框架将"学习成果"定义为"个人通过学习、研究、实践或经历，完成预期目标后形成的知识、技能、能力和价值观等"，将对各类型学习成果进行分级的基准架构称为"学习成果框架"。③国家开放大学所开发的学习成果框架也包含三要素："知识"是通过学习、研究、实践或经历获得的，经过提升、总结与凝练的系统认知；"技能"是在学习、研究、实践或经历中应用相应的知识、技术和方法完成任务和解决问题的能力；"能力"是在应用知识和技能的过程中表现出来的综合素质。④这也意味着，各类教育均需以核心层的学习成果为导向，教学目标、教学内容、教学实施、教学评价等都要围绕这些"学习成果"展开，所有的教学环节和安排都是为了证明和传递所实现的"学习成果"信息。一旦各类教育都以学习者获得的"学习成果"为标准，那么

---

① 邓小华. 2018. 国家资格框架中"资格等值"的学理阐释及推进策略. 职业技术教育，39（4）：52-57

② 应一也. 2019. 学习成果的内涵：嬗变与启示. 开放教育研究，25（5）：57-63

③ 国家开放大学学分银行（学习成果认证中心）. 2022. 学习成果框架. 北京：国家开放大学出版社，1

④ 国家开放大学学分银行（学习成果认证中心）. 2022. 学习成果框架. 北京：国家开放大学出版社，1-2

沟通和衔接自然就会方便许多。这需要整个教育范式的转变，即以核心层的学习成果为导向，仅仅在沟通机制上创新是不够的。

2. 现代职业教育体系纵向贯通和横向融通的基准：职业能力标准

建立资历框架的共同目标在于把各级各类教育与培训统筹在一起，建立统一的能力标准和质量保证体系，实现各级各类教育、培训的贯通和协调发展。①资历框架中学习成果的维度、分类分级、同一描述分别决定了各类教育与培训的统一标准要求、资格的纵向衔接与横向贯通、等值性与可比性，共同的标准和规范也为各类教育的培养教育目标、课程标准、教学评价设定提供统一指导。诸多关于资历框架和1+X的研究都强调了职业资历标准（行业资历等级标准）的重要性②③④，但如何构建该标准的深入探讨却很少，也很少涉及与现有标准如何联结。学分银行作为资历框架制度实施中的落脚问题，虽然其研究与实践在当前获得了长足发展，但解决更多的是学习成果的积累与转换问题，而更根本的问题是从制度上解决职业教育与普通教育的等值和融通问题，因为只有这样才能真正实现职业教育与普通教育的平等地位，发展作为类型教育的现代职业教育体系。解决该问题的核心要素之一是构建学历教育与技能教育的资历发展等级和要求。资历框架为跨教育领域的标准间确立了共同的资历等级标准（即通用等级标准），而具体到每一种教育类型，如职业教育，则需要根据"产"与"教"的关联以及上下位的标准建立自身的职业能力标准。这样才能确保标准体系自上而下的指导性和连贯性。

总体而言，为实现各级各类教育之间的沟通与衔接，跨教育领域的综合资历框架为普通教育与职业教育的等值互认提供基础，而基于通用等级标准的职业能力标准为职业教育和培训体系内部各级教育与培训之间的衔接提供了清晰的贯通及融通基准。

（二）职业知识理论

1. 职业知识的内涵

职业知识能够代表职业教育领域的主要知识，学者在提出职业知识时总是将其与普通教育领域知识做对比，因此要明确职业知识的内涵，首先

---

① 李雪婵. 2019. 广东终身教育资历框架建设及思考. 广东开放大学学报，28（2）：11-15
② 李海东，杜怡萍. 2019. 建立我国国家资历框架的思考. 中国职业技术教育，（7）：77-80
③ 李雪婵. 2019. 广东终身教育资历框架建设及思考. 广东开放大学学报，28（2）：11-15
④ 张伟远. 2019. 国家资历框架的理论基础和模式建构. 中国职业技术教育，（18）：28-35+45

要澄清职业教育领域知识与普通教育领域知识的区别和联系。目前关于职业教育领域知识与普通教育领域知识主要有如表 2-13 所示的几种说法。

表 2-13　职业教育领域知识与普通教育领域知识的对应

职业教育领域知识	普通教育领域知识
职业知识	学术知识/科学知识
默会知识	学科知识
工作本位知识	非工作本位知识
世俗知识	神圣知识
水平知识	垂直知识
工作知识	理论知识
经验知识	理论（系统）知识

职业知识作为与学术知识（科学知识、理论知识）相对而言的另一种知识类型，具备不同的特性（表 2-14）[1]。除了不同点之外，职业知识与学术知识（科学知识、理论知识）也存在一定的联系，徐国庆认为，职业教育课程首先要学习的内容是工作任务，而专业教育课程首先要学习的内容是知识。[2]刘文华则认为这种观点比较片面，因为工作任务在多数情况下需要以某种知识的形式来呈现。若职业教育体系缺乏科学知识的支撑，职业知识的发展就会受到限制，也就难以形成全面解决问题方法规律性的知识体系。同样，理论知识则需要根植于解决真实世界问题方法的实践之中，才能发挥其应有的作用。[3]

表 2-14　职业知识与学术知识的对比

比较维度	职业知识	学术知识（科学知识、理论知识）
目的	利他价值突出，强调工具性和实践性	学术色彩浓厚，形而上的意图明显
作用	验证知识内容与理论知识	推动知识体系与框架的建立
体现形式	以实际工作为载体	文本、记录性材料
传播方式	行动形式（演示、实践操作）	外显方式（文字传播、语言讲授）
面向职业	"低层次"的职业岗位	"高层次"的职业岗位

由上述可知，职业知识与学术知识（科学知识、理论知识）既有联系又有区别，那职业知识到底是什么呢？英国教育家麦克·杨认为，职业知

---

[1] 刘文华. 2017. 职业教育渗透学术教育探析——知识论视角. 现代教育管理，（4）：75-79

[2] 徐国庆. 2013. 新职业主义时代职业知识的存在范式. 职教论坛，（21）：4-11

[3] 刘文华. 2017. 职业教育渗透学术教育探析——知识论视角. 现代教育管理，（4）：75-79

识是一种具有自身独特教育价值的知识类型，它需要通过独特的教学策略让学生掌握。①我国职业教育学者潘洪建提出，职业知识是从职业实践中总结出来的生产经验、劳动技能、操作技艺，它直接与某一专门职业相联系，主要体现为种种特殊的行动性知识。②徐国庆对职业知识的定义是，人们从事职业活动所需要的一切类型的知识，不管这种知识是理论的还是实践的，是技术的还是技艺的，按照广义的知识定义，技能与态度都可纳入其范畴，并认为这是描述职业教育课程内容知识最为可取的概念。③

2. 职业知识的知识观

知识观是人类对知识的看法和态度，是知识的上位概念，包括知识的本质是什么、知识的价值怎样体现、知识的类型如何区分、知识的获取如何达成等一系列问题，可以说知识观就是关于知识的知识。④国内外研究较多集中在由谁提供知识和如何组织知识两个方面，往往忽略了职业知识的分类问题，缺少对所传授的知识本身的研究。

关于职业教育应该传授哪些知识的问题，传统上形成了不同的知识观：以英国学者为代表提出的以大学科学知识为主要来源的"供给者中心"的学科本位知识取向、以市场需求为主要来源的"需求者中心"的职业标准本位知识取向、兼顾前两者的联结本位的知识取向。这些传统职业知识取向关注了知识的来源，讨论了知识由学科专家还是由雇主掌控的社会利益表达问题，而非内容差别问题。"学科本位"考虑到随着科技发展，理论知识的需求增加，从而凸显科学知识学习的重要性。然而，它未考虑到学徒如何在工作场所中将科学知识再情境化，以重新获得技术知识。对科学与技术关系的认识模糊导致"学术漂移"现象，使得相关课程仅仅成为学术课程的低级版。"标准本位"的关注点由课程转向学习结果，它强调来源于职业工作的知识，并且试图通过国家职业资格标准将知识与工作实践联系起来。尽管它认为职业知识能从对不同职业角色的结果本位的分析中发展而来，但忽略了知识来源于工作实践的限度。因此，"标准本位"体现的是一种成果导向的能力观，但并未能成功引导出一种实践方法论。前两种取向都存在一定的弊端：一方面，在工作中获取知识

---

① 王亚南，石伟平. 2017. 职业知识概念化的内涵意蕴及课程实现路径——麦克·杨职业教育思想的述评及启示. 清华大学教育研究，38（4）：78-86
② 潘洪建. 2004. 职业教育视野中的普通知识与职业知识. 职教通讯，19（2）：25-27
③ 徐国庆. 2013. 新职业主义时代职业知识的存在范式. 职教论坛，（21）：4-11
④ 杨兴坤. 2014. 新知识观视域下的应用型大学教学方法改革. 教育与职业，（35）：163-164

的重要性不容忽视；另一方面，在工作中获取的知识通常也是不充分的。①"联结本位"则强调系统化、有组织的学科学习或专业学习对学徒的重要性，尝试建立学科专业学习与工作场所学习之间的关联，但仍依赖基础知识从行业标准中生成这一理念，未能阐明从两种不同类型的学习中到底可获什么知识、日常隐性的经验（或知识）与学科显性的知识之间的本质差别以及如何被"联结"起来等问题。

英国传统的学科本位、标准本位和联结本位的职业知识取向试图依赖某一类知识，或以某种方法简单叠加两类知识进行学习，均避开了对知识本身的研究与区分。也就是说，传统的职业知识观忽略了不同类型知识在认识论上的区别，未区分由学校传授的或在工作场所习得的知识的差别，模糊了学校知识与非学校知识的界限。而基于学校课程的编码知识与工作场所中所要求的缄默的、通常不可编码的知识之间的联系的本质，将是职业知识与众不同的基础所在。因而，为弄清这种联系，有必要考察不同社会学理论来区别知识的类型。

传统的知识本位观承认科学在职业课程中的关键作用，但认为技术附属于科学极易造成职业教育的学术化偏向，并且没有考虑到如何让新知识在工作场所重新语境化；标准本位观从结果出发的职业项目，使得学习者无法接触到知识产生和获得的规则；联结本位观联系上述两种知识观，强调专业学习与工作场所学习间的联系，却未能有效辨别学习者在这两种不同类型的学习中可以获取什么知识、如何进行联结，以及学科显性知识与工作场所隐性知识间有何区别。麦克·杨进而对社会学理论进行考察发现，社会建构主义（social constructivism）阐释了两种角度（利益本位和过程本位）的权力与知识之间的关系，社会现实主义（social realism）强调了知识的区分。②

社会建构主义和社会现实主义理论为厘清学校与工作场所中习得的两类知识的联系提供了可能的框架。社会建构主义认为所有知识都不是客观的，都是社会实践的产物，它关注所有知识构成背后的利益（利益本位）或关注知识生产与获取的过程（过程本位）。该知识观采取了片面视角，将所有知识看作权力关系，或者未能清晰地区分不同类型知识的不同"情境化程度"。虽然它强调了情境性，但这样的观点导致知识边界较为模

---

① 王亚南，石伟平. 2017. 职业知识概念化的内涵意蕴及课程实现路径——麦克·杨职业教育思想的述评及启示. 清华大学教育研究，38（4）：78-86
② （英）海伦·瑞恩博德，艾莉森·富勒著. 2011. 情境中的工作场所学习. 匡瑛译. 北京：外语教学与研究出版社，201-218

糊，更大的问题还在于它否定了知识的客观性。因此，社会建构主义在理论基础上，更多地强调了一切知识都是经验建构的、依赖于情境的，其出发点是基于一种未充分分化的知识认识论。

社会现实主义则考察了社会建构主义所没有涉及的知识分化的认识论问题。社会现实主义知识观强调知识的客观性与社会性，一方面明确可信赖的、客观不变的、独立于情境的知识是存在的，否认这些则会导致知识的随意性；另一方面也强调了知识产生的社会性，即在知识发展过程中人的能动性建构作用。社会现实主义强调知识的差异性而非共性，为区分学校知识和非学校知识提供了方法。社会现实主义知识观也提出不同类型的社会组织产生不同类型的知识，典型的代表人物是法国社会学家涂尔干和英国社会学家伯恩斯坦。

首先，根据涂尔干所言，正如"神圣"所指向的类似哲学、数学、科学等概念化、普遍性、抽象性知识与"世俗"所指向的类似工作内容等不连续的、实际的、具体的知识的两者区别，学校与非学校产生的是两类不同的知识，学校是有力量知识的来源，与特定环境无关，通过提供更可靠的解释和更有普遍意义的思维方式来教育学生，同时赋予学生更广泛地参与社会的能力[①]，而非学校场所，如工作场所，所产生的知识是与具体事务紧密联系的生产实际的、具体的知识，这也使得非学校知识在特定环境之外的价值有限。总体而言，涂尔干承认知识的分化，认为学校知识和非学校知识的区别在于社会组织形式，为了更好地认识知识通常需要与专业化群体相互联系。学科作为其表征的一种方式需要由学校这类专门机构进行传递，但"更好"并非认为学校知识比非学校知识更有价值，而是指两类知识的结构不同。

其次，在实践发展中，"神圣"与"世俗"知识之间的区分已不再那么纯粹，分布程度也有差别，基于"神圣"与"世俗"划分容易导致脑力—体力劳动划分而显现两类劳动的社会不平等地位，且未能揭示知识的结构性差异。于是，伯恩斯坦从不同知识类型之间的相互关系出发，将涂尔干的"神圣"与"世俗"重新概念化，提出了"垂直话语"与"水平话语"的概念，突出了学校知识与非学校知识的差异所在，搭建了"架构"与"分类"的知识观，以解释知识的社会结构特征。他进一步使用"架构"概念区分了学校知识（垂直话语）与非学校知识（水平话语），并以

---

① 杨子舟，龚云虹，陈宗富. 2016. 学校到底教什么：职业知识的知识观探析. 中国高教研究，（7）：91-96

学校知识与非学校知识之间的界限清晰程度来判断知识框架的强弱性；使用"分类"概念划分不同学科知识之间的界限：分级组织的自然科学和分段组织的社会人文科学，明晰了学校知识内部不同学科领域知识之间隔离的界限。"架构"的作用反映了传递者和学习者之间的关系[①]，对于系统、清晰、连贯、架构性强的垂直话语而言，是在工作之外经过（教学）再情境化后获取，只能依靠学校教育的制度化才能产生和获取知识；对于局部、具象、情境依赖、架构性偏弱的水平话语适宜学习者在工作场所通过观察和模仿而依靠经验获取[②]，很难通过制度化的学校教育形式进行传递。由此，伯恩斯坦区分了学校知识与非学校知识的边界及不同学科知识之间的边界，并以"话语"这一概念表述了教育中传递的知识形态及模式。相比于传统的职业知识观，垂直话语与水平话语区别了不同组织之间的知识差异。也就是说，垂直话语或水平话语的知识都不能由另一类知识派生出来，学校的垂直话语知识有明确的习得机制和规则，可以通过学校课程进行学习，但必须结合一定水平的默会知识才能解决实际工作问题，而水平话语没有体现任何再情境化原则。也有学者将伯恩斯坦的社会现实主义知识观总结为知识本位知识观，它强调发展学生的高级思维，而不是服务于某种具体的经济需求或社会问题。[③]它既坚持了学科本位对稳定知识的强调，又突破了传统的学科本位的缺陷，同时也保持了一定的开放性和发展性。

3. 职业知识的存在范式及获得

徐国庆从课程开发的角度对职业知识存在范式的转变进行了描述，他认为传统职业知识存在范式在课程开发上的表现在于"根据岗位任务进行课程内容的选择与组织"[④]。课程开发的逻辑起点在岗位任务而不是知识，也就是说，职业教育课程开发的基本原理是先确定工作任务，再根据工作任务选择相应的知识，任务是系统的而知识不必系统，知识的存在价值在于完成工作任务。专业教育课程开发的原理则与之相反，先是确立知识，然后根据知识选择任务进行联系，任务存在的目的是更好地巩固知

① 许甜. 2018. 从社会建构主义到社会实在论——麦克·扬教育思想转向研究. 北京：清华大学出版社，117-124
② 杨子舟，龚云虹，陈宗富. 2016. 学校到底教什么：职业知识的知识观探析. 中国高教研究，（7）：91-96
③ 杨子舟，龚云虹，陈宗富. 2016. 学校到底教什么：职业知识的知识观探析. 中国高教研究，（7）：91-96
④ 徐国庆. 2013. 新职业主义时代职业知识的存在范式. 职教论坛，（21）：4-11

识，知识是成系统的，任务不必成系统。

传统职业知识存在范式的根基在于，工作任务的确定性程度决定了其所需知识的确定性程度。随着新职业主义时代的来临，职业人才与专业人才的边界逐渐模糊，职业活动更多地具有专业活动的性质，工作任务的不确定性也随之增加。在这一背景下，传统职业知识存在范式的根基逐渐瓦解，职业知识的存在范式发生了转变。这种转变首先表现为水平方向的知识增量，即对广泛的事实性知识的要求；其次表现纵向往上的知识增量，即对原理性知识和职业素养知识的要求；最后表现为纵向往下的知识增量，即对经验知识的要求。[①]可以看出，新职业主义时代职业知识范式转变的原因在于职业知识与工作任务确定性的销蚀。

无论是职业知识的内涵还是职业知识的不同知识观还是其存在范式的转变，可以看出普通教育领域内容与职业教育领域内容的主要区别在于理论学术知识与职业工作知识之间的区别，而对于职业教育而言，两者各有优点与不足，那如何将两者统合起来？麦克·杨提出了一条路径为"职业知识的概念化"：通过一定的课程模式、教学策略将理论知识融入工作实践之中，让学习者在学习过程中不仅能够掌握工作实践需要的工作知识，更能够获得实现了"情境化"的理论知识，从而实现两种知识在头脑中的有机整合，而整合之后所形成的便是职业知识，这一过程便可被称为"职业知识的概念化"[②]。

对于职业教育而言，职业教育存在的价值不仅仅是让学生获得在企业工作场所中就能获得的知识和技能，也不是脱离工作场所去掌握由科学家生产和归纳的学科知识，而是应该让学生获得完整的职业知识，而职业学校存在的价值正是为了保证学生能够通过学校与教师独特的课程与教学设计，掌握完整的职业知识，并在建构完整的职业知识过程中掌握职业知识建构的方法与思维。相对于普通教育学校，职业教育学校的学生所习得的学科知识，是一种经过"情境化"处理的实践性学科知识；相对于企业工作场所培训仅仅关注让学生掌握即时的、胜任当前工作岗位所需的工作知识与技能，职业教育学校应将与其岗位工作过程相关的学科知识通过"再情境化"路径传授给学生，实现两类知识的整合，从而实现学科知识与工作知识的有机联结，最终在学生头脑中实现职业知识的概念化，使学生的

---

① 徐国庆. 2013. 新职业主义时代职业知识的存在范式. 职教论坛，（21）：4-11
② （英）迈克尔·扬. 2019. 把知识带回来：教育社会学从社会建构主义到社会实在论的转向. 朱旭东，文雯，许甜等译. 北京：教育科学出版社，210-212

认知超越当前的岗位实践经验。当工作场景发生变化时，他们依然能够从容应对。唯有经过"再情境化"的过程，学生所习得的知识才能称为"有力量的知识"。这种知识超越了具体的工作经验，是一种相互关联、系统化的知识体系，能够帮助学生应对工作世界变化所带来的挑战①。

因此，职业教育课程应该把关注点从"谁来决定知识的内容"转变为关注职业知识自身的独特价值和特有属性。麦克·杨对涂尔干关于"神圣"与"世俗"的知识和伯恩斯坦关于"垂直话语"及"水平话语"知识结构的分析，揭示了只有更加明确学生在职业教育课程中能够获得什么知识，才能使职业教育有可能受到与普通教育同等的尊重。按照他的观点，应该将学术知识（理论知识）"再情境化"，使学科知识的内在结构按照职业活动的需要进行重构。由于学科知识与职业实践活动紧密地融合到一起，学生既能学习到系统的理论知识，又能够以工作过程为导向完成工作任务。未来，职业知识的进一步挖掘与研究是职业教育的核心知识论基础。

（三）技能发展阶段理论

德莱弗斯模型是对技能发展阶段进行分析的模型，它试图剖析不同等级能力的特征表现，主要揭示学习者从能力的低级阶段发展到高级阶段过程中的认知转变。②根据德莱弗斯模型，学习者在学习过程中经历从"新手"到"专家"五个等级。在第一等级，学习者作为"新手"（novice），理解不完整，只能机械地处理任务，并需要监督才能完成；随着能力的增长，达到第二等级，学习者作为"高级新手"（advanced beginner），开始具备工作理解能力，并学会将行动视为一系列步骤，可以在没有监督的情况下完成简单的任务；在第三等级，学习者作为"胜任者"（competent），具有良好的工作能力和背景理解能力，并能够在情境中行动，独立完成工作，虽然仍需改进，但已达到可接受的标准；在第四等级，学习者达到"精通"（proficient）水平，具备深刻理解的能力，能够全面看待行动，并能定期达到高标准；在第五等级，即"专家"（expert）阶段，学习者已经具有权威或深刻的整体理解能力，可以直观地处理日常事务，能够超越现

---

① 王亚南，石伟平. 2017. 职业知识概念化的内涵意蕴及课程实现路径——麦克·杨职业教育思想的述评及启示. 清华大学教育研究，38（4）：78-86

② 成素梅，姚艳勤. 2013. 德雷福斯的技能获得模型及其哲学意义. 学术月刊，45（12）：64-70

有的解释，轻松实现卓越。①

技能发展阶段理论对职业能力标准的纵向分级具有指导作用，我国国家职业资格框架的技能等级划分也在某种程度上体现了该理论（见第三章第一节）。在技能发展的初级、中级阶段，即等级提升的前期阶段，学习者所掌握技能的提升主要体现在涉及范围的扩充上，其囊括的范畴经历了从"基本性"向"一系列"再向"广泛性"的发展过程。而到了中级、高级阶段，开始着重强调技能发展的深度，学习者必须掌握相应等级要求的精湛的、高级的技能。到了最高级阶段，在技能维度上的要求则有了质的提升，具体体现在对学习者的技能发展要求不仅仅在范围和深度上，在有足够丰富且高级的技能基础上，学习者的技能还须朝着综合化、系统化、专门化方向发展。学习者除了拥有专家性的认知和技术技能，还要形成系统化的研究技能（能力）。

具体而言，在初级阶段，学习者所掌握的技能主要用于完成任务和解决问题两类情境。随着等级水平的提高，学习者运用相应技能完成的活动经历了从定义好的常规活动到非常规活动的发展过程，在这一过程中，学习者所面临活动的不稳定性和不可预知性程度不断提高。学习者运用技能要解决的问题也经历了"简单问题—有限的可预见的问题—可预测的和有时不可预知的问题"的发展过程。学习者在解决这些不同难易程度的问题时，所使用的技能也经历查明和报告，提出解决方法，传达解决方法等几个发展阶段。

在中级阶段，学习者不仅面对基于完成活动和解决问题的技能运用情境，还须额外应对向他人传达知识、技能、观点等用以指导和教授他人的情境。学习者需要在分析、评估、批判性反思已有信息的基础上完成相应等级所要求的一系列活动。随着等级的提升，学习者对信息的处理能力也在不断提高。在解决问题的情境中，学习者除了提供和传达解决问题的办法，还要能够分析、生成新的办法，以解决更为复杂和更不可知的问题。与此同时，学习者在不断完善自身知识、技能基础上，还须学有余力地向他人传达知识、技能、信息和观点，在一定程度上发挥作为技能领导者的作用。

到了高级阶段，学习者所面临的技能运用情境开始发生质的变化，不

---

① Keevy J. Chakroun B. 2015. Level-setting and recognition of learning outcomes-The use of level descriptors in the twenty-first century. France：United Nations Educational，Scientific and Cultural Organization，67-69. https://unesdoc.unesco.org/ark:/48223/pf0000242887

再仅限于活动的复杂化发展和问题难度的提升。此时，学习者在技能发展上的主要任务不再是单纯的"用"，而在于"破"和"立"，他们需要在对现有的信息、问题、概念、理论等进行批判性反思、分析、总结的基础上，打破原有的知识和技能框架，尤其是突破研究能力上的限制，进而提出或重新定义新的知识和技能体系，并向他人有效地传输这些新知识。

第三章　现实审视：我国职业能力标准体系建设的进展、问题与诉求

第一节　我国职业能力标准体系建设的历史进展

一、资格与教育制度层面

制度层面的职业资格体系建设涉及进行人才评价的职业资格证书制度和进行人才培养的职业教育体系。前者主要是在职业体系内的职业路径及资格要求，显示了职业发展通路；后者主要是在教育体系内体现中高职衔接、普职沟通、终身教育理念的现代职业教育体系，显示了教育学习通路。依照职业教育的"职业性"特征，两者需要在层次、结构、内容上相匹配（图 3-1），以实现职业需求与职业学习的统一，这也体现了职业资格与学历资格间的融通，是整个教育体系中使用最广泛的融通实践。此外，近年来，部门或地区层面的资历框架和学分制也在探索和开发之中，以为各类学习成果的积累、等值、互换提供基础。

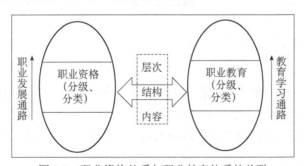

图 3-1　职业资格体系与职业教育体系的关联

（一）职业资格证书制度

1. 内涵与分类

我国语境中对"职业资格"的解释是，从事某一职业的劳动者在知识、技能和能力方面的基本要求，是劳动者在职业劳动时运用特定知识、技术、技能的能力的客观反映。与学历资格相比，职业资格与职业劳动的具体要求密切结合，更直接、更准确地反映了特定职业的实际工作标准和

操作规范①，这种工作标准和操作规范构成了职业资格证书的主要内容。职业资格证书是用以证明劳动者具备从事某一职业岗位或者使技能达到某一水平的资格凭据，它与职业领域直接关联，体现了各级各类职业对于其相应等级人才素质的最低要求，是各级职业岗位要求不断细分并进一步规范化从而形成职业岗位准则的过程。职业资格证书既是劳动者进入劳动力市场的通行证，也是用人单位选拔、录用及留任劳动者的主要依据之一，在整个市场经济的生产、运输、消费链条中发挥着重要的作用。职业资格证书制度是国家层面依据其制定的职业技能标准或任职资格条件，对劳动者的职业资格和技能水平进行客观公正的评价与鉴定，对合格者授予相应的国家职业资格证书的制度。②

我国是较早建立职业资格框架的国家之一，20世纪50年代中期，我国实行的"八级工制"是职业资格框架的一种初级形式。我国的国家职业资格证书制度是1993年由劳动部参考英国职业资格制度引入，从1994年开始推行的。该职业资格证书制度可被视为国家职业资格框架（National Vocational Qualification，NVQ）的制度形式。自2017年起，人力资源社会保障部发布的《国家职业资格目录》把所有职业资格大致划分为"专业技术人员职业资格"和"技能人员职业资格"，且各自又包含准入类和水平评价类职业资格，为构建规范、科学的职业资格体系奠定了基础。2021年版的《国家职业资格目录》虽然在资格数量上有所减少，但仍然继续保持该分类。

2. 发展历程

目前所实施的职业资格证书制度是在过去工人技术等级考核基础上建立和发展起来的。通过参加职业资格评价，从业者的就业、技能水平得到了提高。1991—2022年，我国职业资格证书制度的发展历程如图3-2所示。通过对各个时期相关文件政策的梳理，我国职业资格证书制度发展分为四个阶段：双证并行阶段（1991—2002年）、双证融通阶段（2002—2019年③）、职业资格证书清理改革阶段（2008—2017年）以及重新确立阶段（2017年至今）。

（1）双证并行阶段（1991—2002年）

我国职业学校实施职业资格证书制度始于20世纪90年代中期，

---

① 中国就业培训技术指导中心. 2010. 职业课程：职业技能课程的开发理论与实务. 北京：北京师范大学出版社，121

② 田大洲. 2004. 我国职业资格证书制度研究. 北京：首都经济贸易大学

③ 与第三阶段在时间上有交叉（笔者注）。

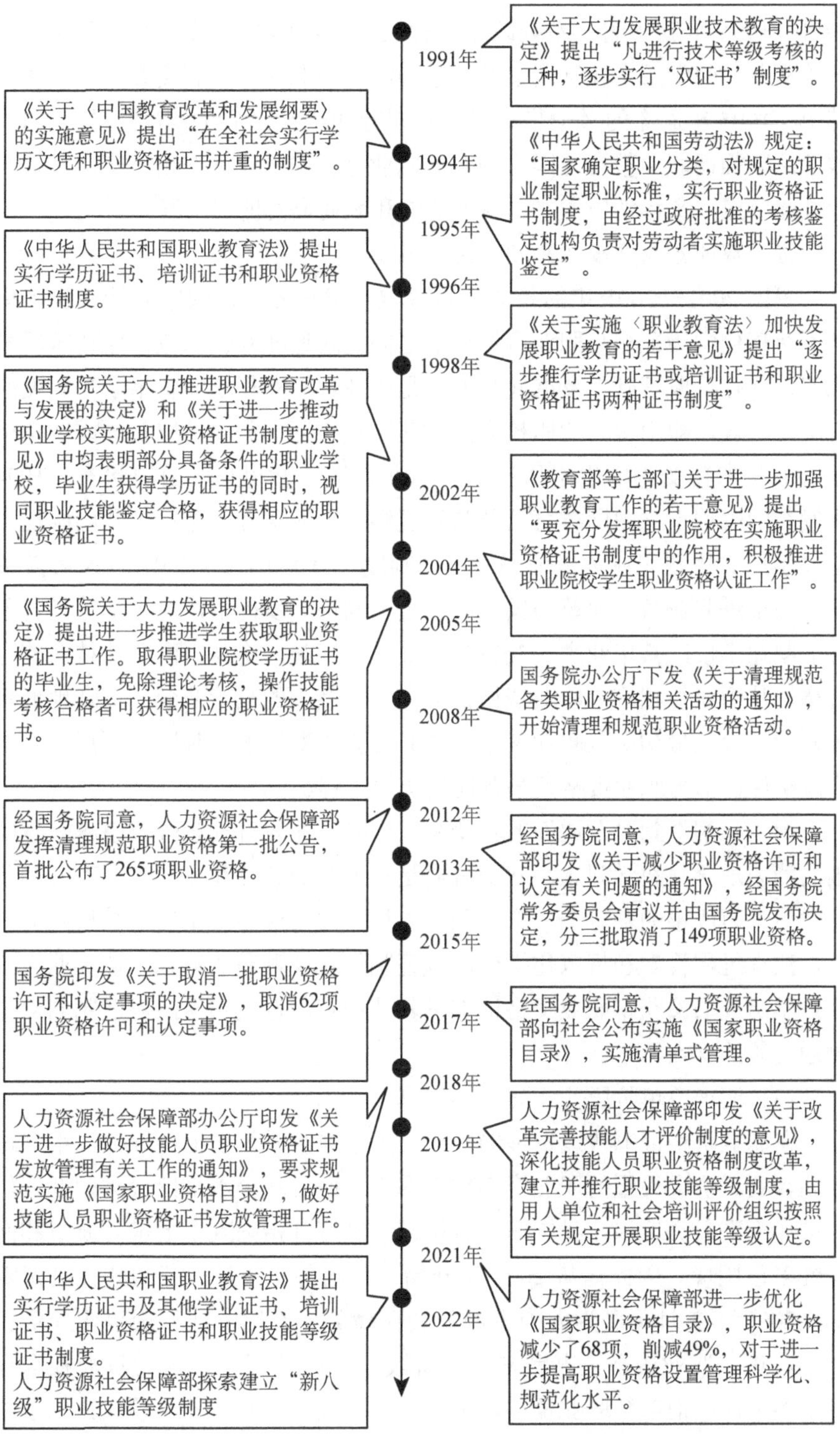

1991年　《关于大力发展职业技术教育的决定》提出"凡进行技术等级考核的工种，逐步实行'双证书'制度"。

《关于〈中国教育改革和发展纲要〉的实施意见》提出"在全社会实行学历文凭和职业资格证书并重的制度"。　1994年

1995年　《中华人民共和国劳动法》规定："国家确定职业分类，对规定的职业制定职业标准，实行职业资格证书制度，由经过政府批准的考核鉴定机构负责对劳动者实施职业技能鉴定"。

《中华人民共和国职业教育法》提出实行学历证书、培训证书和职业资格证书制度。　1996年

1998年　《关于实施〈职业教育法〉加快发展职业教育的若干意见》提出"逐步推行学历证书或培训证书和职业资格证书两种证书制度"。

《国务院关于大力推进职业教育改革与发展的决定》和《关于进一步推动职业学校实施职业资格证书制度的意见》中均表明部分具备条件的职业学校，毕业生获得学历证书的同时，视同职业技能鉴定合格，获得相应的职业资格证书。

2002年　《教育部等七部门关于进一步加强职业教育工作的若干意见》提出"要充分发挥职业院校在实施职业资格证书制度中的作用，积极推进职业院校学生职业资格认证工作"。

2004年

《国务院关于大力发展职业教育的决定》提出进一步推进学生获取职业资格证书工作。取得职业院校学历证书的毕业生，免除理论考核，操作技能考核合格者可获得相应的职业资格证书。　2005年

2008年　国务院办公厅下发《关于清理规范各类职业资格相关活动的通知》，开始清理和规范职业资格活动。

经国务院同意，人力资源社会保障部发挥清理规范职业资格第一批公告，首批公布了265项职业资格。　2012年

2013年　经国务院同意，人力资源社会保障部印发《关于减少职业资格许可和认定有关问题的通知》，经国务院常务委员会审议并由国务院发布决定，分三批取消了149项职业资格。

2015年

国务院印发《关于取消一批职业资格许可和认定事项的决定》，取消62项职业资格许可和认定事项。　2017年　经国务院同意，人力资源社会保障部向社会公布实施《国家职业资格目录》，实施清单式管理。

2018年

人力资源社会保障部办公厅印发《关于进一步做好技能人员职业资格证书发放管理有关工作的通知》，要求规范实施《国家职业资格目录》，做好技能人员职业资格证书发放管理工作。　2019年　人力资源社会保障部印发《关于改革完善技能人才评价制度的意见》，深化技能人员职业资格制度改革，建立并推行职业技能等级制度，由用人单位和社会培训评价组织按照有关规定开展职业技能等级认定。

2021年

《中华人民共和国职业教育法》提出实行学历证书及其他学业证书、培训证书、职业资格证书和职业技能等级证书制度。
人力资源社会保障部探索建立"新八级"职业技能等级制度　2022年　人力资源社会保障部进一步优化《国家职业资格目录》，职业资格减少了68项，削减49%，对于进一步提高职业资格设置管理科学化、规范化水平。

图 3-2　职业资格证书制度的发展历程（1991—2022 年）

1991—1996 年颁布的一系列政策文件表明了我国职业教育的导向和评价开始从单一的学历文凭制度过渡到学历制度与职业资格制度并重的阶段。其中，1995 年颁布的《中华人民共和国劳动法》和 1996 年实施的《职业教育法》强调职业教育与国家确定的职业分类和职业标准相适应，进行职业技能鉴定，实行学历证书、培训证书和职业资格证书制度。

（2）双证融通阶段（2002—2019 年）

我国 2002—2005 年的相关政策决定和意见显示，国家开始逐步提倡并不断深化学历证书与职业资格证书之间的融通和互认。双证融通阶段是在双证并行阶段基础上发展起来的，是职业院校实行职业资格证书制度的一个新阶段，即由原先的职校学生为获取学历证书需要考取某一职业资格证书的状态转变为学生学历证书与职业资格证书相互融通的状态。1994年发布的《关于〈中国教育改革和发展纲要〉的实施意见》中，明确提出了"学历文凭和职业资格证书并重的制度"。而到了 2002 年，《国务院关于大力推进职业教育改革与发展的决定》则进一步提出，对于部分具备条件的职业学校，其毕业生在获得学历证书的同时，将被视同职业技能鉴定合格，从而获得相应的职业资格证书。这一系列的政策演变，清晰地展示了职业院校从最初引入职业资格证书并实施"双证书"制度，到后来尝试实现学历证书与职业资格证书融通的历史进程。

由"分割"到"融通"的转变源于当时职业教育教学改革中越来越明晰的能力观念与教学观念。双证融通是双证制的延伸和发展，在双证制关注学生学习成果的基础上，双证融通更加关注实现该结果的体制机制的创建，注重过程管理和规范化操作。双证制是双证融通的基础，使毕业生既获得学历证书又获得职业资格证书是其共通点，也是实现由双证制向双证融通过渡的支点。①

（3）清理改革阶段（2008—2017 年）

在职业资格证书快速发展的同时，由于缺少系统的框架设计，很多地方和行业、协会设置的职业资格重复率高，而且不少水平评价类职业资格还被作为准入类运用，我国职业资格证书制度开始陷入了数量、质量和匹配性多重困境。因此，从 2008 年开始，经国务院同意，劳动和社会保障部（2008 年 3 月更名为人力资源社会保障部）开始清理和规范职业资格活动，进入职业资格证书清理改革阶段。2014 年以来，人力资源社会保障部多批次取消部分职业资格，最终取消职业资格共计 434 项（占总数的

---

① 范心忆. 2013. 中等职业教育"双证融通"内涵反思. 职教论坛，（13）：62-64

70.2%），并于 2017 年发布新的《国家职业资格目录》。新版《国家职业资格目录》总计涵盖职业资格 140 项（其中，专业技术人员职业资格为 59 项，技能人员职业资格为 81 项），整体包含准入类和水平评价类职业资格，为构建规范、科学的职业资格体系奠定了基础。

（4）重新确立阶段（2017 年至今）

2020 年 1 月，国务院召开常务会议，研究决定分步取消技能水平评价类职业资格，推行社会化职业技能等级认定。"将技能人员水平评价职业资格由政府认定改为实行社会化等级认定，接受市场和社会认可与检验……形成以市场为导向的技能人才培养使用机制，促进产业升级和高质量发展。"①国家职业资格证书制度的改革推动我国技能人才评价体系的深化，为打造符合产业升级和企业需求的职业技能人才奠定了制度基础。

基于 2017 年版《国家职业资格目录》，并结合党中央、国务院的政府职能转变及"放管服"改革要求，同时考虑近年来国务院部门职责调整及行政审批事项改革情况，2021 年对目录进行了调整与优化，新版目录共涵盖 72 项职业资格，其中专业技术人员职业资格 59 项（准入类 33 项，水平评价类 26 项），技能人员职业资格 13 项（含准入类和水平评价类）。准入类职业资格涉及公共利益或国家安全、公共安全、人身健康、生命财产安全，均有法律法规或国务院决定为依据；水平评价类职业资格则具有强专业性和社会通用性，技术技能要求高，且确需行业管理和人才队伍建设。②

2021 年版目录特别强调准入类职业资格需保留。未来，关系公共利益或涉及上述安全领域的水平评价类职业资格将依法转为准入类，合格者可获职业资格证书；与上述安全领域关系不密切的水平评价类职业资格将逐步退出目录；对于社会通用性强、专业性强、技术技能要求高的职业（工种），可根据经济社会发展需求实施职业技能等级认定。尽管当前多数技能职业已退出目录，不完全属于传统职业资格范畴，但基于职业资格证书作为劳动者从事某职业必备学识和技能的证明，本书仍将这些技能职业资格证明视为"职业资格"进行解读。

此外，除了人力资源社会保障部门的职业资格证书制度外，2019 年印发的"职教 20 条"首次提出学历证书与若干职业技能等级证书相结合

---

① 李心萍，赵兵. 2020-01-03. 年底前分步取消技能人员水平评价类职业资格——推行社会化职业技能等级认定. 中国组织人事报，（第 1 版）

② 人力资源社会保障部. 2021-11-23. 国家职业资格目录（2021 年版）. http://www.mohrss.gov.cn/xxgk2020/fdzdgknr/zcfg/gfxwj/rcrs/202112/t20211202_429301.html

的 1+X 证书制度。相较于之前的双证融通，其最明显的区别是国家职业资格证书与职业技能等级证书的不同，具体见本节"二（二）职业证书开发相关的职业标准"。

2022 年，人力资源社会保障部发布《关于健全完善新时代技能人才职业技能等级制度的意见（试行）》，这是自建立技能人才职业技能等级制度以来，继"水平评价类技能人员职业资格退出国家职业资格目录""进一步加强高技能人才与专业技术人才职业发展贯通"之后技能人才评价制度改革的又一重大举措，标志着我国技能人才评价制度改革基本完成，技能人才评价工作进入新阶段，即全面推行职业技能等级认定阶段。①该意见将现行技能人员职业技能等级从"五级"增加到"八级"，在初级工前补设学徒工，在高级技师上增设特级技师和首席技师，与 20 世纪 50 年代的"八级"相比，它更能客观反映技能人才的技能等级水平和职务岗位。一方面，该意见实施后，国家技能人才评价形成"职业技能等级认定为主、职业资格评价和专项职业能力考核为辅，用人单位和社会培训评价组织具体认定为主、政府部门具体认定为辅"的新格局，职业技能等级制度可以与职业资格制度、职称制度更好衔接；另一方面，职业技能等级制度在标准上可以与职业标准、评价规范等相互衔接。②

3. 框架内容

经过二十多年的发展，国家职业资格证书制度已成为我国劳动就业体系的重要组成部分。其主要包括以下五个方面的内容：国家确定职业分类、国家制定职业技能标准、国家指导职业教育和职业培训活动、政府授权批准考核鉴定机构实施职业技能考核鉴定、国家颁发职业资格证书。③职业分类之下的职业标准是其设计核心，具有五个等级④，该学习成果等级与要求也形成了我国职业资格的基本框架。这五个等级自下而上分别是初级（五级）、中级（四级）、高级（三级/助理职称）、技师（二级/中级职称）、高级技师（一级/高级职称）。与此相对应的资格等级标准的描述更多的是以从业情境的复杂程度为不同等级间区分的标识，如第一等级主要

---

① 范巍. 2022-08-14. 全面推行职业技能等级制度，畅通拓宽技能人才成长通道. http://www.mohrss.gov.cn/xxgk2020/fdzdgknr/zcjd/zcjdwz/202204/t20220428_445809.html

② 范巍. 2022-08-14. 全面推行职业技能等级制度，畅通拓宽技能人才成长通道. http://www.mohrss.gov.cn/xxgk2020/fdzdgknr/zcjd/zcjdwz/202204/t20220428_445809.html

③ 陈宇. 2004. 我国职业资格证书制度的回顾与前瞻. 教育与职业，（1）：17-19

④ 人力资源社会保障部职业能力建设司. 2018-03-07. 人力资源社会保障部办公厅关于印发《国家职业技能标准编制技术规程（2018 年版）》的通知. http://www.mohrss.gov.cn/gkml/zcfg/gfxwj/201803/t20180316_289900.html

从事比较简单的常规工作，第二等级从事比较复杂的工作，第三等级以上能够完成非常规工作，并且随着等级的提升以及工作情境困难程度的增加，从业人员解决问题能力，创新能力，协作、指导及管理能力也在逐步提升。

2022 年，人力资源社会保障部发布《关于健全完善新时代技能人才职业技能等级制度的意见（试行）》，将原有的"五级"技能等级延伸和发展为"八级"技能等级。我国针对技能人才探索建立"新八级"职业技能等级制度，即由低到高，在学徒工、初级工、中级工、高级工、技师、高级技师、特级技师的基础上，再增设首席技师，这八级的能力要求如表 3-1 所示。

表 3-1　我国国家职业资格框架的技能等级与要求①

等级	证书名称	能力要求
8	首席技师	在技术技能领域作出重大贡献，或在本地区、本行业企业具有公认的高超技能、精湛技艺的"地方或行业企业高技能领军人才"； 为地方、行业企业高技能人才队伍建设作出突出贡献； 为国家重大技术攻关、成果转化、技术创新、发明等作出突出贡献，在地方、行业企业的技术进步与发展中发挥关键作用，专业水平在地方、行业企业具有很高认可度和影响力
7	特级技师	在生产科研一线从事技术技能工作、业绩贡献突出的"企业高技能领军人才"； 能够熟练运用专门技能和特殊技能在本职业的各个领域完成复杂的、非常规性工作； 精通本职业及相关职业的重要理论原理及关键技术技能，能够独立处理和解决高难度的技术问题或工艺难题； 承担传授技艺的任务，在技能人才梯队培养上作出突出贡献
6	高级技师	能够熟练运用专门技能和特殊技能在本职业的各个领域完成复杂的、非常规性工作； 熟练掌握本职业的关键技术技能，能够独立处理和解决高难度的技术问题或工艺难题； 在技术攻关和工艺革新方面有创新； 能够组织开展技术改造、技术革新活动； 能够组织开展系统的专业技术培训； 具有技术管理能力
5	技师	能够熟练运用专门技能和特殊技能完成本职业复杂的、非常规性的工作； 掌握本职业的关键技术技能，能够独立处理和解决技术或工艺难题； 在技术技能方面有创新； 能够指导和培训初、中、高级工； 具有一定的技术管理能力
4	高级工	能够熟练运用基本技能和专门技能完成本职业较为复杂的工作，包括完成部分非常规性的工作； 能够独立处理工作中出现的问题； 能够指导和培训初、中级工

---

① 人力资源社会保障部职业能力建设司. 2022-04-28. 人力资源社会保障部关于健全完善新时代技能人才职业技能等级制度的意见（试行）. https://www.gov.cn/zhengce/zhengceku/2022-04/28/content_5687660.htm

续表

等级	证书名称	能力要求
3	中级工	能够熟练运用基本技能独立完成本职业的常规工作； 在特定情况下，能够运用专门技能完成技术较为复杂的工作； 能够与他人合作
2	初级工	能够运用基本技能独立完成本职业的常规工作
1	学徒工	能够基本完成本职业某一方面的主要工作

"新八级"制度的出现为技能人才评价、职业技能等级制度更好地融入我国国家资历框架体系奠定了重要基础。"新八级"的设置具有较好的前瞻性[①]，能体现职业资格框架的总体概貌。但总体而言，我国职业技能等级标准还有待完善，如所描述能力的全面性、上下等级间的衔接、基准体系的建构、针对具体行业或职业资格标准的制定等。

4. 实施情况——以职业院校实施为分析重点

（1）实施概况

我国职业教育是以职业院校为主体而实施的教育，职业院校承担着教育教养和职业资格化的双重任务。职业院校实施职业资格证书制度是国家大力推行职业资格证书制度的重要组成部分，是对即将从事技术复杂、通用性强、涉及国家财产和消费者利益的职业（工种）的职业院校学生在校学习期间进行专门的职业培训，在取得相应职业资格证书后进入人才市场优先就业上岗的制度。[②]这项制度的推广，对提高职业院校毕业生素质、培养合格的专门人才、提高劳动者的专业知识和技能、推动就业准入制度实施、促进职业教育改革与发展，职业院校办学体制改革和职业学校师资队伍建设具有重要意义。

职业院校实施职业资格证书制度始于 20 世纪 90 年代中期，是从国家层面进行宏观设计并通过相关法律法规推动实施的，因此我国职业院校实施职业资格证书制度经历了由双证制（即双证并行）、双证对接到双证融通的发展历程。由于职业资格存在着种类过多、管理过乱等问题，在部分职业资格取消的大背景下，职业资格证书制度面临着新的改革，职业院校实施相应制度还需要进一步探索和改进。

---

① 范巍. 2022-08-14. 全面推行职业技能等级制度，畅通拓宽技能人才成长通道. http://www.mohrss.gov.cn/xxgk2020/fdzdgknr/zcjd/zcjdwz/202204/t20220428_445809.html

② 即墨市第一职业中专课题组. 2005. 中等职业学校实行职业资格证书制度的调查分析及对策研究——教育部"十五"规划重点课题《职业学校实行职业资格证书制度的调查和研究》结题报告. 全国教育科学"十五"规划教育部重点课题《职业技术学校实行职业资格证书制度的调查和研究》山东课题组结题报告，13

（2）基本模式

1）单独培训模式。在双证制和双证对接下考取职业资格证书，职业院校一般采取额外单独培训模式。技能培训的教学安排一般作为正常教学的补充，各校职业技能培训一般由培训部门组织，利用节假日或学生的课余时间进行。在实际运行过程中，职业技能鉴定和职业技能培训工作独立运行，与学校的日常教学相互脱节。[①]

2）课证融通模式。实现双证融通除了在政策和管理等宏观层面推进外，对职业院校来说，最关键的是推进课程改革，因为只有在课程层面实现融合，才能真正实现"双证融通"。"双证融通"的实质是职业院校专业教学内容与国家职业标准要求相符合。[②]在实际运行过程中，专业教学内容与职业技能鉴定内容融为一体，形成共同课程，职业院校学生按教学计划依次参加双证融通课程的考核，通过后即可获得相应的职业资格证书。

单独培训与课程融通两种模式展现了从重结果转向过程与结果并重的历程，凸显了不断深化培养的内核，加强了课程的职业性与融合性，避免了教学重复，以提高培养的质量与效率。这一过程也标志着我国在不断完善职业资格证书制度，为实现双证沟通、交流与融合，逐步探寻出一条适合我国职业教育教学与人才资格提升的良性发展道路。

（3）实施现状及问题分析——以上海市为例

1）实施现状。在双证融通背景下，职业院校推行职业资格证书制度具有促进职业教育教学改革和职业资格证书制度改革的双重意义。上海市教委与市人社局于2012年联合颁发了《上海市中等职业教育"双证融通"专业改革试点实施方案》，使得"双证融通"从培养规格、培养内容、人才评价和组织管理等多个方面实现融合。"双证融通"是基于学历教育与职业资格培训之间共同的职业能力为本的教育培训要求，探索专业教学标准和职业技能标准的融通、教育课程评价方式和职业技能鉴定方式的融通，以实现学历教育与职业资格培训的衔接贯通，实现职业资格证书和学历教育课程学分的转换互认。所实施的"双证融通"划分为四种基本类型："课程重组型双证融通""学分认可型双证融通""直通车式双证融通""证书认可型双证融通"。其中，面向院校学生的"双证融通"试点类

---

① 徐爱新，胡会来，王珊，等. 2008. 职业资格证书在中等职业学校中的应用研究. 中国教育技术装备，（17）：13-14

② 刘晓欢. 2007. "双证融通"的课程模式探讨. 职业技术教育，28（31）：54-56

型主要涉及"课程重组型双证融通"和"学分认可型双证融通"两种类型，前者是将职业教育专业教学要求与职业标准有机融合，对课程进行改革重组，确定若干门双证融通课程作为专业课程教学与职业资格培训的共同课程，全部双证融通课程考核合格后可颁发相应的职业资格证书，继续修满其余课程的学分可获取学历证书；后者是取得覆盖了相应职业资格考核要求的学历教育课程学分后，凭上海市终身教育学分银行成绩证明可替代相应职业资格证书部分考核项目。

"双证融通"选择的试点专业一般是那些专业培养目标与相关职业资格要求具有高匹配度，专业优势比较突出，并有相应的职业技能鉴定项目和较为完备的专业教学标准，且专业教学标准与相关职业标准相对稳定和两者融通性强的专业。2017 年，上海面向院校学生的"课程重组型双证融通"试点中职学校已达到 36 所，高职学校达到 23 所。截至目前，一些职业院校开展双证融通试点项目初见成效，对提高学生的职业能力与综合素质具有重要作用。

2）实施问题分析。从现状来看，上海职业院校实施职业资格制度的进程取得了一定的成果，但从总体上看，在设计、实施与评价方面仍存在一些问题，这除了与职业教育的教育教学本身，如学校专业设置、资格考试规定、资源建设、教师与学生的教育教学情况等密切相关之外，当前国家职业资格证书体系的建设与运行也是不可忽视的重要影响因素。

第一，职业资格证书内容建设不强，种类设置不全。首先，职业资格考试内容更新不及时。职业资格证书的考试内容是基于职业标准，而职业标准及其证书的及时性、有效性、权威性尚存在问题。由于产业、行业、劳动、技术与工作内容的快速发展，一些职业现有职业标准内容相对滞后且更新速度较慢，职业资格考核内容落后于生产或服务实际。其次，职业资格证书内容与职业教育教学内容无法全面对接。人力资源社会保障部门负责制定的职业标准与教育部门负责制定的专业教学标准存在不相融通的方面，考核内容与课程教学不相适应，职业资格证书与学历证书之间缺乏有机的对接。最后，职业资格证书的种类不齐全，尤其是第三产业领域的一些专业无对应职业资格证书可考，也缺乏复合技能型的职业资格证书。

第二，职业资格证书的认可度不高、有效性不强。首先，职业资格证书的认可度不高。该方面主要体现在无证上岗或证书类型与工作岗位不相符的情况，对于企业来说，一些职业资格证书并未获得认可，也未真正起到技能水平或能力水平鉴定的作用；对职业院校毕业生而言，不能从事与技能相适应的职业岗位，职业资格证书在就业方向选择上也没有起到应有的作用。其次，职业资格鉴定标准的统一性与地方、产业、技术岗位要求多样性之间的矛盾。最后，人员待遇与是否获得职业资格证书不挂钩。职业资格证书与学生切身利益的关系不大，与学生就业接轨不足。企业在用人上缺乏激励措施，存在工资待遇与证书不挂钩、有证与无证在岗位上无区别的问题，这在一定程度上削弱了技能人才参加职业技能鉴定的积极性，同时也损害了职业资格证书的应有价值。

第三，职业资格证书的考核与实施不严格。职业院校对学生获取职业资格证书的指导不够，职业院校学生和教师对获取何种职业资格证书还存在一定的盲目性，证书的选考较为随意，缺乏规范性，证书的资格要求与专业培养目标、教学要求匹配度不高。此外，有些职业学校缺少实施职业资格证书制度的必要条件，其办学条件、实训设施不能满足职业资格考试的需要，缺乏双师型生产实习指导教师。

（二）现代职业教育制度体系

从国际经验和未来发展看，包括职业资格证书、职业技能等级证书、职业技能培训证书等在内的职业资格体系和涵盖各类各级教育文凭的学历资格体系是国家资历框架的"两大"支柱。[1]除了在职业领域建立职业资格证书制度之外，我国近年来的现代职业教育体系建设也体现了制度层面的职业资历及其教育体系的探索，典型的例如 2010 年前后北京市探索的职业教育分级制度，将现行职业教育培养体系设置为 1 级至 5+级，共六个级别，突破中高职的学历层次体系，建立一套新的职业教育制度[2]。又如教育部等六部门于 2014 年制定的《现代职业教育体系建设规划（2014—2020年）》，计划形成适应发展需求、产教深度融合、中职高职衔接、职业教育与普通教育、继续教育相互沟通，体现终身教育理念，具有中国特色、世界水平的现代职业教育体系[3]。近年来，我国纵向贯通、横向融通的现代职业教育体系已经基本形成（图 3-3）。

图 3-3 所勾画的教育体系既体现了职业教育作为一种类型教育的独特地位，又体现了职业教育体系与其他类型教育体系的沟通与交流。该体系

---

① 范巍. 2022-08-14. 全面推行职业技能等级制度，畅通拓宽技能人才成长通道. http://www.mohrss.gov.cn/xxgk2020/fdzdgknr/zcjd/zcjdwz/202204/t20220428_445809.html

② 孙善学. 2011. 职业教育分级制度基本问题. 教育与职业，(22)：41-44

③ 教育部等六部门. 2014-06-01. 关于印发《现代职业教育体系建设规划（2014—2020年）》的通知. http://www.moe.gov.cn/srcsite/A03/moe_1892/moe_630/201406/t20140623_170737.html

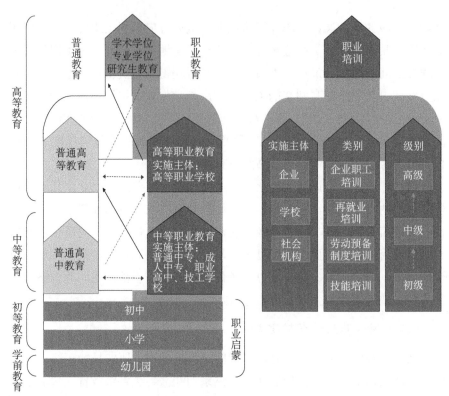

图 3-3　我国现代职业教育体系①

一方面体现了终身教育框架下的职业教育体系的分级分类，另一方面搭建了两者并重的职业学校教育体系和职业培训体系。建立职业能力标准体系最终也需要与该职业教育体系相互衔接、依托，才能将能力标准落实到具体的教育教学过程之中。

（三）部门或地区层面资历框架

前述的职业资格证书制度和现代职业教育体系制度是国家资历框架的核心支柱，为未来建设国家层面的资历框架奠定了基础。虽然国家层面系统和完整的资历框架尚在建设探索中，但近年来我国在地区资历框架（如学习成果框架、终身教育资历框架）、书证融通、学分银行等方面做了诸多有益的尝试。我国政府层面已颁布与技能发展和终身学习相关的指导政策，诸多学者也已经开展了资历框架的初步研究。

当前，我国正在积极推进资历框架构建，国家层面政策驱动导向非常

---

① 中华人民共和国教育部. 2022. 中国职业教育发展报告（2012—2022 年）. 世界职业技术教育大会，23

明确，教育及相关行业管理部门也相继出台具体文件，以推进本领域资格体系建设。但广泛牵涉现有教育管理体制及就业机制的制度改革难以一蹴而就，我国国家层面综合性资历框架构建仍处于研究阶段，距离落地推行仍有较大距离。资历框架构建并不限于自上而下依序推行的形式，局部或具体领域的试点也是积累建设经验、打好建设基础的有益探索。

我国已经出台并投入运作的资历框架包括发展较为成熟的香港资历框架[①]、广东终身教育资历框架[②]、作为继续教育领域综合资历框架的国家开放大学学习成果框架[③]（Learning Outcome Framework，LOF）以及行业领域从业人员能力框架，其他省市的资历框架或学分银行也在积极探索中，如上海市终身教育学分银行。相比于学分银行在全国各地的建设盛况而言，我国区域性和领域性的资历框架构建还需加快步伐。

1. 国家开放大学学习成果框架

学习成果框架是目前我国继续教育领域各类学习成果实现认证、积累与转换的共同参照系。它具有国际上通行的资历框架的功能，通过相关标准和规范，能够有效提高学习成果的透明性，可比性和转换性。国家开放大学的学习成果框架定义了"学习成果"等相关术语，明确了学习成果框架的等级设计，通过知识、技能和能力的要求，将全国范围内各级各类学习成果（教育文凭、职业资格等）进行系统整理、编制和规范，并在此基础上构建了连续性、结构化的学习成果体系。所形成的具有国际上通行资历框架功能特点的学习成果框架旨在为学习成果的认定、积累与转换提供基准。根据各类型学习成果的复杂程度，国家开放大学学习成果框架划分为六个等级。学习成果框架等级及普通教育、职业教育、继续教育与非正式学习成果之间的相互关系如图3-4所示。

学习成果等级指标描述指明该等级对应的每个学习成果所承载的"知识""技能"，以及能达到的"能力"水平。学习成果则参照等级指标描述，确定其在学习成果框架中的等级。其中，"知识"维度描述学习成果所获得的事实性、技术性和理论性知识；"技能"维度描述学习成果所能达到的认知、技术、沟通和表达等各类技能；"能力"维度则描述学习成

[①] 2000年，香港特区政府在《教育白皮书》中首次提出资历架构的概念，2002年开始研制，2008年正式推行。

[②] 广东质量技术监督局. 2017. 广东终身教育资历框架等级标准. https://std.samr.gov.cn/db/search/stdDBDetailed?id=91D99E4D1EDD2E24E05397BE0A0A3A10

[③] 国家开放大学学分银行（学习成果认证中心）. 2022. 学习成果框架. 北京：国家开放大学出版社，1

果在知识、技能应用方面表现出的自主性、判断力和责任感等综合素质，具体的等级描述见表 3-2。

学习成果框架（Learning Outcomes Framework，LOF）							
框架等级	普通教育		职业教育		继续教育		非正式学习
	基础教育	高等教育	职业学校教育	职业培训	学历继续教育	非学历继续教育	业绩与成就
6		博士研究生毕业证书/学术/专业博士学位		↑ ↑ ↑	博士学位	↑	↑
5		硕士研究生毕业证书/学术/专业硕士学位			硕士学位		工作经历 工作经验 工作技艺
4		本科毕业证书/学士学位	应用本科毕业证书/学士学位	职业技能等级证书 职业资格证书 其他职业培训证书 ……	本科毕业证书/学士学位	包括社区教育、老年教育、闲暇教育、职工继续教育培训等多种形式的非学历继续教育	技术成果 技术创新 技能竞赛
3		专科毕业证书	高职毕业证书		专科毕业证书		文化传承 文化休闲 作品奖励 ……
2	高中毕业证书		中职毕业证书				
1	初中毕业证书			↓ ↓ ↓		↓	↓
入门级							

图 3-4　国家开放大学的学习成果框架[①]

表 3-2　《学习成果框架》学习成果等级指标描述[②]

等级	知识	技能	能力
	事实性、技术性和理论性的系统认知	认知、技术、沟通和表达技能等完成任务和解决问题的能力	知识、技能应用的自主性、判断力和责任感
入门级[a]			
1	具有进一步学习或初始工作所需要的基础知识	具有能够完成某一学习或工作领域常规工作的基本技能	在高度结构化的环境下，在他人指导下，完成学习或工作任务，展示有限的自主性

① 国家开放大学学分银行（学习成果认证中心）. 2022. 学习成果框架. 北京：国家开放大学出版社，4

② 国家开放大学学分银行（学习成果认证中心）. 2022. 学习成果框架. 北京：国家开放大学出版社，4-6

续表

等级	知识 事实性、技术性和理论性的系统认知	技能 认知、技术、沟通和表达技能等完成任务和解决问题的能力	能力 知识、技能应用的自主性、判断力和责任感
2	具备某一学习或工作领域必备的基础知识	具有能够完成某一学习或工作领域常规工作的基本技能；并在特定情况下能完成较为复杂的工作	在变化的但可预测的环境下，独立完成学习或工作任务；指导他人常规工作，承担评价和改进学习或工作的有限责任
3	具备某一学习或工作领域必备的基础理论和专门知识	具有某一学习或工作领域的基本技能和专门技能；并在特定情况下，能够运用专门技能完成较为复杂的工作	在不可预测的环境下，管理以及指导他人工作；检查以及提升自己及他人的工作表现
4	具备某一学习或工作领域全面的基础理论和专门知识，并对相关理论和原理进行批判性理解	具有某一学习或工作领域的专门技能和特殊技能；能够熟练运用基本技能和专门技能完成较为复杂的工作	在不可预测的环境下，管理复杂的技术或专业性活动/项目，并做出决策；能够管理自己及小组专业方面的发展
5	具备某一学习或工作领域坚实的基础理论和系统的专门知识，并对一个领域和交叉领域的知识形成批判性认识	具有某一或多个学习或工作领域的专门技能和特殊技能；能够熟练运用基本技能和专门技能完成较为复杂的、非常规性的工作；在技术技能方面有所创新	在复杂多变、不可预测以及需要新策略的环境下，管理和改变学习或工作环境；促进专门知识或实践的发展，并对团队整体工作表现负责
6	具备某一学习或工作领域坚实宽广的基础理论系统深入的专门知识，了解交叉领域最先进前沿的知识	具有某一或多个学习或工作领域的关键技能；能够熟练运用基本技能和特殊技能在本职业的各个领域完成高度复杂的、非常规性的工作；在技术攻关和工艺革新方面有所创新	在崭新和不可预测的环境下，在学习或工作前沿，表现出高度的权威性、创新性、自主性、学术性和职业操守，并持续不断致力于新观念和过程的发展

a 此等级设置为开放级，便于和其他类型的框架对接，对其知识、技能和能力不作具体描述

2.《广东终身教育资历框架等级标准》

2016 年，广东省制定了《广东终身教育资历框架等级标准》，旨在将各类教育和学习机构连接起来，形成"成长通道"。这是我国第一个由政府各部门、教育机构和行业共同建立的标准化资历框架。2017 年 3 月，广东省质量技术监督局批准了该标准，这是我国首个省级资历框架标准。该框架将资格结果划分为七个等级，阐明了普通教育，职业教育、培训与绩效之间的关系（图 3-5），并从知识，技能和能力的三个维度建立每个等级的标准（表 3-3），形成各级各类资历成果认证、积累与转换的共同参照依据，提高各级各类资历成果的可比性和转换性。相比于国家开放大学的学习成果框架设置的"入门级"，该框架具有"小学"这一层级。

基于该框架，2017 年 12 月，广东省启动了开发汽车业、物流业等四个行业的能力标准①。这也意味着，在省级资历框架构建的基础上，后续

---

① 李雪婵，关燕桃，李怀俊. 2020. 基于资历框架的能力标准开发：粤港的经验. 中国职业技术教育，（6）：39-48

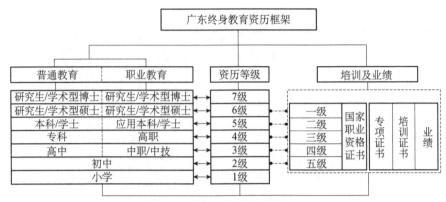

图 3-5　广东终身教育资历框架

表 3-3　广东终身教育资历框架等级标准

等级	知识	技能	能力
1 级	掌握工作或学习所需要的基本的常识性简单知识	具有完成简单任务的基本技能	能够在他人直接指导下完成简单的学习或工作任务
2 级	掌握工作或学习所需要的基础知识	具有应用相关信息和简单工具，完成常规任务的基本技能	能够在他人的指导下在一定程度上自主地完成学习或工作任务
3 级	掌握某个工作或学习领域所需要的事实性和理论性知识	具有在某个工作或学习领域中，选择和应用相应的信息、工具和方法，解决具体问题和完成相应任务所需要的技能	能够在变化但可预测的环境中，基于工作或学习的指引进行自我管理，监督他人的常规工作，承担评价和改进工作或学习的有限职责
4 级	掌握某个工作或学习领域所需要的综合、专业、理论的知识，并了解知识应用的范围	具有创新性地解决抽象问题的综合的认知和实践技能	能够在不可预测的工作或学习环境中，履行管理和指导的职责，评估和改进自己和他人工作或学习的表现
5 级	掌握某个工作或学习领域所需要的高层次知识，对理论和原理进行批判性理解	具有在某个专业的工作或学习领域中，创新性地解决复杂和不可预测问题的高级技能	能够在不可预测的工作或学习环境中，管理复杂的技术或专业项目，承担管理个人和团队专业发展及做出决策的职责
6 级	掌握某个工作或学习领域中高度专业化知识，包括某些可作为原创思维和/或研究基础的前沿知识；对某个领域和交叉领域的知识形成批判性认识	具有在研究和/或创新中，为发展新知识、新工艺以及整合不同领域知识所需的专业化解决问题的技能	能够应对和改变复杂、不可预测、需要新策略方法的工作或学习环境，承担促进专业知识和实践发展和/或评估团队战略绩效的职责
7 级	掌握某个工作或学习领域以及交叉领域最先进的前沿知识	具有最先进的技能和方法，包括综合和评价，解决研究和/或创新中的关键问题，扩展和重新定义已有知识和专业化实践	能够站在工作或学习（包括研究）的前沿，表现出高度的权威性、创新性、自主性、学术性和职业操守，能持续不断地形成新的理念和方法

的核心任务是开发各行业领域的职业能力标准，使其能够指导行业职业领域人才培养的目标、规格、内容与评价。

3. 香港资历框架

为促进终身学习，不断提高劳动力的素质、专业性和竞争力，香港特别行政区于 2008 年启动了香港资历框架（Hong Kong Qualifications Framework，HKQF）。其主要职能表现在：明确定义不同行业从业人员的能力标准；确保资格的质量，并使公民能够通过教育与培训或通过承认先前学习（recognition of prior learning，RPL）机制获得公认的资格；确保教育与培训的提供者、雇主和公众理解可获得的资格范围，并知道如何来提高劳动力技能；划定不同资格类型和等级之间的联系，并清楚阐明资格；针对采用能力标准规范（Specification of Competency Standards，SCS）①的行业开发 RPL 机制，认可从业者的现有技能、知识和工作经验；通过适用于香港资历框架所有等级资格的头衔授予计划（Award Titles Scheme，ATS），简化和规范头衔授予的使用；通过引入资历框架的学分来确定学习的规模或数量，使学习者能够辨别完成学习计划所需的时间，并有助于学分的积累和转移。

HKQF 已经实施了十多年，在框架设计、实施与反馈方面积累了经验，如资历框架制度设计，职业能力标准开发，利益相关者参与，先前学习机制认可，对照其他区域资历框架等。在实施层面取得的成果包括：①来自各行各业的利益相关者和合作伙伴一直支持和积极参与 HKQF 的发展，为知识型经济提供了宝贵的人力资源。②截至 2018 年 12 月，在香港资历框架下已成立 23 个行业（部门）的 22 个行业或跨行业培训咨询委员会（Industry Training Advisory Committees，ITACs，Cross-Industry Training Advisory Committees，CITACs），占香港总劳动力的 53%。③一些行业已经将 HKQF 的结果应用到其工作中，例如通过根据 HKQF 能力标准设计培训课程，并将这些标准应用于人力资源管理或使用标准作为绩效基准的参考。④约有 7300 项教育和培训课程获得了质量保证，从而成为了资格认证中列出的 HKQF 认可的课程。②

除上述区域/部门资历框架外，为架起正规学习、非正规学习和非正

---

① SCS 规定了从业人员有效地执行行业各种职务所需的技能、知识和能力。SCS 可以组合在一起形成特定 HKQF 等级的资格。

② CEDEFOP. 2019. Global Inventory of Regional and National Qualifications Frameworks 2019-Volume II：National and Regional Cases，247-251. https://www.cedefop.europa.eu/en/publications/2225

式学习的桥梁，我国省级层面的开放大学牵头建设了学分银行，为各类学习成果的识别、认可、认证以及相互之间的转换提供了可行路径。个体学习成果经由学分银行的认证和储存，获取学分和证书凭证，具备使用和流通功能，并最终在个体的学历提升和职业发展中发挥实效作用。不同省份学分银行之间的合作共建进一步扩充了这一功能和作用范畴。例如，上海市终身教育学分银行开发了完整的学习成果认证和转换的标准以及申请程序；国家开放大学终身教育学分银行开发了学习成果认证在线平台以及学习成果互认联盟；广东省终身教育学分银行建立了资历框架水平和标准、组织体系、标准体系、机构体系、服务体系和信息在线平台；云南省成立了学分银行高等职业院校示范联盟，探索职业教育的纵向联系和横向沟通；江苏省终身教育学分银行与江苏开放大学和职业学院结盟，以实现学习成果的认可和转移；重庆广播电视大学已经建立了职业和培训资格框架，正在建设轨道交通和软件工程的通用能力标准。[①]资格标准体系、学分银行制度、证书融通制度分别从标准层面、学分层面和证书层面共同构成了我国综合性资历框架制度。在综合性资历框架的筹建时期，学分银行建设和证书融通实践既能累积先行先试经验，又能在全社会范围内推行相关理念，创造良好氛围，为资历框架的最终运行准备充分条件。

（四）各制度体系的关联

资历框架、职业资格证书制度、职业教育体系之间相互关联（图3-6）。虽然我国国家资历框架还处在政策倡导与理论研究阶段，但就职业教育与培训领域来看，它与先前已建立的职业资格证书制度（职业资历框架）不无关系。我国的职业资格证书制度属于国家证书制度的范畴，是劳动就业制度的一项重要内容。如前所述，我国从1994年开始推行国家职业资格证书制度，作为迄今为止的职业教育与培训领域的基本制度来说，意义重大。当前随着职业教育逐步确立了类型教育的地位，不能仅仅建设职业教育与培训的内部制度，更需要以普职等值、融通的视角来构建国家资历框架，在该视角下进一步加强也处在发展与完善之中的职业资格证书制度。"国家资历框架不仅不会取代职业资格证书制度，而且还会强化和提升职业资格证书制度的价值和地位。"[②]因此，职业资格证书制度是国家资历

---

① CEDEFOP. 2019. Global Inventory of Regional and National Qualifications Frameworks 2019-Volume II：National and Regional Cases，128-129. https://www.cedefop.europa.eu/en/publications/2225

② 张宗辉，刘璐璐. 2019-05-01. 国家资历框架研究探微. 中国劳动保障报，（第3版）

框架的重要组成部分，需要在制度层面进行系统化建设。当前随着职业资格证书制度的改革发展，职业技能等级制度成为更普遍的、与职业能力水平相关的狭义的"职业资格证书制度"。

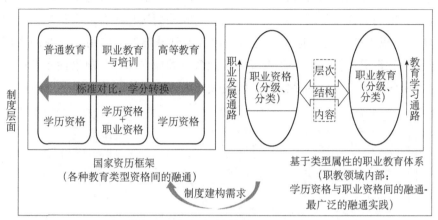

图 3-6　各制度体系间的相互关联

就资历框架与职业教育体系的关联而言，两者存在相互支撑、相互促进的关系。就国际资历框架的发展类型来看，资历框架可以具体划分为局部资历框架（如普通教育资历框架、高等教育资历框架、职业教育和培训资历框架）、地方资历框架（如苏格兰资历框架，广东终身学习资历框架）、国家资历框架（如澳大利亚资历框架）、地区资历框架（如欧洲资历框架）；就发展历程而言，资历框架可以划分为局部资历框架、国家资历框架、资历框架的跨国对接这三个阶段[①]。就我国资历框架的发展类型和发展阶段来看，现代职业教育体系已经初步建成，普通教育体系（含基础教育与普通高等教育）也日益成熟，即局部的资历框架已基本建成，那当前最紧要的是构建一个更高层面的跨教育领域的国家资历框架，将各类教育与培训统合于同一个资历框架下，实现各类教育与培训学习成果的认定、积累和转换。由此可见，基础性、局部性制度的逐步建立持续催化国家资历框架的出台[②]，我国更需要在国际资历框架发展经验的基础上，具有前瞻的视野，建设完整、高效的中国特色资历框架。

① 张伟远，段承贵. 2013. 建构终身学习立交桥的先驱：新西兰的经验和教训. 中国远程教育，（12）：14-19+95
② 匡瑛，井文. 2019. 健全国家职业教育制度框架是实现职教现代化的需要——基于国际比较的视角. 教育发展研究，39（7）：27-34

二、资格标准与证书层面

标准层面的职业能力标准（图 3-7）作为上位制度框架的进一步落实及下位培养体系的指导标准，一方面，在纵向上需要体现衔接性；另一方面，在横向上需要体现"产"与"教"之间的衔接与融合，真正起到传递"能力要求"的作用，也为能力质量评价起到基准参考作用。职业能力标准体系建设仍在持续，主要表现为职业教育领域内部一些前沿性专业教学标准中职业能力标准的制定以及职业领域内部职业技能等级标准的制定。

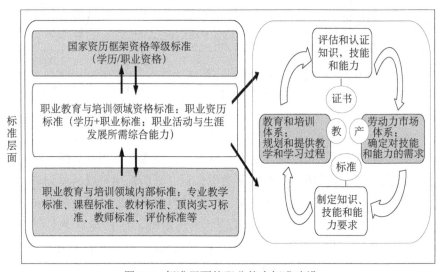

图 3-7　标准层面的职业能力标准建设

（一）专业教学相关的职业能力标准

近年来，我国职业教育中一些较为前沿的专业教学标准首先开发相应的职业能力标准再进行课程开发，具有代表性的如 2012 年上海市教委主持开发的《职业教育国际水平专业教学标准》，其中将职业能力标准确定为"对特定岗位或岗位群职业能力的条目化、系统化、精确化描述与制度化规定"[①]，对工作领域、模块、职业能力、学习水平（中职或高职）进行描述并将其转化为教育课程。

整个职业能力标准开发涉及以下基本内容：首先，确定生涯路径。就某专业的就业岗位、发展岗位、迁移岗位勾画职业生涯发展路径图；其次，分析国内岗位职业能力。职业能力分析是在分析岗位工作任务的基础

---

① 上海市教育委员会. 2012. 职业教育国际水平专业教学标准开发的研究与实践（上）. 上海：华东师范大学出版社，36

上进行的，其基本路径是按照"工作领域—工作任务—职业能力"的分析逻辑（表3-4），具体包含：①确定工作领域。本专业所涉及的职业活动按工作的性质和要求分解成若干工作领域。一般每个专业对应的工作领域以8—12个为宜。②确定工作任务。按工作的性质与要求，将每一工作领域分解成若干相对独立的单项任务。工作任务分析要求：其一，应当是岗位上实际存在的工作任务；其二，应当涵盖岗位的所有要求，一般每个工作领域的工作任务以5—7个为宜；其三，任务分解要体现出清晰的逻辑线索，避免任务之间的交叉，还要注意同级的工作任务应当大小比较均衡；其四，工作任务表述采取"名词+动词"的短语形式。③确定职业能力。分析完成每项工作任务应具有的职业能力。职业能力分析应注意：其一，涵盖主要职业能力要求，每项工作任务的职业能力以4—6个为宜。其二，职业能力要求用简洁的语言表述，建议采用"能/会+操作要求+操作对象"的格式。职业能力描述不能笼统地进行，如"表达能力"、"沟通能力"是不合适的，只有结合具体任务所描述的职业能力才对课程开发具有重要意义。其三，可列出与工作任务相关的，独立于具体任务的理论知识作为能力。其四，选定职业能力对接对象。职业能力对接对象应选自发达国家政府或欧盟等国际组织开发的，用于对照并进行对接的职业能力标准。如有优秀、完整的由发达国家行业、国际著名企业开发的职业能力标准，也可作为对接对象。其五，确定职业能力标准。在这一环节，要求把国内岗位的职业能力描述与作为对接对象的职业能力标准逐条进行对照，吸收发达国家有更高质量要求或更能体现人才培养水平的职业能力描述。①

表 3-4 专业教学标准中的职业能力标准描述

职业能力		学习水平（L...）	
		中职	高职
工作领域 1···			
工作任务 1-1···			
职业能力 1-1-1	······*		
职业能力 1-1-2	······△		
······	······		
工作领域 2···			
工作任务 2-1···			
职业能力 2-1-1	······		

---

① 上海市教育委员会. 2012. 职业教育国际水平专业教学标准开发的研究与实践. 上海：华东师范大学出版社，39

续表

职业能力		学习水平（L...）	
		中职	高职
职业能力 2-1-2	......		
......	......		

"＊"表示借鉴发达国家职业能力标准的职业能力；"△"表示发达国家与我国职业能力标准所共同表达的职业能力。所形成的职业能力条目的学习水平划分为三级："L1"表示能在教师指导与帮助下完成任务；"L2"表示能独立地熟练完成任务；"L3"表示能灵活处理工作中的问题，创造性完成任务。根据中职和高职人才培养目标分别确定各条职业能力的学习水平。如果中职或高职对某项职业能力没有教学要求，则学习水平栏为空格。

该国际水平专业教学标准中的职业能力标准分析也延续至上海市层面专业教学标准的后续开发与更新，是国内基于职业能力标准开发专业教学标准的典型代表。这也体现出，职业能力作为原始基点直接影响着职业教育的人才培养规格、教育教学过程、人才考核和评价等各个方面。

（二）职业证书开发相关的职业标准

当前，人力资源社会保障部门与教育部门均开发了相应的职业技能等级标准，"职教 20 条"指出，人力资源社会保障部门与教育部门在各自职责范围内，分别负责院校外、院校内的职业技能等级证书的实施，各类职业技能等级证书具有同等效力。在院校内实施的职业技能等级证书分为初级、中级、高级，它是职业技能水平的凭据，反映了职业活动以及个人职业生涯发展所需要的综合能力。[①]目前，1+X[②]证书制度试点工作作为我国实现院校内外学习成果认证互通的连接点，一方面以"1"夯实学生的综合素质及可持续发展基础，保障学生获得学历证书的同时，以"X"补充、强化和拓展学生职业发展的可能性，更好实现人职匹配，缓解结构性就业矛盾（图 3-8）。

图 3-8　职业技能等级证书（X）与学历证书（1）的关联

---

① 国务院办公厅. 2019-01-28. 国务院关于印发国家职业教育改革实施方案的通知. http://www.moe.gov.cn/jyb_xxgk/moe_1777/moe_1778/201904/t20190404_376701.html

② 无论是人力资源社会保障部门还是教育部门的职业技能等级证书，在此都称为 X 证书，两者的区别与联系见后文。

1. 职业技能等级证书制度（X）的产生背景

职业技能等级证书是 1+X 证书制度的重要组成部分，也是核心创新点。2019 年印发的"职教 20 条"首次提出"启动 1+X 证书制度试点工作"，之后，教育部等四部门制定了《关于在院校实施"学历证书+若干职业技能等级证书"制度试点方案》，正式启动 1+X 证书制度试点工作。其产生源于以下几方面的需要。

（1）国家落实"放管服"政策的需要

2015 年国务院首次提出"放管服"改革的概念，内涵就是要简政放权、放管结合、优化服务，"职教 20 条"也提出，各级政府部门由注重"办"职业教育向"管理与服务"过渡。1+X 证书制度的实行是职业教育落实"放管服"改革的需要与体现，通过引入培训评价组织来减少政府部门的干预，以社会化机制遴选各行各业培训评价组织，提升其在职业技能等级开发、教学资源开发、培训及评价过程中的参与度，加大其话语权，推动和深化校企合作。同时，教育部与人力资源社会保障部也建立相应的监督、管理与服务机制，定期对职业技能等级证书有关工作进行抽查和监督，对培训评价组织行为和职业院校培训质量进行监测与评估。

（2）产业在智能化背景下升级与转型的需要

随着我国进入新的发展阶段，产业升级和经济结构调整不断加快，各行各业对技术技能人才的需求越来越紧迫，要求也越来越高。党的十九大报告提出，我国经济由高速增长阶段转向高质量发展阶段，这也推动着我国产业由劳动密集型向知识或技术密集型转型。党的二十大报告提出，我国经济实力实现历史性跃升。如今智能化时代背景下产业转型需要大量复合型、智能化的高技术技能人才，1+X 证书制度通过与企业生产岗位相联系的培训内容、与职业标准相对接的证书考核，培养跨学科、复合型高素质人才，为产业升级提供坚实的人力资源。

（3）职业教育高质量办学的需要

"职教 20 条"提出，我国职业教育存在"办学和人才培养水平参差不齐"等问题，要求职业教育由追求规模扩张向提高质量转变。《关于在院校实施"学历证书+若干职业技能等级证书"制度试点方案》提出，"实施高质量职业培训"是提高职业院校高质量办学的重中之重。职业教育作为一种区别于普通教育的类型教育，更加关注与职业相关的教育与培训是提升其办学质量与强化办学特色的关键。1+X 证书制度旨在通过培训评价组织与试点院校的协同合作，积极开展高质量培训，推动学历教育与职业技能教育的相互融合，以培养更多复合型高素质技术技能人才。

2. 国家职业（技能）标准与职业技能等级标准的内容比较

证书的实施过程与质量保证离不开标准的开发，证书标准决定了证书权威性、认可度与通用性，不同的标准开发指导意见会产生不同的开发流程与开发内容，进而影响证书的落实效果。国家职业资格证书的核心组成——国家职业（技能）标准由人力资源社会保障部牵头组织开发，截至2022 年底，先后颁布 1164 个国家职业（技能）标准[①]。这些职业（技能）标准对引导职业教育培训、规范技能鉴定评价、开展职业技能竞赛等发挥了积极作用。为进一步规范国家职业资格证书，人力资源社会保障部修订颁布了《国家职业技能标准编制技术规程（2018 年版）》；教育部于2020 年颁发了《职业技能等级标准开发指南》（征求意见稿），两种标准在开发依据、开发路径、开发内容三个层面存在差别（表 3-5）。

表 3-5　国家职业（技能）标准与职业技能等级标准的特征比较

比较维度		国家职业（技能）标准	职业技能等级标准
开发依据	逻辑起点	职业性	专业性
	等级划分依据	工作要求	职业技能
开发路径	开发方法	职业功能分析法：职业功能—工作内容—技能要求—相关知识要求	工作任务分析法：工作领域—工作任务—职业技能要求
	特征	以工作目标为导向	以职业技能为导向
开发内容	内容结构	职业概况、基本要求、工作要求与权重表	范围、规范性引用文件、术语和定义、适用院校专业、面向职业岗位（职业群）、职业技能要求
	本质内涵	工作任务要求	职业技能要求
	特征	操作性与实践性强	专业性与迁移性强

通过对国家职业（技能）标准与职业技能等级标准开发指导性文件的内容分析与特征比较，可以看出两者在开发依据、开发路径、开发内容的异同与各自优势。在逻辑起点层面，国家职业（技能）标准以国家职业分类大典为依据，具有规范的职业性，职业技能等级标准从"专业性"出发兼顾"职业性"与"教育性"的平衡。逻辑起点的不同使得两者逻辑等级划分依据存在差异，前者专注于工作世界中职务层级的纵向划分，后者则力求推动工作体系—教育系统—人的技能三方面的协同，实现等级划分在参考职务层级、学历层次及个体技能水平三位一体的横向拓展。在开发路

[①]　人力资源社会保障部. 2022-01-07. 数说国家职业技能标准查询系统. http://www.mohrss. gov.cn/SYrlzyhshbzb/dongtaixinwen/buneiyaowen/rsxw/202201/t20220106_432306.html

径上，国家职业（技能）标准借鉴英国功能分析法采用以工作目标为导向的职业功能分析法，因此开发内容的操作性与实践性更强，注重岗位现实任务的完成；职业技能等级标准则采用工作任务分析法，其专业性和迁移性更强，这有助于个体职业技能的培养。

职业技能等级标准虽然是指向职业领域的社会职业或职业岗位的标准，后者是面向职教领域以专业（职业群）为单位的某一方向的能力规格，这两者与本书研究所采用的"职业能力标准"仍然不是一个指向。因此，可以说，"职业能力标准"一方面属于"职业（资格或技能等级）标准"与"专业教学标准"之间的衔接标准；另一方面，它是跨教育领域资历框架的上位资格等级标准在职业教育领域的具体化，同时也是职业教育领域内部标准的上位指导标准，是统领 1+X 的一体化标准。

第二节　我国职业能力标准体系建设的现实问题

我国职业领域及职业教育领域制度层面的建设处在不断完善的过程之中，在探索中取得了诸多成果，如职业资格证书制度、现代职业教育体系、部门或地区层面的资历框架。培养层面的职业能力标准建设也取得了诸多成果，如专业教学标准中的职业能力标准、X 标准，但系统化的职业能力标准体系建设还较为薄弱，尤其是面向未来的资历框架、职普融通、产教融合建设，如何将制度、标准与培养进行一体化的顶层设计，显得尤为重要。

一、教育及资格体系科学化实践探索欠缺

（一）资格及资历标准体系内部多元分立

当下，我国由教育部门主管的学历资格及标准体系和由人力资源社会保障部门主管的职业资格及标准体系并行存在，各自发展。近年来，由于经济发展对人才需求的结构性变化、各类教育领域的纵深发展以及相互间衔接联动关系的加深，资格体系间的融通已经成为研究热点，相关实践领域也有所进展。但是，无论是理论上的推进还是实践中的运行，两者间的融通仍然存在难以突破的障碍，归根结底还是因为未搭建起统一、等值的基准体系作为不同体系沟通、衔接的参照平台。推动建立高质量的职业能力标准体系和现代职业教育体系，还需要在理顺不同层面标准之间关系、统筹设计不同层面标准结构与内容上下功夫。

（二）育人与用人标准缺乏长效对接机制

我国资历标准体系作为连接教育供给和劳动力市场需求间的桥梁，其沟通、衔接作用的发挥却极为有限。究其原因，一则在于当前的资历标准体系没有实时有效性地反映出劳动力市场对人才素质及能力的需求，二则在于该标准体系也没有在教育与培训的教育教学实施中发挥出应有的指导作用。这就从两个环节上切断了人力资源供需之间的联系，最终可能导致整个社会范围内人力资源所供与所需之间的结构性失调。当前，解决产教融合问题的关键也在于确立供给与需求双方之间统一的标准体系。与此同时，育人标准体系及用人标准体系内部一些现存问题的解决，包括标准制定主体责任权限不清、制定过程失范、认证结果信效度低等，都需要一个国家制度层面上用以限定各级各类标准质量底线的综合性基准体系，以保证标准内容制定和实施程序上的统一规范。

（三）标准内容未最大化遵循教育公平原则

标准内容作为标准体系文本层面的核心部分，是标准体系进入操作层面实现标准参照职能的主要依据，决定资格认证活动中的价值取向，并深刻影响教育教学实践。目前，世界上多数国家，尤其已经构建或正在尝试构建综合性资格体系的国家，在其标准体系制定及内容选取上遵循学习成果导向原则，标准实质上就是对学习者应掌握学习成果的规定性要求。相比较而言，我国现行多数标准体系在内容要求上仍包含大量学习过程性要素，学习场所、学习方式、先前学习经历等都被作为资格评定的必要性条件，非正式与非正规学习在此背景下很难获得正式认证。这种原则导向性的差异，一方面造成我国资历标准体系无法对接国际通用标准，限制了国际教育交流及人员的跨区域流动；另一方面，更为严重的影响在于，对学习过程性要素的过度重视和硬性要求在一定程度上人为及制度性地深化了已有的教育不公。

二、跨领域资格框架系统化研制重视不足

（一）学分银行发展快，但框架开发滞后

当前，实践发展主要集中在学分银行建设方面，以便继续教育的学习成果得以认证，实现横向贯通和纵向衔接。就学分银行自身来看，学分是手段，学分的积累、转换是获得某个资格的途径，学分的授予也要依据一定的学习成果框架及其标准。对于成人教育来说，基于学分银行制度，丰

富多样化学习路径，认证学习者先前已有的学习成果，达到某一资格的"储蓄"标准，获得相应的资格证明，不失为一种实现补偿教育和终身教育的方式。但是，获得资格始终是学分积累的目标，通过学分银行制度获取的职业资格和学历资格所发挥的效用，则是学习者更为关心的，也是关系学分银行制度实施成功的关键，如获取的职业资格处于什么等级，与学历资格间能否在价值上等同，职业教育系列的资格能否作为进入普通高等教育的凭证，这些还需要统一的国家资历框架在制度层面上有所规定。

国内一些地方的学分银行缺乏统一的框架及标准作为支撑和参照，导致不同类型的学习成果沟通困难，无法从根本上解决建立终身学习"立交桥"的问题。继续教育领域的学习成果框架虽然将学历教育、非学历教育和无一定呈现形式的学习成果都纳入同一框架，但对学历与非学历职业资格的等级划分并不明确，而就国外经验来看，职业资格的横向描述和纵向划分才是资历框架开发的重点与难点。虽然地区/部门资历框架已经出台，但统一的国家资历框架是学分银行建设、学习成果互认与转换实行的制度基础，能够保证其在全国范围内被认可并落地实施。

（二）局部积极探索多，但整体进展缓慢

我国地方资历框架的典型代表——广东终身教育资历框架注重与国家制度衔接和与国际接轨，遵循国家标准制定的有关规定，参考欧洲资历框架的等级描述，实现普通教育、职业教育、培训与非正式教育之间的沟通和衔接，为各级各类资格学习成果认定、积累和转换提供参考依据，有利于解决教育与劳动力市场的脱节问题，建设广东终身教育学分银行，拓宽终身学习通道，搭建人才成长"立交桥"，构建终身教育体系，建设学习型社会。此外，广东地方标准的发布也有利于推动教育教学改革，为各级各类成果互认、各级各类教育纵横贯通和衔接提供基础；实现教育系统和劳动市场两者之间的桥梁互通；框架下各领域依据其专业特点制定相应的"子标准"，确保标准体系自上而下的指导性和连贯性。例如，职业教育相关部门对照该框架的相应标准等级，对职业教育的专业教学标准进行梳理调整，组织各行业（专业）专家研制以该标准为基础的行业（专业）标准，并纳入教育教学改革范畴。①

虽然我国地方资历框架在实践方面做了局部有益的探索和尝试，也为

---

① 广东质量技术监督局. 2022-12-02. 广东发布全国首个终身教育资历框架等级地方标准. https://www.cqn.com.cn/zgzlb/content/2017-05/25/content_4338638.htm

国家层面的资历框架提供了样本，且不论地方框架内部本身的合理性和标准性，当前地方资历框架的效用也仅局限于地方范围内，对全国范围内的"建通道""促融通""降成本"功能不显著，对各类各级资格互认、人员发展与流动起到的作用相对较小。近年来，实践层面呈现由领域或地方的积极探索转向综合统一资历框架开发需求，统一的资历框架构建的呼声越来越高，对资历框架的核心制度、运作机制、管理模式、实施主体①等方面的研究也日益增多。国家资历框架的理论认识还处于初级阶段，虽有建立顶层框架的意识，但目前还未建立起统一的国家资历框架。这也有赖于国家资历框架基础理论、制度基础、实践调研等方面的共同作用，国外经验的参考也有助于我们理清思路，少走弯路，更快更有效地建立国内适用、国际对接的综合性国家资历框架。在综合性国家资历框架的视野下建立既能自成体系又能与其他资格类型相互沟通衔接的职业资格体系及其标准体系是落实资历框架建设的关键与难点。

（三）资格体系成果多，但系统发展缺乏

从当前局部的资格体系建设与实施现状来看，我国在职业资格证书制度及资历框架方面已经做出巨大努力并取得诸多成效，但在统一性与对接性方面仍然需要进一步思考。

第一，满足国内适用性。全国范围内，教育和经济方面的不平等现象依然存在。此外，在我国经济转型的背景下，一些工业部门仍然需要现代化或一体化的改革，而制定一个适用于所有地区，以及所有行业和职业的全国性标准或资历框架是一项很大的挑战。

第二，满足国际可比性。随着经济的飞速发展和全球化的日益深化，国内外教育人员与工作人员的流动也越来越频繁。此外，区域一体化，如"一带一路"倡议，也对我们制定的资历框架提出了国际可比性的要求。因此，为了加强资格的透明度和可比性，促进人才的国际流动，我国亟须建立一个统一的国家资历框架。

第三，满足人才供需匹配要求。当前，我国的人才培养供给侧和产业需求侧在结构、质量、水平上尚存在不适应之处，劳动力市场需求与职业教育或高等教育的供给之间的不匹配问题突出。为了有效衔接教育和产业之间的人才供求，我们需要特别关注职业教育及培训机构的合作。否则，

---

① 温珮苓. 2017. 资格框架的构建及对我国职业教育发展的启示：基于国际比较视角. 上海：上海师范大学

难以满足劳动力市场对高技能人才在数量和质量上的需求。为此，建立统一的人才质量标准是关键，同时明确不同学习地点的分工，共同促进高质量人才的培养。

当前我国职业能力体系建设进行了一定的探索，职业体系内部已经建立了职业（技能）标准，职业教育体系内部建立了专业教学标准，以开放大学为代表建立了资历框架及行业资格等级标准，这些不同层面的标准都属于我国职业能力标准体系的建设成果。但总体来看，多方研制的标准之间缺乏呼应和衔接，系统性和经济性不够，系统化的建设有待进一步加强。

第三节　我国职业能力标准体系建设的发展诉求

从当前职业能力标准体系的发展现状及现存问题来看，我国亟须构建国家层面综合性资历框架及统一的职业能力标准体系的发展方式。

一、现实诉求

（一）实现终身学习型社会的需要

2010年颁布的《国家中长期教育改革和发展规划纲要（2010—2020年）》提出，"建立区域内普通教育、职业教育、继续教育之间的沟通机制；建立终身学习网络和服务平台；统筹开发社会教育资源，积极发展社区教育；建立学习成果认证体系，建立'学分银行'制度等"。从教育角度来看，国家的目标是将学习的各个层次和形式联系起来，建立一种可以衡量学习成果的方法；使继续教育中获得的学分得以积累和转移，从而实现对不同类型学习成果的认可；确保学习成果的可比性和透明度；促进平等及接受优质教育。从社会角度来看，其目的是提高社会和劳动力市场对资格的接受程度；提高劳动力质量，促进社会和经济的发展；增强劳动力的国际竞争力，以应对知识经济的挑战；促进全国范围的终身学习。从个人角度来看，其目的是提供更多的选择，以满足个人和职业发展的各种学习需求；尊重来自不同学习环境（正规、非正规和非正式）的学习者的学习成果；建立自我导向的学习途径；提高个人能力。

2014年8月18日，习近平主持召开中央全面深化改革领导小组第四次会议时提出"构建衔接沟通各级各类教育、认可多种学习成果的终身学习立交桥"①。该立交桥连接交流各种教育并认可各种学习成果。2016年修订的《教育法》中也倡导："相互认可和转移不同类型的学习成果，以促进全民终身学习"。2016年颁布的《中华人民共和国国民经济和社会发展第十三个五年计划纲要》提出，建立个人学习账户和学分累积制度，制定国家资历框架的建议。但国家资历框架是一个系统工程，囊括各种学习成果（如正规、非正规和非正式学习）的认可与换算，各个政府部门、教育机构、行业和企业必须参与建立和实施，也需要对接国际标准和关键指标。

无论对哪一个国家的社会、经济与个人发展，能力体系建设都尤为重要，如美国、韩国、德国等国家的能力体系建设是社会发展的核心任务。从我国的政策指向来看，未来发展终身教育、建设终身学习型社会是教育改革和发展的总体方向。为了实现这一目标，国家资历框架的建设、学习成果的认可、学分银行的建立等都必不可少。作为核心与基准，提升资格的透明度和建设职业能力标准体系同样不容忽视。

（二）实现职业教育高质量发展的需求

作为类型教育的纵向贯通、横向融通的现代职业教育体系的建设与完善，如何体现职普等值与融通，要求构建终身化、一体化，横向贯通、纵向衔接的国家资历框架。建立全面的国家资历框架是我国教育改革的优先任务，该框架涵盖所有层次的各类教育和学习，并促进地方教育发展和学历的国际可比性。这项工作已经开始，并且在职业教育、继续教育和终身学习中已经积累了一些经验。

总体来看，我国已经具备了构建国家资历框架的基础。在职业资格建设方面，自20世纪90年代起，我国建立了职业资格证书制度，到2019年，教育行政部门也开始研发和实施的职业技能等级证书；在教育体系建设方面，2014年以来，我国初步形成了现代职业教育体系；在资历框架建设方面，2008年以来，各地区各部门探索了地区终身教育资历框架（如香港，广东）和以开放大学为主导的学习成果框架（如国家开放大学，上海开放大学等），尤其是学分银行的探索也日益广泛，截至2022年，国内已建立各种类型、不同规模的学分银行30余家。②这些基础

① 习近平主持召开中央全面深化改革领导小组第四次会议. 2014-08-18. https://www.gov.cn/xinwen/2014-08/18/content_2736451.htm
② 王海东，邓小华. 2019. 我国学分银行与资历框架建设探索：进展、问题与对策. 中国远程教育，40（12）：55-60+93

性、局部性制度的逐步建立，不断推动着国家资历框架的出台与完善①。

鉴于已有的本土探索和相对成熟的国际经验，建立、实施和完善国家层面的资历框架需要进行一体化的系统设计。在这一过程中，不仅要考虑与国际框架的对接，也要确保与地方框架的对接，还要体现教育供给与人才市场需求相对接的学习成果。因此，学习成果标准、职业能力标准体系的建设是资历框架研发及实施的核心和关键。国家层面资历框架的难点任务是以建立具有国际先进水平的职业能力标准体系为突破口，同时完善国家职业教育质量框架。

二、发展可能

（一）突破多元资格体系的限制，构建综合性资历框架及其资格标准

我国现行的资格认证及标准体系主要由教育部门主管的学历资格认证及标准体系和由人力资源社会保障部门主管的职业资格认证及标准体系构成，两者并行发展，各有侧重。近年来，随着经济发展对人才发展需求的结构性变化、各类教育与培训部门各自的纵深发展以及相互之间衔接联动关系的加深，两种资格认证和标准体系之间的资源重合与优势互补现象日益显著。因此，学历资格证书和职业资格证书之间的融通，以及两个体系之间的沟通衔接，已经成为教育界，尤其是职业教育与培训界的核心话题，并已开始实践探索。但是，无论是理论层面的探讨还是实践操作中的运行，两类资格体系及其证书之间的融通仍然存在着难以突破的障碍。其根本原因在于，尚未建立起统一、等值的基准体系，以实现在资格认证实践中的衔接、转换与对接。

近年来，针对我国《国家中长期教育改革和发展规划纲要（2010—2020年）》提出的"搭建终身学习'立交桥'，促进各级各类教育纵向衔接、横向沟通"的需求，学术界和实践界均开展了关于国家资历框架的研究与探索，提出了综合性国家资历框架的构建与开发设想，并逐步将其纳入实施环节之中。一方面，受国际上众多国家或地区资历框架发展大趋势的影响，为了改变学历资格体系和职业资格体系相互割裂的状况，我国尝试构建学历资格与职业资格相互沟通和衔接的新型国家资格体系与框架；另一方面，我国当前资格认证及其标准体系的进一步优化发展对综合性国家资历框架的构建也提出了实践性的发展需求。现代职业教育体系的纵向

---

① 匡瑛，井文. 2019. 健全国家职业教育制度框架是实现职教现代化的需要——基于国际比较的视角. 教育发展研究，39（7）：27-34

贯通和横向融通依赖于建立学历资格与职业资格的统一标准：从纵向来看，基于资格等级的有机衔接，职业教育这一教育类型的内部等级也应建立起衔接贯通关系；从横向来看，不同教育类型的资格应是等值的，即同一资历等级的各类教育的学习成果应实现对等互认。

纵向贯通衔接与横向等值互认的依据是每个资历级别的"知识、技能、能力"标准，即作为母标准的资格等级标准。该标准体系以学习成果为导向，基于我国教育与培训及其资格体系，结合社会职业标准等级要求，明确层级及阶段划分。在标准描述上，该标准体系基于学习成果分类理论，确定通过对所有教育领域的维度划分，采用"学习成果要求+任务情境"的表述结构。在此通用等级标准的基础上建立行业能力标准，以及在此基础上建立主要针对职业型教育的职业能力标准，这是健全现代职业教育体系的核心基础之一[①]。在职业能力标准体系构建过程中，要遵循通用标准体系的核心理念与价值导向，在结构形式和表述规范上要与等级标准保持一致，同时根据所在职业领域的要求，在"任务情境"表征中增加领域特有的要求，相应增加专业性、技术性的"学习成果"要求，形成既兼容于国家资历框架这一统一体系，又相对独立地存在，且能与其他领域等值融通的职业教育标准体系，继而具体指导职业教育领域内部标准的建构。[②]

（二）搭建沟通人才培养与人才供给桥梁，构建统一的职业能力标准

针对上述众多问题，构建一个获得政府主管部门、劳动力市场、教育与培训实施主体以及学习者自身等多个主体共同认可的综合性资格标准体系显得极为必要。发达国家资历框架及资格标准体系的成功经验表明，以学习成果导向为基准建立的综合性国家资历框架及框架中能为各级各类资格提供统一参照的标准正是一个直接、高效的资格体系改良的载体。系统化开发职业能力标准体系是构建纵向衔接、横向融通的现代职业教育体系的基础性工程。它能够指导职业教育人才培养活动，同时对接职业市场，促使用人单位在人才筛选时可以依靠人才教育规格（类型、层次、专业、质量等）或资历来进行与人才需求之间相对精确的匹配，而非依靠简单的学历层次的模糊匹配，也使得升学热、过度教育、片面追求学术教育回到

---

① 谢莉花，余小娟. 2020. 现代职业教育体系建设背景下的职业能力标准：内涵、价值与路向. 高等职业教育探索，19（6）：1-8
② 谢莉花，余小娟. 2022. 我国职业能力标准体系的系统化发展思考. 职教论坛，38（2）：14-22

理性轨道，加快建成技能型社会。

　　职业能力标准体系作为贯穿职教生源筛选、职业教育的教育教学、职业教育人才就业全过程的基准，其构建必须进行通盘考虑，必须实现各级各类职业能力的衔接性和一体化设计，从宏观到微观至少应考虑跨教育领域的资格等级标准、针对职教领域的职业资格类型标准、针对各个行业/职业的职业能力标准和反映行业/职业新动态的职业技能标准。在进行系统构建与发展的过程中，也应做到与我国现有职业及教育标准体系的有效衔接，以及与国际公认标准的等值对接，最终畅通学业提升、职业晋升、社会上升的通道。①基于我国当下资格认证、标准体系以及教育与劳动力市场体系发展的实际状况和需求，开发并构建以理论和实践作为基础的、具备我国职业与教育特色的职业能力标准体系及国家资历框架乃是未来的发展趋向和必然的路径选择。

---

　　①　谢莉花，余小娟. 2022. 我国职业能力标准体系的系统化发展思考. 职教论坛，38（2）：14-22

第四章 国际比较：资历框架视域下职业能力标准体系建设的他国经验

在国际上，一些国家在国家资历框架的建设上走在前列，而且其职业教育体系的建设同样展现了较高的发展水平。这些国家通过资历框架的建设，进一步推动了现代化职业教育体系的完善。澳大利亚与德国正是这样的典型国家，在此以这两个国家为例介绍资历框架建设背景下职业能力标准体系的发展经验，以便为我国构建与发展职业能力标准体系提供启发。

第一节 澳大利亚职业能力标准体系建设

一、开发背景与过程

澳大利亚资历框架产生于国内经济、社会、教育中个体升学和发展的需要，作为教育代表的普通教育、职业教育与培训、高等教育，作为市场代表的行业、企业、行业协会，作为政府代表的鉴定组织、签发许可证部门，以及作为社会个体代表的每个学生、毕业生及雇佣者都能以此框架为参照，实现学习、就业、评估资格等环节上的有效衔接。[①]澳大利亚国家资历框架作为国家性的政策和制度，在实施过程中能够被来自社会各方面的个体、组织理解和接受，主要是因为澳大利亚资历框架在构建之初就实现了由澳大利亚资历框架委员会领导下的多主体参与，在构建框架的内容层面上保证了各个等级和各类资格在标准制定上的科学性、严谨性、规范性，并且构建了完善的各级各类资格间沟通衔接的通道。与此同时，澳大利亚资历框架委员会一直监管着国家资历框架从产生、运行到实施的整个过程。在资历框架制定阶段、与具体教育部门或劳动部门对接等阶段都有配套的管理措施和系统完整的质量保障措施，是澳大利亚资历框架得以高效并长时间运行的生命线。国家资历框架从设想、设计、构建到实施运行是一个系统化的国家制度成型过程，涉及多个过程，牵涉多方利益，只有

---

① Australian Qualifications Framework Council. 2013. Australian Qualifications Framework (Second Edition). South Australia: Australian Qualifications Framework Council, 9. https://www.aqf.edu.au/publication/aqf-second-edition

经历了以上完整系统的构建发展过程，才能保证国家资历框架基本功能的有效实现。

澳大利亚国家资历框架的实践证明，国家资历框架进入实际运行阶段后会产生多方面效益。框架体系将各级各类资格纳入到同一个规范化的标准体系中，为各级各类资格标准的评估和认证工作提供统一的标准参照，以及为各级各类资格间的横纵衔接提供通道。作为综合性的资格标准体系，它在国家各级各类资格标准制定、评估和认证中发挥的统一的参照及指导作用，能够保证全国范围内对资格代表的水平和包含的具体内容有统一的理解①。这是国家资历框架能够顺利进入实践环节，并为社会各界认可的根本原因。

从教育的角度来看，这样一个统一的标准体系能够为各级各类教育的人才培养工作提供基本标准参照，确保人才培养的质量，还能为实现教育与培训体系内部的沟通衔接提供通道。此外，由于其对劳动力市场的适应性发展，这一体系也实现了人才供需与劳动力市场的有效对接。

从参与和使用资历框架的个体（如学习者、雇佣者和教育和培训提供者）的角度来看，国家资历框架能为他们的学习、招聘和人才培养提供统一规范性的标准指导。这一框架不仅为学习、就业、雇佣、教育活动之间的沟通对接提供了统一的平台，促进了学习者的进一步学习和就业，还方便了雇佣者对应聘者资格水平的评判，同时也为教育与培训者的课程实施提供了直接的标准指导。

从社会的角度来看，国家资历框架是实现终身学习和教育公平的重要路径，是教育体系、资格体系、劳动体系以及社会经济体系之间实现人才流动和供给平衡的重要桥梁，也是与国外资历框架对比参照，实现教育培养、人才流动所依据的国家性核心标准文件。澳大利亚资历框架尤为显著，它不仅推动了国内经济、教育的发展，而且在实现教育培训活动实施、教育人才培养结果与劳动力市场对人才需求相匹配的过程中发挥了主导作用，这也是澳大利亚国家资历框架享有世界声誉并为多国借鉴学习的重要原因。

澳大利亚资历框架旨在满足国内当前及未来经济、教育与培训的发展需要，促进个体终身学习，加强国际交流。这是一项将职业教育、高等教

---

① Australian Qualifications Framework Council. 2013. Australian Qualifications Framework（Second Edition）. South Australia：Australian Qualifications Framework Council，8. https://www.aqf.edu.au/publication/aqf-second-edition

育、普通教育各级各类教育资格纳入全国统一的国家资历框架的国家政策[①]。自 1995 年起，它一共发行了 5 个版本，2007 年之前的 3 个版本以澳大利亚资历框架实施手册命名，2011 年正式更名为澳大利亚资历框架（Australian Qualifications Framework，AQF），即第 1 版澳大利亚资历框架，由专门成立的澳大利亚资历框架委员会制定并颁发。当前，澳大利亚正在实施的是于 2013 年 1 月正式颁布的第 2 版澳大利亚资历框架，该版本在前一版的基础上对文凭、高级文凭、研究生证书及文凭、硕士学位等资格类型进行了较为系统的修订，下文所述均以该版澳大利亚资历框架为依据。

二、资历框架结构体系

澳大利亚国家资历框架是偏接轨制的框架体系，是在不改变普通教育、职业教育与培训、高等教育等不同教育类型前提下，将其纳入同一个标准框架中，为各类教育资格的评估和认证工作提供统一的等级标准参照体系，实现各级各类资格标准（即资格所要求的标准化学习成果）之间的有效对比和衔接，从而促进学习成果的掌握者依据资格水平的评定结果在框架体系内各级各类资格之间横纵流动。

澳大利亚国家资历框架横跨 3 种教育类型，包含 10 个资格等级、14 种资格类型（表 4-1）。其中，高中教育以培养学生基础能力的通识教育为主，高等教育更加专业化和更具学术性，职业教育与培训领域的市场导向性则更为明显。

表 4-1　澳大利亚国家资历框架（第 2 版）[②]

资格等级	资格类型		
	高中教育	职业教育与培训	高等教育
10	/	/	博士学位
9	/	/	硕士学位
8	/	研究生文凭 研究生证书	研究生文凭 研究生证书 荣誉学士学位

---

① Australian Qualifications Framework Council. 2013. Australian Qualifications Framework（Second Edition）. South Australia：Australian Qualifications Framework Council，9. https://www.aqf.edu.au/publication/aqf-second-edition

② Australian Qualifications Framework Council. 2013. Australian Qualifications Framework（Second Edition）. South Australia：Australian Qualifications Framework Council，19. https://www.aqf.edu.au/publication/aqf-second-edition

续表

资格等级	资格类型		
	高中教育	职业教育与培训	高等教育
7	/	/	学士学位
6	/	高级文凭	高级文凭 副学士学位
5	/	文凭	文凭
4	/	证书 Ⅳ	/
3	/	证书 Ⅲ	/
2	/	证书 Ⅱ	/
1	/	证书 Ⅰ	/
未分等级	高中毕业证书	/	

从等级水平上来说，澳大利亚国家资历框架共划分为 10 个等级，从基础性的小学教育和初级中等教育之后开始划分等级阶段，资格等级从水平 1 到水平 10 的划分与澳大利亚教育体系的纵向划分基本上保持一致。普通教育领域包含 1 种资格类型，即高中毕业证书，未参与资格等级水平的划分；在职业教育与培训领域，总计存在 8 种资格类型，其涵盖的等级水平从 1 延伸至 8，其中等级水平 7 处于空缺状态；在高等教育领域，共有 9 种资格类型，其涵盖的等级水平从 5 跨越至 10。职业教育与培训资格和高等教育资格在第 5、6、8 等级上可以实现等值，在这 3 个等级之中，虽然职业教育与培训和高等教育资格之间在具体所属的学科领域和面向的工作岗位有所差异，但是在同一等级上，两个来自不同教育类型的资格所包含的人力资源价值是相等的，所以二者之间可以实现沟通衔接和等值互换，这也是澳大利亚国家资历框架设计和实施的价值取向所在。

澳大利亚资历框架的前 5 个等级来自职业教育与培训领域，由前 4 个等级证书（Ⅰ/Ⅱ/Ⅲ/Ⅳ）和第 5 等级"文凭"共同组成，5 个资格等级水平分别与澳大利亚的 5 级职业教育与培训体系相匹配。参照国家教育标准分类的教育阶段划分，澳大利亚教育体系在第 5 等级开始进入高等教育范畴，也是自此阶段开始，澳大利亚高等职业教育体系和（普通）高等教育体系走向并行等值化发展。这体现了高等职业教育和高等教育二者之间的差异在于教育类型而非教育级别，二者在教育级别上都有纵向延伸发展的轨道，并且两轨并列平行，而依据一定标准和通道，可以实现在两轨间横纵融通。相对应地，国家资历框架主要授予来自高等教育学习者的高等教育资格和主要授予来自职业教育学习者的高等职业教育资格，二者之间的差异体现在授予的人才类型，而非资历等级。在同一资历等级的这两类资格及这两类资格人才在学习结果的掌握程度上是可以等值比较的，二者之间的差异体现在外在的表征形式和工作或学习的过程及对象上。二者之间本质上的体力和脑力的付出是等值的，这是两轨可以对比、等值甚至融通的根源所在。

　　澳大利亚高等教育阶段从第 5 等级的专科教育阶段开始，第 6 等级是高等专科教育阶段，第 7 等级是本科教育阶段，第 8 等级是本科后教育阶段，第 9 等级是硕士研究生教育阶段，第 10 等级是博士研究生教育阶段，其中高等教育横跨第 5—10 等级，高等职业教育跨度范围则有所受限，主要集中在第 5、6 等级的专科教育和第 8 等级的本科后教育阶段。相对应地，在高等教育阶段，高等教育和高等职业教育可以颁发的资格证书类型有第 5 等级的文凭、第 6 等级的高级文凭和第 8 等级的研究生文凭和研究生证书。在进行具体资格申请、认定和授予过程中，来自高等教育和高等职业教育领域的具体资格在学科领域、名称以及所含具体的学习结果要求都有所差异，这是由于二者的教育类型属性决定，以上位于同一等级但来自不同领域的两种资格类型，如来自高等教育领域的文凭和来自高等职业教育领域的文凭，在国家资历框架中的价值等级是等同的。与第9、10 教育阶段相应的两个资格等级分别是第 9 等级的硕士资格和第 10 等级的博士资格，澳大利亚资历框架明确指出，这两级资格虽然分别覆盖学术研究偏向和课程（即职业型）偏向，但在同一等级上是等值的。其中职业型硕士和博士资格虽然在具体的学习结果要求及面向的工作类型上与学术型硕士和博士资格有所差异，但二者本质上都属于高等教育内部资格类型，二者之间的差异也仅局限于高等教育体系之内，即使是职业型偏向的资格也并不属于职业教育领域。

　　从以上分析可以看出，虽然澳大利亚国家资历框架的核心理念在于高等教育与其同等级职业教育体系及其各自资格体系之间等值交流和融通，并且在某些等级上也确实实现和达到了这一目标，但总体而言，与相对"正宗"的高等教育领域资格相比，澳大利亚高等职业教育体系的等级发展上限较低，其囊括的资格类型数量较少。这既是由澳大利亚高等教育和职业教育发展的现实情况决定的，也是由当前澳大利亚高等教育和职业教育两大体系的实际发展需求决定的。对于澳大利亚职业教育体系的发展来说，第 8 等级的本科后教育并不意味着职业教育体系的封顶，来自职业教育领域的学习者并不意味着最高只能获得第 8 等级的研究生文凭或是研究生证书，通过国家资历框架提供的资格通路和衔接通道，澳大利亚的职业教育体系及其学习者实际上都拥有向上发展到高等教育领域第 9、10 等级的机会和可能性。

另外，澳大利亚资历框架中的高中毕业证书虽然未标明资格等级，但是通过对比澳大利亚教育体系和国际教育标准分类可以发现，高中毕业生证书是在两年高中教育之后获取，与澳大利亚资历框架等级证书 III 所在年级和所需的学习年限上基本一致，也与国际教育标准分类中第 3 等级的高级中等教育阶段的划分基本一致。综上所述，澳大利亚资历框架中的高中毕业证书这一资格类型实质上应归入框架的第 3 等级，这与其在教育体系中的阶段是一致的。总体而言，澳大利亚资历框架的等级水平划分和数量的确定与本国教育体系阶段划分和数量有着直接的关联，二者之间大致呈现纵向发展上的平行关系。

三、职业能力标准体系

澳大利亚资历框架的核心内容主要涵盖 3 个方面：资格等级标准、资格类型描述和资格类型规范。对于等级标准来说，10 个等级的标准从"知识""技能""知识和技能运用"3 个维度进行相应的描述。资格类型描述是以等级标准描述为基础的具体化，14 种资格类型在这 3 个维度的要求描述上比其相应等级标准描述更具领域针对性和操作性。资格类型规范则更具综合性，其在囊括前两者的基础上，加入对各资格类型颁发、认证、评估等操作过程的规范要求，涵盖规范概述（用户对象、目标要求、对应等级等）、等级标准、资格类型描述、术语使用、获取途径、认证与发展规定、资格发布权等内容。

（一）资格等级标准

1. 等级标准

澳大利亚国家资历框架等级标准概述主要是从目标和结果两个方向简要地描述处于某一等级水平上学习者要面向的目标性工作与学习情境和应具备的相应的学习成果要求等（表 4-2）。

从目标工作或学习情境对应的学习成果要求来说，第 1、2 等级要求学习者掌握一般性的知识和技能；第 3、4 等级要求具备理论性和实践性知识，同时技能的水平也要相应提高；第 5 等级要求学习者掌握专门的知识和技能，这与上述工作或学习情境的专业化发展步调是一致的；第 6 等级

表 4-2　澳大利亚国家资历框架等级标准概述①

等级	等级标准概述
10	毕业生具备对复杂学习领域的系统和批判性理解，并掌握促进学习和/或专业实践的专门研究技能
9	毕业生具备研究和/或专业实践和/或进一步学习的专门知识和技能
8	毕业生具备专业或高度熟练的工作和/或进一步学习的高级知识和技能
7	毕业生具备专业工作和/或进一步学习的广泛和连贯知识和技能
6	毕业生具备辅助专业人员/高度熟练的工作和/或进一步学习的广泛知识和技能
5	毕业生具备熟练/辅助专业工作和/或进一步学习的专门知识和技能
4	毕业生具备专门和/或熟练的工作和/或进一步学习的理论与实践的知识和技能
3	毕业生具备工作和/或进一步学习的理论与实践的知识和技能
2	毕业生具备某一限定情境的工作和/或进一步学习的知识和技能
1	毕业生具备初始工作、社区参与和/或进一步学习的知识和技能

从范围上要求学习者掌握广泛的知识和技能；第 7 等级要求学习者掌握广泛和连贯的知识和技能；第 8 等级从深度上要求学习者掌握高级的知识和技能；第 9、10 等级则是在以上等级知识和技能性学习成果积累基础上的进一步发展与深化。

从学习者面向的学习和工作情境来说，处于某一等级上的学习者完成学习过程获取相应等级的学习成果后，其基本的目标发展方向有两个：就业或进一步学习。这两个通道之间是可以融通交流的，也可以两者兼顾。

对于就业发展方向而言，等级标准概述通常包含一个或多个笼统的特征描述，前 3 个等级要求学习者能够胜任常规工作，并且随着从第 1 等级到第 3 等级的递进，其所从事工作的范围不断扩大、难度不断加大。当到达第 4 等级时，学习者将涉足专门的工作领域。在第 5 等级，学习者要能够熟练地协助专业人员工作；在第 6 等级，学习者要能够高度熟练地辅助专业人员。进入第 7 等级，学习者的职业发展进入质的飞跃阶段，开始能够独立地承担专业工作的任务；在第 8 等级，学习者要能够高度熟练地执行专业化工作；在第 9 等级，工作的专业化程度不仅提高，还开始具备研究性质；在第 10 等级，学习者所从事的工作在研究性和复杂性上均达到更高水平。从以上不同等级学习者所从事工作的要求来看，随着等级的提升，工作的专业化程度也在不断提高，其中第 5 等级尤为关键，标志着工作专业化发展进入质的上升期。

① Australian Qualifications Framework Council. 2013. Australian Qualifications Framework（Second Edition）. South Australia: Australian Qualifications Framework Council，12-13. https://www.aqf.edu.au/publication/aqf-second-edition

对于升学发展方向而言，等级标准概述中并未详细列出具体的进一步学习方向，但国家资历框架的等级水平发展与实现教育领域教育等级提升的方向基本上是一致的。学习者如果希望走升学路径，就可以利用国家资历框架提供的横向和纵向发展通道，在满足目标等级入学基本要求的前提下，进入更高等级或其他类型的教育与培训中，以实现进一步的学习和发展。所以，在等级标准概述中，从第1等级到第9等级，学习方向的目标都指向实现进一步学习，而各等级的表述则由各等级标准的具体要求决定。当发展到第10等级时，原则上学习者已没有直接的升学通道，但这并不意味着其学习通道就此终止，他们仍可以通过研究性的学习和工作进一步拓展自己的知识领域和能力。

2. 资格维度

资格等级标准和资格类型描述作为澳大利亚资历框架标准化的学习成果，意在表征获取某一等级资格的学习者应该知道的、理解的以及会做的内容。在澳大利亚国家资历框架的规范化表述中，学习者应该掌握的学习成果被具体地划分为"知识""技能""知识和技能运用"三个维度。澳大利亚资历框架中对学习成果的三维划分法与欧洲资历框架中学习成果三维划分的基本结构和内容大体上一致，相对于后者来说，澳大利亚资历框架因具有更具体的国家实践背景和具体领域的指导需求，在学习成果各维度的表述上更具丰富性、实用性和针对性。

"知识"维度主要用来表征学习者应该知道和理解的内容，根据知识性质的不同，在具体表述中又可以从知识的深度、广度、种类和复杂性程度等子维度展开。在澳大利亚国家语境中，知识的深度可以是基础的，也可以是向专业方向纵深发展的；知识的广度可以限定于某一学科领域，也可以向多学科综合方向发展；知识的种类可以根据抽象程度划分为具体的知识和抽象的知识，也可以根据综合性程度划分具体化的知识和综合性的知识；知识的复杂性则是以上三者的综合，学习者所掌握知识的深度、广度和种类在三者上述的选项中越靠后，意味着其掌握知识的复杂性程度越高。

"技能"维度是指学习者在学习过程中需要掌握符合相应等级和资格要求的内容，具体可以从技能的种类和技能复杂程度两个子维度展开论述。就技能的种类来说，澳大利亚资历框架中提及的技能包括涉及直觉、逻辑和评判思维的认知和创造技能，涉及灵活使用方法、材料、工具的技术性技能，涉及书写、口语、计算能力等通用性技能，用于学习和工作人际交往的沟通技能。学习者掌握与发展这四种技能是教育领域教育教学活动开展的最为重要目标之一。技能的复杂程度则是指以上各类技能在具体情境中运用广度、深度、熟练度及创新程度等的综合，技能复杂程度的提高意味着学习者能够自如地运用已掌握的各类内外在技能工具，有速度、有效度并创新性地解决学习和工作中遇到的问题及承担相应的任务。在有关技能维度学习成果的阐述上，澳大利亚资历框架还提出，为了实现在学习和工作活动中的进一步发展，学习者需要一系列基础技能，这些技能不仅在学习和工作发挥重要作用，而且具有跨情境和学科的迁移性。这些基础技能包括通用性的文字和计算技能、与他人合作的交流技能、学会学习的思考以及能够进行自我决定和整体行动的个人技能等。这些技能是学习者在进一步学习和工作活动中获取新技能的基础工具和平台。

"知识和技能运用"维度指的是学习者所掌握的知识和技能在具体学习和工作情境中运用程度及水平高低。这一维度可以通过自主性、判断力和责任性这三个相互关联的子维度展开。其中，"自主性"是指学习者对自我学习和工作过程的掌控能力，学习者自主性越强，越能够在学习和工作中发挥自我主动性，越能够有效地把控学习和工作的发展进程；"判断力"是指学习者在学习和工作中，对自身、他人、团体，以及学习和工作的客体对象及以上多维主体间的相互关系与作用趋势都有着较为清晰准确的认知，并能够在此基础上进行判断，以决定学习和工作活动的下一步发展方向；"责任性"则是指学习者在团队活动中对自身、他人、团队以及工作任务应该承担的责任范畴。自主性、判断力和责任性这三者基于情境基础及情境要求，是共同发展、相辅相成的。随着等级水平的提高，学习者所面对的学习和工作情境的复杂性、不可预知性及非结构化程度也在不断提高。在这一发展进程中，学习者要想高效地解决此类情境下的问题，必须能够承担起相应的责任和任务，并能够自主地、有判断力地运用已掌握的知识和技能。

（二）职业资格类型描述

澳大利亚资历框架的一个核心目的就是帮助个体获取目标资格，促进个体在不同教育和培训部门之间流动①。其中，提高职业教育地位，实现

————————

① 张桂春，左彦鹏. 2015. 澳大利亚国家资格框架的嬗变与其职业教育体系的构建. 职教论坛，（9）：89-91

高等教育和职业教育与培训部门间同等或相邻资格间的沟通与衔接是澳大利亚资历框架改革的一个重要目标和举措。改革产生的最重要的影响就是促进了澳大利亚职业教育体系的构建和完善，提升了职业教育的层次与等级。2005 年以前，澳大利亚职业教育与培训部门中最高的资格等级是第 6 等级，2005 年以后则增加职业教育与培训领域的研究生文凭和研究生证书，并实现与同等级高等教育资格的等值①。至此，澳大利亚职业教育开始形成包括中等教育层次和高等教育层次的完整教育体系，职业教育成为独立于高等教育的教育类型，而不是从属性的教育层次，目前澳大利亚资历框架正从谋求普职等价向全纳性方向发展。在这个全纳性国家资历框架中，普通教育和职业教育拥有同一套等级标准和资格规范体系，不同教育类型在其知识、技能、知识和技能应用以及实施情境的具体要求上虽然有差异，但其描述维度和同一等级资格类型的规范要求在价值上都是相同的。

在现有的澳大利亚资历框架中，职业教育与培训领域涵盖了自下而上 7 个等级和 8 种资格类型，参照澳大利亚职业教育发展阶段，并综合考虑各等级资格类型描述要求之间内容上的关联性和阶段上的差异性，这 8 种资格类型大致可被归入 4 个在技术人才培养程度上存在等级分层差异的阶段：职业教育准备阶段、基础阶段、提高阶段和专业阶段②。这 4 个阶段资格标准所对应的工作类型在程度和性质上的区分，是划分这些阶段的主要依据。

1. 职业教育准备阶段

在澳大利亚资历框架中，证书Ⅰ和证书Ⅱ两种资格类型既是整个框架最基础的资格类型，同时也是技术技能型资格要求的起点类型。这两类资格包含两个目的：一是掌握基础及常规工作所需的知识和技能；二是为未来的进一步学习提供基础和路径，包括进入职业教育学校、机构或获取下一等级资格（表 4-3）。

在知识维度，证书Ⅰ要求学习者掌握较小工作范围的基础知识，证书Ⅱ具体区分了知识的类型，同时在一定程度上扩大了工作和学习的范围；技能维度包括个体的认知能力、交流沟通能力、技术能力。从证书Ⅰ到证

① 匡瑛. 2013. 英、澳国家资格框架的嬗变与多层次高职的发展. 高等工程教育研究，
　（4）：122-126
② 余小娟，谢莉花. 2017. 澳大利亚资格框架的资格标准分析——以职业教育与培训领域为重点. 职业技术教育，38（22）：73-79

表 4-3　澳大利亚职业教育准备阶段的资格类型描述①

维度	证书 I	证书 II
目的	证书 I 使个人具备从事工作、继续学习和参与社区活动所需的基本实用知识和技能	证书 II 使个人有资格从事日常性的工作，并作为进一步学习的途径
知识	具备在工作和学习的某一狭窄领域基本的基础知识和理解能力	具备特定工作和学习领域的基本事实、技术和过程知识
技能	● 参与日常生活和继续学习的基本技能 ● 在较小范围内接收、传递和回忆信息的认知和交流技能 ● 使用与活动相适应的工具和使用基本通信技术的技术技能	● 获取、记录和处理来自各种来源的特定信息的认知技能 ● 运用已知解决方法来解决一个限定范围预见问题的认知和交流技能 ● 运用限定的设备解决一定范围内可选择的日常的和过程性任务的技术技能
知识和技能运用	● 在规定的情境和既定的范围内，具有一定的自主性 ● 在可能包括准备进一步学习、生活活动和/或各种初步的常规和可预测的工作相关活动（包括参与团队或工作组）的情境中应用知识和技能	● 对自己的成果质量有一定的责任感，对自己在工作和学习中的产出有一定的责任感 ● 在已知和稳定的环境中，以有限的自主性和判断力完成自我限定的常规任务 ● 在团队环境中与他人合作完成常规但多变的任务时，具有有限的自主性和判断力
学习时间	0.5—1 年	0.5—1 年

书 II，随着工作和学习情境复杂程度的加深，其技能要求也在不断提高，证书 I 更多地强调接收与理解的能力，证书 II 开始要求学习者具备一定的运用所学解决已知问题的技能；在知识和技能运用维度，证书 II 开始涉及责任性和判断力的要求，自主性的要求也在提高。总体来说，证书 I 和证书 II 这两种资格类型带有鲜明的基础性，具体表现在二者对工作和学习情境的要求都是"限定的"，即在限定、可预知和可控的情况下的情境，对操作人员的素质要求也就较为简单和固定；另外，二者最主要的核心目的都是为进一步学习打好基础，具有明显的过渡性特征。

2. 职业教育基础阶段

证书 III 和证书 IV 是技术技能人才培养的教育类型中最为重要的资格类型，原因在于这两种资格的市场适用性和需求性最强。两者均旨在满足当前工作需要和为进一步学习奠定基础，但证书 III 中的工作范围更加广泛，证书 IV 则是专注于专业工作。与职业教育准备阶段的两种资格类型相比，证书 III 和证书 IV 在范围、难度、复杂度以及专业化等方面实现了质的飞跃，这种变化和发展直接反映在承担该级别工作所需的知识、技能以及知

---

① Australian Qualifications Framework Council. 2013. Australian Qualifications Framework（Second Edition）. South Australia：Australian Qualifications Framework Council，26-29. https://www.aqf.edu.au/publication/aqf-second-edition

识与技能运用中（表 4-4）。

表 4-4 澳大利亚职业教育基础教育阶段的资格类型描述①

维度	证书Ⅲ	证书Ⅳ
目的	证书Ⅲ使个人获得在不同环境中运用广泛的知识和技能从事技能工作的资格，并为进一步学习提供途径	证书Ⅳ使个人获得在不同环境中应用广泛的专业知识和技能从事技能工作的资格，并作为继续学习的途径
知识	掌握工作和学习领域的事实、技术、过程和理论知识	掌握工作和学习的专业领域广泛的事实、技术和理论知识
技能	● 对个体信息进行理解和反应的认知、技术和交流技能 ● 能够应用和交流已知的解决方案来解决各种可预测的问题，并使用已知的解决方案来处理不可预见的突发事件的认知和交流技能 ● 在一系列熟练操作中执行常规和某些非常规任务的技术技能	● 识别、分析、比较和处理各种来源信息的认知技能 ● 能对一系列可预测和不可预测的问题应用和交流非例行或应急性质的技术解决方案的认知、技术和交流技能 ● 完成常规和非常规任务和职能的专业技术技能 ● 在工作和学习领域指导活动和提供技术咨询的沟通技能
知识和技能运用	● 在选择设备、服务或应急措施时具有谨慎性和判断力 ● 在已知的常规、方法、程序和时间限制内，适应和传递技能与知识 ● 在工作和学习中对自己的成果负责，包括参与团队和在既定参数范围内对他人的成果承担有限的责任	● 在已知或不断变化的环境中，完成专门的任务或履行专门的职能 ● 对自己的职能和产出负责，并可能对组织中其他人承担有限的责任 ● 在有限的范围内，对团队中其他人的产出数量和质量负有限的责任
学习时间	1—2 年	0.5—2 年

在知识维度上，基础阶段要求掌握的知识类型包括事实性、技术性、过程性和原理性的知识，知识的范围则从证书Ⅲ限定的工作或学习领域扩展至证书Ⅳ中专业的工作或学习领域。在技能维度上，基础阶段要求掌握的技能包括接受信息、传递信息、解决问题和承担任务等。从证书Ⅲ到证书Ⅳ，技能表现出以下变化：由接收、理解信息到能够分析、处理、判断信息；从用已知的方法解决预知的问题到应对多种可能性的问题；从承担技能操作中多数常规和少数不确定问题到拥有解决常规及非常规问题的专业技能，甚至能够为他人或团队提供指导和建议。在知识和技能应用维度上，证书Ⅲ要求毕业生对方法、工具和服务的选择有一定的判断力，在接收和传递知识和技能上有一定的路径、方法、过程和时间的限制，并能够承担学习和工作结果中自己的责任和部分团队的责任。证书Ⅳ则要求个体

---

① Australian Qualifications Framework Council. 2013. Australian Qualifications Framework（Second Edition）. South Australia：Australian Qualifications Framework Council，32-35. https://www.aqf.edu.au/publication/aqf-second-edition

能够专业化地处理已知或是变化的情境，不仅要对工作和学习的结果负责，还要考虑学习和工作结果的质量。总体来说，证书Ⅳ是技术技能人才较高的资格层次，其对个体的资格要求已达到专业水平，这使得掌握该资格类型的个体既能够直接进入劳动力市场，也可以进入下一级资格甚至高等教育。

3. 职业教育提高阶段

第5、6等级的文凭和高级文凭资格是职业教育和高等教育部门共有的资格类型。在职业教育与培训领域中，这些文凭和高级文凭是针对技术技能人才所设立的较高等级资格，它们与同等级高等教育资格等值，可以实现与高等教育同等级资格之间的学分互换，是进入高等教育的一条重要途径。从总体的资格要求上来看，文凭和高级文凭资格都要求毕业生拥有承担高级工作或作为专业人员助理的工作能力，并可作为进一步学习的途径。不同的是，高级文凭资格要求的知识和技能的专业化程度更高（表4-5）。

表4-5　职业教育提高阶段的资格类型描述[①]

维度	文凭	高级文凭
目的	文凭使个人具备在广泛的环境中应用综合技术和理论概念的资格，以从事高级技能或准专业工作，并作为进一步学习的途径	高级文凭使个人具备在各种环境中运用专业知识从事高级技能或准专业工作的资格，并作为进一步学习的途径
知识	一定工作领域或学习范围内具有深度的技术性和原理性知识	一个或多个工作或学习领域深度的专业和整合技术性和原理性知识
技能	● 对一定范围信息判断、分析和反应的认知和交流技能 ● 分析、计划、设计、评估不可预见问题和管理需要的方法的认知、技术和交流技能 ● 表达观点和看法的专业的技术和创造能力 ● 向他人传递知识和专业技能以及展示对知识理解的交流技能	● 对一定范围信息判断、分析、综合和反应的认知和交流技能 ● 传递知识和技能、展示对一定领域深度的专业知识和理解的认知和交流技能 ● 对复杂问题作出反应的认知和交流技能 ● 广泛表达观点和看法的专业技术、创造性或是观念性的技能
知识和技能运用	● 在一定专业领域，在已知或不断变化的环境中深入应用知识和技能 ● 在各种情况下迁移和应用理论概念的或技术性和创造性技能 ● 在进行复杂的技术操作时，具有个人责任感和自主性，并对自己的产出负责 ● 具有组织自己和他人工作的主动性和判断力，并能计划、协调和完成工作	● 在一定专业领域、变化的学科背景中表现出一定深度 ● 在规划、设计、技术或管理职能方面具有主动性和判断力，并有一定的指导性 ● 接受和适应已知和未知情境中基础、原则和复杂的技术 ● 在广泛的技术或管理职能范围内，对个人产出以及个人和团队成果负责
学习时间	1—2年	1.5—2年

---

① Australian Qualifications Framework Council. 2013. Australian Qualifications Framework（Second Edition）. South Australia: Australian Qualifications Framework Council，38-41. https://www.aqf.edu.au/publication/aqf-second-edition

在知识维度上，文凭资格要求毕业生掌握某一工作或学习领域较深的技术性和原理性知识。高级文凭则将此范围扩充至多个领域，同时这些知识必须是整合的、专业化的。在技能维度上，文凭资格要求毕业生具有一系列处理信息，选择、分析、计划、评估解决问题的方法，以及专业性、创造性地表达观点，传递知识和专业技能的能力。高级文凭对毕业生的技能要求更加复杂、广泛，同时对毕业生的专业化程度要求也更高。在知识和技能运用维度上，职业教育提高阶段的资格类型要求学习者即使是在变化的情境中也能展现出较高的自主性、判断性和责任性。文凭资格要求毕业生能够把掌握理论和技术知识以及创造性的技能付诸实践并进行传递，能够在相对复杂的技术任务中表现出责任性和自主性，并对任务的结果负有一定的责任，能够在一定范围内发起、判断、协调、评估团队的工作。高级文凭则要求毕业生能够适应更复杂技术和知识情境，承担工作中个人甚至团队的责任，同时还要有发起、设计、判断、管理一些工作或学习范畴的能力。这里需要提及的是，同样位于第6等级但仅是高等教育领域资格的副学士学位，相对于同等级可以在职业教育与培训颁布的文凭资格和高级文凭资格而言，其资格要求更强调在相关学科领域的学习中表现出来的知识、技能以及自主性、判断性和责任性，该资格的核心目标是为学生的进一步升学做准备。

4. 职业教育专业阶段

职业教育与培训领域的研究生证书和研究生文凭处于资历框架的第8等级，与同等级的高等教育资格等值，第8等级职业教育与培训领域资格类型的出现使得技术技能人才的培养层次有了质的飞跃，促进职业教育形成了由下至上的完整体系。研究生证书和研究生文凭都以能够承担专业及高技能工作为目的，为进一步深造提供路径。与同一等级的只属于高等教育的荣誉学士学位相比，后者在学科专业化程度上要求更高（表4-6）。

表 4-6 职业教育专业阶段的资格类型描述[①]

维度	研究生证书	研究生文凭
目的	研究生证书使个人具有在各种情况下运用所学知识从事专业或高技能工作的资格，并作为继续学习的途径	研究生文凭使个人具有在各种情况下运用所学知识从事专业或高技能工作，并作为继续学习的途径

① Australian Qualifications Framework Council. 2013. Australian Qualifications Framework (Second Edition). South Australia: Australian Qualifications Framework Council, 53-56. https://www.aqf.edu.au/publication/aqf-second-edition

续表

维度	研究生证书	研究生文凭
知识	掌握系统、连贯的知识体系中的专业知识，其中可能包括掌握和应用新学科或现有学科或专业领域中的知识和技能	掌握在一个系统的、连贯的知识体系中先进的知识，其中可能包括在一个新的或现有的学科或专业领域中掌握和应用知识与技能
技能	● 回顾、分析、统合、合成知识以及识别、提供复杂问题解决方法的认知技能 ● 批判性思考，提出和评价复杂观点的认知技能 ● 高技能或专业实践领域专业技术和创造能力 ● 展示对原理性观点理解的交流能力 ● 向各种受众传递复杂知识和观点的交流能力	● 审查、分析、巩固和综合知识的认知技能，以及发现复杂问题并提供解决方案的认知技能 ● 批判性思考，提出和评价复杂观点的认知技能 ● 高技能或专业实践领域专业技术和创造能力 ● 展示对原理性观点理解的交流能力 ● 向各种受众传递复杂知识和观点的交流能力
知识和技能运用	● 在不同的专业背景下，对一系列技术或管理职能做出高水平的独立判断 ● 在不同的专业技术和/或创意背景下，发起、规划、实施和评估广泛的职能 ● 对个人成果和工作或创造性活动的各个方面负责	● 在不同的专业情境下，对一系列技术或管理职能做出高水平的独立判断 ● 在不同的专业技术和/或创意背景下，发起、规划、实施和评估广泛的职能 ● 对个人成果和他人工作或职能的各个方面负责，并承担相应的责任
学习时间	0.5—1 年	1—2 年

在知识维度上，研究生证书和研究生文凭都要求毕业生掌握某一学科或专业领域中系统且连贯的知识，荣誉学士学位则更强调知识的研究性和方法性内容。在技能维度上，研究生证书和研究生文凭要求毕业生拥有系统分析和解决问题、批判性思考、认识复杂观点、在高技能和专业的实践领域的技术和创造能力和表达对原理性知识理解以及传递复杂知识和思想的能力；荣誉学士学位则要求毕业生展现出更强的学术独立性，以及掌握某一领域的高级知识、技能以及具备能够设计研究项目的能力。在知识和技能运用维度上，研究生证书和研究生文凭都要求毕业生在专业领域有较高的判断力和自主性，能够对自己的工作结果和其他各方面负有责任；荣誉学士学位强调了毕业生在学术研究中表现出来的运用知识和技能的状态。

通过比较可以发现，对于同样属于第 8 等级的 3 种资格，高等教育领域更强调学生在学术和研究上表现出来的知识和能力，职业教育领域更倾向于学生在工作和专业领域中发展高级技能。澳大利亚资历框架对研究生证书和研究生文凭各维度的资格要求是完全一致的，只是在建议的学习时间上有所差异，这也意味着在同样的资格维度上，后者比前者在学习的深度和广度上有更高的要求。

（三）职业资格类型规范——职业能力标准

澳大利亚资历框架体系主要涉及资历框架、能力标准和认可的课程三部分，其中，能力标准描述了在特定行业职业中所需的知识、技能和态度。其能力涉及工作所有方面，包括执行工作中所有不同任务的技能，管理工作所需的一系列不同任务和活动，应对问题，意外和非常规事件，处理工作场所、组织和同事的所有方面。其主要目的是明确工作的性质，并设定从业人员应达到的合格标准，为教育培训设计提供指导依据和评估规范，同时也为国家行业资质评价提供了基准。

具体而言，能力标准是技能、知识和态度的综合体现，标准的任何一部分都不应独立于所描述的全部能力的综合。能力标准不同于课程，课程被用来将标准与广泛的学习成果联系起来，以达到标准要求的表现结果。能力标准也不同于实践标准或服务标准，而仅限于从业人员实际完成和表现的工作，却不是企业或组织设置的成效目标。然而，企业可以使用能力标准来设定其目标。能力标准也不同于行业标准，因为它不是描述任何单独的从业人员工作成果，而是描述了一个技能层次，这些技能被打包成国家层面的为专业人才提供的核心和选修培训单元。[1]

在国家资历框架的统一规划下，澳大利亚针对各个行业领域开发了相应的行业资格架构（职业资格框架）。图 4-1 展示了澳大利亚旅游与接待大类的行业资格结构。在该框架下，澳大利亚开发了一系列培训包（training packages），这些培训包是澳大利亚国家职业教育与培训制度中的重要官方文件和教学法规，通常被视作培训指南或一整套培训计划。[2]

培训包通常涵盖三大核心内容：能力标准、国家资格结构、资格衔接和鉴定要求。其中，"能力标准"是某个领域的所有能力要求的集成，包括专业能力和关键能力，一般有上百个甚至更多的能力单元。[3]职业能力标准是进行全面、一致和有效的能力评估基础，国家为合格者授予相应资格。澳大利亚在能力标准开发过程中充分强调行业的真正需求，通过多种调研渠道广泛征集意见。其开发步骤通常包括划分行业内的工作领域、针对每一领域进行工作分析、开发能力标准、确定能力标准的考核指南等。

---

① Australian National Training Authority，NCSAC. 1998. National Competency Standards. https://training.gov.au/TrainingComponentFiles/NTIS/CSC98_4.pdf

② 周祥瑜，吕红. 2006. 澳大利亚职业教育的培训包体系及其优势. 中国职业技术教育，（12）：37-40

③ 上海市教育委员会. 2012. 职业教育国际水平专业教学标准开发的研究与实践. 上海：华东师范大学出版社，5-6

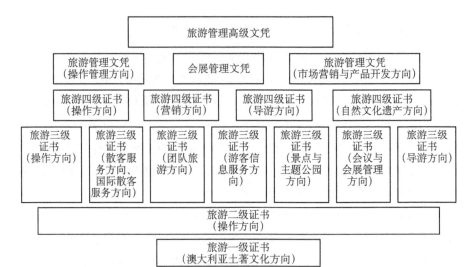

图 4-1 澳大利亚旅游与接待大类的行业资格结构

　　例如，旅游与接待大类培训包的能力标准共由 11 个能力领域、94 项能力单元构成。其中"旅游二级证书（操作方向）"的能力标准是大类能力标准中的部分能力领域及单元，包含：①核心能力单元。这个单元涵盖"与同事和顾客相处"，"在不同社会环境中工作"，"遵循健康、人身安全和工作场所安全的工作程序"，"扩展旅游知识"，"开发和更新当地知识"。②选修能力单元（共 6 个，至少选取 2 个）。这个单元涵盖销售/办公室工作、导游、旅游操作、景点和主题公园、酒类主题旅游、会议和会展服务。其余的能力单元可以从相关培训包中选取。另外，在任何情况下选用的选修能力单元必须遵循工作成果要求、当地行业要求和相应资格证书等级要求。对于每一个能力单元，例如"扩展旅游知识"，其能力标准又涉及具体的能力要素和能力表现水平的表述，如其中一个能力要素为"2.查阅并应用旅游业法规及道德知识"，其能力表现水平为"2.1 获取法规及道德方面的信息，提高工作效率"和"2.2 运用法规及行业的职业道德指导日常的行为"。①受训者达到能力标准所描述的能力要求后，就可以获得由国家资历框架所规定的资格证书。从中可见，澳大利亚能力标准的开发逻辑包含能力领域—能力单元—能力要素—能力表现水平这几级，最后一级的能力表现水平则显性地呈现了受训者的真实工作水平。

──────────
　　①　吕红. 2009. 澳大利亚职业教育课程质量保障的研究. 重庆市：西南大学

四、职业能力标准体系构建特点

（一）目标导向的资格整体描述

对澳大利亚职业教育与培训领域资格类型描述进行总结归纳可知，划为 4 个阶段的 8 类资格标准在总体目标、知识、技能及其运用维度上较为清晰的阶段性要求和特征体现为：

在目标范畴上，澳大利亚资历框架的核心目的之一就是促进个体终身发展，为个体从一种资格进入另一种资格提供通路。所有资格标准都包含承担工作和为进一步学习做准备两方面的要求，除最高等级资格"博士学位"外，其他资格类型都具备为进一步学习做准备的目标取向，这与澳大利亚资历框架坚持目标原则的要求是一致的。参照职业教育阶段划分和国家教育标准分类，澳大利亚 4 个职业教育与培训资格标准的描述特点如表 4-7 所示。在承担工作的要求上，"准备""基础""提高""专业"4 个阶段的资格标准分别对应的工作程度是常规工作、特定工作、高技术和专业辅助工作、高技术和专业化工作。

表 4-7 职业教育与培训领域资格类型描述特点总结

维度	职业教育准备阶段（证书Ⅰ、Ⅱ）	职业教育基础阶段（证书Ⅲ、Ⅳ）	职业教育提高阶段（文凭、高级文凭）	职业教育专业阶段（研究生证书、研究生文凭）
目标范畴	承担常规工作，进一步学习	承担特定工作，进一步学习	承担高技术和专业辅助工作，进一步学习	承担高技术和专业化工作，进一步学习
知识范畴	基础、事实、技术、过程性知识	专业的事实、技术、过程、原理性知识	有一定深度、整合性的技术和原理性知识	学科和知识领域中连贯、系统的知识体系
技能范畴	● 处理信息的认知技能； ● 运用已知方法解决可预见问题的认知和交流技能； ● 使用工具、设备解决常规问题的技术技能	● 处理信息的认知技能； ● 解决非常规问题的认知和交流技能； ● 承担常规或非常规专业任务的技术技能； ● 提供信息和指导的认知和交流技能	● 处理信息的认知和交流技能； ● 解决不可预见和一定领域深度问题的认知和技术技能； ● 传递知识、展示理解的认知和交流技能； ● 表达观点和看法的技术和创造技能	● 解决复杂问题的认知和技术技能； ● 批判思考的认知技能； ● 专业实践的高级技能； ● 对原理理解的认知技能； ● 展示和传递复杂知识和观点的交流能力
应用范畴	● 对自己学习和工作责任； ● 限定情境中限定的自主性和判断力	● 处于已知和变化的专业任务中； ● 对自己、他人工作一定的责任	● 有深度的专业、学科领域； ● 掌握运用知识和技能的自主性； ● 解决问题的自主性和判断力； ● 对个人、团队技术和管理任务负责	● 专业情境中高水平的自主性； ● 主导专业任务； ● 对个人、团队工作结果的责任

续表

维度	职业教育准备阶段（证书Ⅰ、Ⅱ）	职业教育基础阶段（证书Ⅲ、Ⅳ）	职业教育提高阶段（文凭、高级文凭）	职业教育专业阶段（研究生证书、研究生文凭）
与职业教育阶段对照	初等职业教育资格	中等职业教育资格	高等职业教育资格Ⅰ	高等职业教育资格Ⅱ
与ISCED对照	ISCED 2C	ISCED 3C 和 ISCED 4B	ISCED 5（短线高等教育）	ISCED 6 和 ISCED7（学士和硕士水平之间）

在知识范畴上，4个阶段的资格标准要求呈现出从基础知识、专业知识、深度整合知识直至学科系统知识体系的进阶过程，在这一过程中，个体所掌握知识的数量、内涵和结构都有了质的飞跃。

在技能范畴上，资格标准要求个体掌握的技能主要有认知技能、交流技能、技术技能等，这几项也是贯穿于所有资格标准始终，但在具体难度和复杂程度上有差别的通用技能，是促进个体迁移能力发展的重要方面。认知、交流、技术技能又具体包含了以下几个方面具体的技能任务：处理信息、解决问题、承担技术任务、理解和表达观点、传递信息。其中处理信息的技能在不同阶段表现为处理手段和信息内容的差异，等级越高内容越复杂，相应处理信息的手段也就越专业化，到职业教育专业阶段，个体需要有对信息批判思考的能力；个体需要解决的问题和承担的技术任务从职业教育准备阶段到专业阶段也从简单向复杂、从已知向未知、从基础向专业化发展，个体能够运用的解决问题和完成任务的方法、手段和工具也从已知的、现成的，到需要个体进行选择乃至创造；在认知维度上，随着阶段的提高，个体要从单纯接受知识到能够理解知识，进而将所理解的知识表达出来并进行传递，在这个过程中，知识的性质在改变，个体处理知识的手段也更加多样和复杂化。

在知识和技能应用范畴上，个体展示自主性、判断性和责任性的工作情境和范围在变化，随着范围的扩大和情境愈加复杂化和专业化，个体也需要从依赖他人或团体向独立、自立乃至对他人或团队工作进行指导并负责的方向成长。这一成长轨迹也符合德莱弗斯兄弟提出的"新手—高级新手—胜任者—精通者—专家"的发展过程[1]，它是职业教育与培训领域技术技能型人才资格提升的典型路径。

---

[1] 黄勇鹏，李志松. 2005. 从新手到专家：德莱弗斯模型在职业教育中的应用. 职业技术教育，26（28）：44-46

（二）规范化表述的学习成果

建立基于各种资格规范的现代化国家资历框架，其核心原则在于囊括不同学习背景下的学习成果，无论这些成果源自工作情境还是学习情境、学术教育背景还是职业教育背景、初始教育背景还是继续教育背景[①]。这一框架是各国教育改革的重要举措，旨在促进教育公平、满足社会需求和实现个体终身发展。澳大利亚资历框架正是在此基础上建立起来的，其资格规范的实际含义是个体为达到特定资格标准所要掌握的学习成果。学习成果的获得表明了个体经过一段时间学习或工作后能力素质的提升，这种能力素质的提升是全面的和内在的。当个体想要凭借这些成果获得升学或就业机会，或当他人、机构组织需要对个体的能力素质进行评估时，都需要将学习成果与相应的资格要求进行对比，以确定其资格类型和等级。为此，需要对学习成果进行外化、规范化分类和表述、确定比较的维度以及各维度的具体标准，以建立一个学习成果评估的参考体系。

澳大利亚资历框架的等级标准和资格规范构成了一个参照框架，它明确地将各种资格类型要求的学习成果划分为知识、技能以及知识与技能应用三个维度。同时，根据资格所在的等级，该框架还确定了这些学习成果在实际应用情境中的难度和复杂度，以及所涉及的知识和技能及其应用的程度。个体可以据此规划自己的学习和工作活动，而鉴定组织也能据此准确判断个体所处的资格等级和获得的资格类型。采用规范化学习成果的表述，不仅保证了各类资格结果的透明度，还促进了各教育部门资格间的融通衔接，同时也方便了所有利益相关者对此的理解[②]。

（三）阶梯式进阶的资格等级

澳大利亚职业教育与培训领域共有八种资格类型，这些资格类型横跨了从第 1 等级到第 8 等级的七个等级水平，其中第 7 等级的学士学位仅存在于高等教育领域。这八种类型资格的资格规范在难度、复杂度的要求上呈现出的是阶梯式的上升状态，后一等级建立在前一等级的基础上，囊括了前一等级的资格要求，同时在总体目标、知识、技能、知识与技能运用维度上增加运用范围和能力程度的要求。这种阶梯式的上升结构保证了教

---

① 李建忠. 2011. 澳大利亚资格框架等级标准评析. 职教论坛，（10）：83-87

② Commonwealth of Australia and New Zealand Qualifications Authority. 2015. Enhancing Mobility Referencing of the Australian and New Zealand Qualifications Frameworks. https://internationaleducation.gov.au/News/Latest-News/Documents/Enhancing%20mobility%20-%20Referencing%20of%20the%20Australian%20and%20New%20Zealand.pdf

育、培训以及学生学习和评估的连贯性，为学生循序渐进提升资历水平提供了通路，同时这一上升过程还是开放的，任何部门低一等级或是同一等级的资格类型达到相应资格衔接的要求，即可进入目标资格的学习，例如处于第 2 等级普通教育的学生可以进入证书Ⅲ的资格学习中。

澳大利亚资格类型间的阶梯式上升并不是简单的层级变动，而是在层级变动达到一定程度后便会出现质的变化，实现由阶梯式上升向阶段式上升的转换。整个 7 个等级（即 7 个阶梯）的资格类型可以划分入 4 个阶段：初等、中等、初级高等、高级高等职业教育与培训领域资格，4 个阶段分别以基础工作、专业工作、高技术辅助工作、专业化的高技术工作为目标范畴，实现对个体能力要求从量的积累到质的变化，对个体终身学习和职业生涯阶段的发展起到重要的推动作用。

（四）部门资格类型间的等值与融通

从一个资格类型顺利进入另一个目标资格类型是澳大利亚资历体系实现资格间等值和融通的最直接表现，对于职业教育与培训部门来说，资格间的等值主要表现在职业教育与培训部门颁布和高等教育同一个标准等级的证书，其在价值内涵上是等同的。资格间的衔接，包含了同一部门上下等级间的资格流动、不同部门相同等级的资格流动、相邻等级资格间的资格流动 3 种，后一种例如从职业教育领域的高级文凭资格进入高等教育的学士学位资格。部门间的资格类型的等值和融通对职业教育与培训部门的技术技能人才培养有重要的意义，它在肯定职业教育价值和提高职业教育地位的同时，为技术技能人才的学习或职业生涯的发展提供了多种可能性。目前，澳大利亚资历框架中促进部门资格类型间的等值和融通的措施主要有学分转移、先前学分认证以及资格衔接三条主要政策途径。

（五）贯穿体系始终的通用技能

澳大利亚资历体系的各种资格类型随着资格等级的增加，其相应的工作和学习情境的复杂性与专业性也在不断提升，知识、技能以及知识与技能应用维度上的要求也在提高，但是这种变化和提高绝不是杂乱无章、各行其是。对其进行分析后发现，各级资格标准都包含以下几项基本的资格要求：一是基本技能，即与一定水平和资格类型相适应的文字和计算能力；二是社交/交流技能，即和他人一起工作和交流的能力；三是思考技能，即学会学习、做决定、解决问题；四是个人技能，即自我决定、整体行动的能力。①各级各类资格标准则在此基础上进行了相应等级的具体化和专业化描述。也有学者将此4项基础技能称为通用技能，在澳大利亚资历框架建设背景中，学习成果分类学运用3个维度，即知识、技能及知识和技能运用，而通用技能则嵌套在这些维度之中②。这4项基础/通用技能是跨等级、资格、部门、学科的可迁移能力，随着学生在资历框架向上或横向流动，其所掌握的基础技能的数量和质量都在不断提升。

澳大利亚资历体系中从一而终的通用技能的要求，为个体升学提供了基础，同时也为个体进入劳动力市场提供了最基本的能力保障。资历框架中的知识、技能及知识和技能运用是对学习成果类型的划分，通用技能则是对学习成果内容上的具体要求，二者共同为各资格等级、类型之间横纵向流通、比较以及与其他国家或地区资历框架的接轨提供了参照。

（六）指向工作世界的能力要求

澳大利亚资历体系整个标准以及资格规范的制定和实行都是遵循能力本位的原则，满足工业社会发展及技术变革要求一直是澳大利亚教育与培训改革的主要目标③，以工作世界为服务对象的职业教育与培训的资格类型则是该改革目标最直接的实践领域，其在相应资格标准描述中对该目标的贯彻实施主要表现在以下两个方面：一是每个资格标准都包含了对个体运用知识、技能，承担工作任务所在情境的要求，从第1等级到第8等级个体所在情境包含从限定、常规的工作情境向专业化的工作情境再向变化、结构化的专业情境发展的过程。资格标准中工作情境实际上就是对实际工作世界高度凝练的基础上进行等级划分的结果，工作情境越复杂、越专业，其相应的知识、技能及知识与技能运用的规范要求也就越高，个体需要学习的内容以及通过学习获得的学习成果都要以此为准，由此，工作世界为个体的资格获取过程确立了方向上和内容上的双重要求。二是对于个体承担专业技术工作能力的重视贯穿于所有职业教育与培训领域资格标准，等级不同，要求承担的技术工作专业化程度不同，包含一般—基础—专业—高度专业化等跨度。在具体标准要求的描述中，也表现出对技术性

---

①　Australian Qualifications Framework Council. 2013. Australian Qualifications Framework（Second Edition）. South Australia：Australian Qualifications Framework Council，9-11. https://www.aqf.edu.au/publication/aqf-second-edition

②　李建忠. 2011. 澳大利亚资格框架等级标准评析. 职教论坛，（10）：83-87

③　Organization for Economic Cooperation and Development. 2017-05-15. Education Policy Outlook：Australia. http://www.oecd.org/education/EDUCATION%20POLICY%20OUTLOOK%20AUSTRALIA_EN.pdf

知识、技能，以及在个人或团队的专业技术工作中自主性、判断力和责任性的重视。文凭、高级文凭、研究生证书与研究生文凭这4种同时存在于高等教育和职业教育两个部门资格类型的标准则在继续以技术工作要求为重点的基础上，相应地增加了对个体认知、思辨、学术研究能力的要求。

（七）个体性与社会性的综合考虑

澳大利亚资历体系的顺利实施带来了个人和社会两方面的效益，在个体发展方面，促进个体终身学习一直澳大利亚教育的方针政策，也体现在实施过程中的各个环节。以技术技能人才为例，8种资格类型规范呈现出学习成果的规范划分、等级标准的阶梯式前进、以工作世界为导向的能力本位以及在整个资历框架中和高等教育部门之间的衔接，这些要求和特征在为个体当前树立学习目标、高效获取目标资格、为进入劳动力市场和更高等级教育资格做好准备外，也为学习、职业生涯的长期发展打下基础，为其实现终身学习提供工具、指引和路径。社会方面的考虑来自3个方面：整合性的职业和教育资历框架促进了教育公平，提高了职业教育地位；高效度的规范化资格标准为企业雇主招收员工保证了质量，为教育、培训的具体实施提供了指导，同时有利于全国统一性职业资格和学历资格的管理工作；与劳动力市场准入制度对接，满足了经济和工业发展的需求。

澳大利亚培训包之中的能力标准体现了综合能力观，即强调和整合个体一般素质与职业任务操作表现的能力观，因此各行业的职业能力标准从结构上可分为专业能力和关键/通用能力。其资历框架的等级标准维度不仅注重知识、技能，更注重两者的应用，即"知识与技能应用"维度。综合来看，澳大利亚的职业能力标准构建侧重于基于职业胜任的职业发展能力，允许不同资格等级和类型的资格从培训包中选择适合、灵活的职业能力标准条目，从而实现资格的扩展和适应。

第二节　德国职业能力标准体系建设

一、开发背景与过程

（一）作为元框架的欧洲资历框架

鉴于欧洲范围内人口不断增加、教育和工作的流动性不断增强，以及欧洲各国教育及资格系统之间的固有差异，欧洲各国间亟须建立一种可以促进各国教育及就业资格比较与互认的"元框架"（Meta-framework），以搭建欧洲流动的桥梁。为此，欧盟提出一项倡议——制定欧洲资历框架。

1. 基本内涵

资历框架实质上是按照一系列规定的学习水平标准进行资格分级的工具[1]，用于其所在国家所有教育与培训领域内资格的认证与颁发，并推动资格之间的交流融通，在应用区域上以国内为主，兼顾国际交流。欧洲资历框架是一个涵盖欧洲学历资格与职业资格，对其进行等级、层次、类型划分和联结的质量标准体系。相比而言，作为一个跨国的区域性资历框架，EQF 包含综合性国家资历框架的基本要素：等级划分及其学习成果标准描述，并在应用对象、范畴及目标上呈现出较为明显的区域整体性特征。EQF 的根本价值取向在于欧洲范围内教育公平的整体发展、个体终身学习进程的完善和劳动力市场的协调增长，它为欧洲范围内国家资历框架的构建、发展以及相互之间的沟通、比较，提供了可供参考的规范化基准体系。从这个意义上来说，EQF 是联结欧洲各个国家资历框架、促使资格在欧洲不同国家和体系间互认的转换器[2]。作为欧洲任意两国资格进行比较的等价转换介质，其基本目的是建立一个泛欧资格平台[3]。

欧洲资历框架作为整个欧洲的"元框架"，在框架的实际应用过程中，作用于其所辖范围内国家资历框架的途径主要有三条：督促欧洲未建立综合性国家资历框架的国家以其为参照，开发本国国家资历框架；促使欧洲已有的国家资历框架与欧洲资历框架建立在等级水平、资格类型以及标准描述等方面的联系，以作为不同国家间资格的转换器；具体到资格的颁发认证环节，需要在每一个颁布的个体资格证书上标明相应的 EQF 参照水平，以切实发挥其在整个欧洲范围的流通作用。

2. 构成要素

（1）结构性要素

EQF 是一个由纵向上等级水平划分和横向上等级标准描述构成的二维结构（表 4-8），其中，等级水平和等级标准描述维度的划分与确立是 EQF 基本架构的核心要素。等级水平及标准决定了具体资格类型的排列位置，同时也直接影响各等级水平上标准化学习结果在描述上前后衔接和

---

① 李建忠. 2009. 欧盟各国国家资格框架的开发及进展. 职教论坛，（16）：56-60

② European Communities. 2008. The European Qualifications Framework for Lifelong Learning（EQF）. Luxembourg：Office for Official Publications of the European Communities，3-11. https://europass.europa.eu/en/europass-digital-tools/european-qualifications-framework

③ 姜大源. 2012. 当代世界职业教育发展趋势研究. 北京：电子工业出版社，99

发展进程安排，进而影响资格类型描述的制定，对于整个标准体系的构建来说，是基础性脚手架工程。

表 4-8　EQF 等级水平及等级标准①

等级	知识	技能	能力
8 级	某一工作或学习领域内最前沿的知识和交叉领域的知识	在研究和/或创新中，或创新中解决关键问题所需要的、扩展和重新定义现存知识和专业实践所需要的最高级和专门技能和技巧	从事具有高度权威性、创新性、自主性、学术性和专业性的活动；具有在包括研究在内的工作或学习的前沿领域持续地探索新观念和新方法的责任感
7 级	高度专业性的特定工作或学习领域内的知识，其中部分为前沿性知识以作为首创思维的基础；清楚地知道某一领域内的知识问题和交叉领域的知识问题	在研究和/或创新中，为了发展新知识、工作程序和整合不同领域的知识而需要的解决专业性问题的技能	对复杂的、不可预见的和需要新策略性方法的工作或学习环境进行管理和改进；对专业性的知识和实践负责，并且/或者对团队的战略性业绩检查、负责
6 级	某一工作或学习领域内的高级知识，包括对理论和原则的批判性理解	在特定工作或学习的专业领域解决复杂性和不可预知的问题所需要的高级技能、示范能力和创新力	管理复杂的技术或专业性活动或项目；在不可预知的工作或学习环境中负责决策；负责管理个人和团队的专业性发展
5 级	某一工作或学习领域内综合性、专业的、事实性和理论性知识以及跨学科的认知	解决抽象问题所需的一系列综合性认知和实践技能	在不能预知变化的工作或学习活动中进行管理和监督；检查并提高自己和他人业绩
4 级	某一工作或学习领域内广泛的事实和理论知识	针对某一工作或学习领域中解决特定问题所需要的系列认知和实践技能	在通常可以预知，但又时常有变化的工作或学习环境中运用指导原则，进行自我管理；监督他人的常规工作，对工作或学习活动的评价和改进并承担部分责任
3 级	某一工作或学习领域内的事实性知识、原则、过程和一般概念	通过选择和运用基本方法、工具、材料和信息完成任务或解决问题的系列认知和实践技能	对工作或学习中任务的完成负责；在解决问题过程改变自己的行为以适应环境
2 级	某一工作或学习领域内的基本事实知识	需要运用相关信息以完成任务，并运用简单规则和工具解决常规问题的基本认知和实践技能	在监督下有一定自主性地工作或学习
1 级	基本的、一般的知识	完成简单任务的基本技能	在直接监督下，在有组织的环境中工作或学习

　　EQF 共划分为 8 个等级水平，与国际教育标准分类中对教育体系的等级划分基本一致，相比于一般国别性的资历框架，EQF 等级水平划分更具有脱离具体国别、本土情境，朝向未来优化发展的超前设计性。

　　EQF 等级标准即框架内各个等级水平对学习者所掌握的相应的学习

① European Union. 2016-05-24. Description of the eight EQF levels. https://europass.europa.eu/en/description-eight-eqf-levels

成果的标准规范要求，是学习者在学习过程结束后达到目标等级所要求知道什么、理解什么、能做什么的标准，即学习者掌握的相应的知识、技能和能力[①]。各等级上由各子维度学习结果构成的等级标准相对独立，能够单独进行分析或用作某个等级及类型资格的评估和认证参照，同时作为纵向延伸等级水平中的某一等级水平的标准要求。其与前后等级所要求的等级标准之间也存在相互衔接的关系，这是资历框架得以纵向发展和学习者所获资格能够在框架内纵向水平上流动的依据。另外，与人才成长、教育与培训体系的阶段性发展变化相对应，资历框架的等级水平整体上也呈现阶段性划分的特征，不同阶段间等级标准描述有较明显的水平差距。

（2）内容性要素

"资格""学习成果""等级描述符"这三个概念相互关联，是资历框架的核心要素，欧洲资历框架在这三个核心要素上又赋予了自身的特色内容。

1）体现多层含义与多种用途的资格。欧洲资历框架中的"资格"一般是指主管机关经过评估并确认个人达到既定标准的学习成果[②]，是教育培训或劳动力市场对某个学习成果价值的正式认可，通常以证书、文凭或头衔等形式出现。该"资格"含义包含了三方面的要素：学习成果，既定标准、评估。后者是连接前两者的通道，当评估结果积极，也即个人正式的学习满足既定标准要求时，资格获取的主体过程即完成。以"学习成果"为导向，意味着资格持有者获得了满足工作、生活或个人需求的相关知识、技能与能力；而"标准"则界定了学习者所需获得的知识、技能与能力的本质内容，这两者通过可靠有效的评估得以衔接。

资格也具有多种用途，对于雇主来说，资格表明其持有人应该知道，理解和能够做什么（即"学习成果"）；对于教育与培训提供者来说，资格帮助他们确定个人所获得的学习水平和内容；对于个人来说，可以用来展示个人成就。因此，"资格"在提高就业能力、缓解流动性和完善继续教

---

① 吴雪萍，张科丽. 2009. 促进资格互认的欧洲资格框架探究. 高等教育研究，30（12）：102-106

② Council of the European Union. 2017-06-05. Council recommendation of 22 May 2017 on the European qualifications framework for lifelong learning and repealing the recommendation of the European Parliament and of the Council of 23 April 2008 on the establishment of European qualifications framework for lifelong learning. https://publications.europa.eu/en/publication-detail/-/publication/ceead970-518f-11e7-a5ca-01aa75ed71a1/language-en

育方面发挥着重要作用①。

　　2）体现需求与供给匹配的学习成果。对于 EQF 和诸多国家资历框架来说，"学习成果"均作为主要构建原则发挥着重要作用，通过学习成果帮助学习者在日益多样化和复杂的资格环境中明确自己应该知道、理解和能够做的事情，并且增强国家之间和国家内部之间的可比性。EQF 将框架的各个资格等级水平上的标准化综合性学习成果划分为知识、技能和能力三个维度。其中，"知识"指理论与事实，是与学习和工作相关的事实、原理、理论和实践的集合体；"技能"包括认知技能（包含逻辑、直觉和创造性思维）和实践技能（涉及手工操作的技巧及对方法、材料、工具、仪器的运用）两部分，指的是应用知识和使用 know-how 去完成任务、解决问题的能力；"能力"则是指在工作和学习情境中运用知识和技能的能力和个人、社会、方法能力，以"责任"和"自主"两个子维度来衡量。②在进行具体的资格标准描述时，采用的是情境或是对象加学习者在知识、技能、能力上的反映的形式。例如，EQF 第一等级描述为："具有基本的、一般的知识；具有执行简单任务所需的基本技能；能在直接监督下，在有组织的环境中工作或学习"。

　　基于学习成果的方法构建资历框架不仅可以帮助劳动力市场的技能需求与教育和培训供给之间更好地匹配，还有助于检验在不同环境下获得的学习成果。通过关注知识、技能与能力以及学习成果，学习者能够获得更广泛的学习途径和经验。

　　3）体现资格特点与复杂度的等级描述符。等级描述符（level descriptors）的共同参考框架是 EQF 的核心，总体上，EQF 是由纵向上划分的 8 个等级及相应资格与横向上基于学习成果的等级描述符构成的矩阵。伴随等级描述符由第 1 等级进阶到第 8 等级，对取得学习成果的知识、技能、能力的期望值也不断提高。这些等级及其描述符共同起到了翻译框架的作用，可以比较来自不同国家或机构的资格。

　　等级描述符与学习成果概念密不可分，基于学习成果的等级描述符是过去 20 多年间欧洲和世界范围内建立资历框架的基本要素。等级描述符

　　① European Union. 2018. The European Qualifications Framework: supporting learning, work and cross-border mobility-10th Anniversary. Luxembourg: Publications Office of the European Union, 7-9. https://europass.europa.eu/system/files/2020-05/EQF%20Brochure-EN.pdf

　　② European Communities. 2008. The European Qualifications Framework for Lifelong Learning （EQF）. Luxembourg: Office for Official Publications of the European Communities, 3-11. https://europass.europa.eu/en/europass-digital-tools/european-qualifications-framework

可被视为学习成果最通用和最抽象的表达，并作为提高资格透明度和改革措施的工具发挥着重要作用。一般来说，等级描述符主要围绕两个层面进行设计：首先，垂直维度的等级层次用以捕捉学习成果的复杂性、深度、广度，反映学习成果的复杂程度随着资格水平的提高而增加。例如，第 2 等级资格持有者"自主"水平的期望值远低于第 7 等级资格持有者。其次，横向维度的学习成果允许将不同类型的资格归入同一等级，有助于个人以及教育与培训利益相关者区分知识、技能、能力（或"自主与责任"）等类别。该维度可以表明在各个层面提供的不同目的和概况（一般的或职业的，实践的或理论的）的不同类型资格。例如，具有相同整体学习成果水平的资格可以偏重学术性或偏重职业性①。等级描述符作为国家教育和培训部门工作机构的基本参考点，有助于显示知识、技能和能力的差异性，并帮助学习者、教育和培训提供者、雇主定位及评估相关的特定资格。

（二）开发缘由与意义

1. 开发缘由

（1）响应并对标欧盟的欧洲倡议

EQF 是将各级各类教育及培训资格纳入同一资格体系中的综合性资历框架，欧洲各国与之对照，也需开发和完善使得国内教育及资格体系融合的资历框架，即国家资历框架。各国国家资历框架借助 EQF 这一统一性的参照平台，从而实现相互之间的资格互认及转换。欧盟各成员国一方面将教育体系的资格归入到自身的国家资历框架内，另一方面建立国家资历框架与 EQF 之间的关联，形成对照表。所有参与执行资历框架的国家都准备了参照报告（referencing report），以记录相应的国家资历框架如何与 EQF 相关联。参照 EQF，各国家资历框架可以设置不同数量的资格等级和资格类型。基于欧洲资历框架的发展目标与框架，德国开发了本国背景下的国家资历框架——德国资历框架（DQR）。

（2）提高德国资格体系参照力度

德国开发国家资历框架有助于提升德国资格体系与其他国家及欧盟资格体系间的透明度和可比性，进而增强德国资格在欧洲范围内的可靠性和质量保证性的认同感，并加强其影响力。作为国家资历框架，它成为德国教育领域和就业领域在欧洲资格体系中的翻译工具，通过以 EQF 为转换

---

① European Union. 2018. The European Qualifications Framework：supporting learning，work and cross-border mobility-10th Anniversary. Luxembourg：Publications Office of the European Union，7-9. https://europass.europa.eu/system/files/2020-05/EQF%20Brochure-EN.pdf

中介，使欧洲各国能更便捷地识别在德国获得的教育及就业资格。对于持有这些资格的欧洲公民而言，他们能够将此作为学习结果的凭证，前往他国学习或工作，享有同等的劳动力市场准入资格，并有机会在他国的教育及培训体系中继续深造。

（3）满足德国教育体系发展需要

德国开发国家资历框架有利于明确德国教育体系的定位，进一步推动德国教育体系的发展。该框架中涵盖了所有学历的、学术的和职业的资格，以及通过正规、非正规、非正式学习路径获取的资格，为终身学习框架的形成提供了可能，同时充分考虑了德国教育系统原有的特点。框架中对各级各类资格的学习成果描述，促进了教育部门之间的相互理解，实现了普通教育、职业教育与高等教育之间的等值和沟通。此外，框架遵循基于学习成果的能力导向原则，强调"重要的是人们可以做什么，而不是他们在哪学到了"，其中特别显著的是在工作过程中的非正式学习成果的认可和换算，从而凸显了终身教育和学习的重要性。

2. 开发意义

（1）资历框架沟通劳动力市场与教育体系

DQR 将所有类型的教育与资格类型（证书、文凭、学位等）按照统一标准纳入统一框架，不但确立了职业教育在学制体系中的地位，而且为职业教育的纵向延展，以及职业与学历资格证书的横向等值与互换搭建了平台，进而保障了各层级职业教育的地位。一方面，它连通了学历资格与职业资格，达成了资格顶层设计与教育评价实践的衔接，统合了职教领域内各级各类资格，并探寻了与其他教育领域资格的等值，从总体上推动了教育体系的终身化、民主化、多样化发展；另一方面，基于统一的资格标准，它有效地将劳动力市场的需求融入教育培养过程，为劳动力市场选择合适的人才提供了参考依据，进一步保障了教育供给与劳动力市场需求的匹配，提高了教育与培训的人才培养质量及其实际应用效果。

（2）资历框架实现资格等值不同类

DQR 总体上由资格等级和资格类型两个维度组成，资格等级划分为 8 个等级，资格类型则涵盖普通教育领域、职业教育与培训领域以及高等教育 3 个领域，覆盖的资格类型有 30 多种（截至 2022 年 8 月）。其中，职业教育与培训领域的资格类型是主体，约占全部资格类型数量的 3/4，这些资格类型主要涉及正规和非正规教育领域的资格类型，覆盖第 1 至第 7 资格等级。这些资格对德国国内大部分就业群体实现就业能力的资格化并顺利进入就业市场具有重要意义。DQR 通过资格等级及类型的划分，建立了普通教育领域、职业教育与培训领域以及高等教育领域的等值不同类的关系。其建设始终强调职业教育与其他教育的等值性，并在实践中不断践行这一理念。职业教育与培训领域资格的不断归入成为资历框架后续增补的主要内容，这也彰显了德国对职业教育与培训领域资格的重视，并进一步扩展了普通教育、职业教育与高等教育之间沟通与等值的范畴。

（3）保持各教育特性并缩小教育间差距

DQR 在实现不同教育领域资格等值的同时，也尊重并保留了各教育领域的特有属性和教育路径，即各教育领域资格是等值而不同类的关系。DQR 资格等值原则并不改变通过不同学习地点获得的各种资格所具有的专业化和专门化属性，这些资格在知识、技能及能力等学习成果要求上各有侧重。例如，同处于第 6 等级的"学士"和"师傅"虽能胜任同一要求等级上的任务，但在实践中二者具有显著区别，同一复杂程度的活动在内容和解决方法上可能存在很大差异，二者的入学要求各不相同，从社会工作的人员配置角度来看，更是不可相互替代。"师傅""商业管理人""技术员"这类同等资格也无法等同于学士学位。尽管 DQR 维护了各自教育领域的专业性，但要实现教育类型间的真正融通、各教育领域之间的互认与转化，仍需要未来的进一步发展和完善。但总体上，资历框架的确起到了改变教育体系、提高职业教育与培训形象、缩小职业教育与高等教育之间差距的催化剂作用①。

（三）开发主体

DQR 的开发由联邦教育和研究部（BMBF）、州文教部长联席会议（KMK）、联邦经济和能源部（BMWE）、经济部长会议、社会伙伴、经济组织及其他利益相关者与 DQR 联邦-州-协调组（B-L-KG DQR）和工作组（AK DQR）共同开发完成。其工作基础是这些机构于 2013 年 5 月 1 日确定的关于德国终身学习资历框架"共同决议"（Gemeinsamer Beschluss）②。

DQR 的开发及完善是由多个部门、众多主体沟通协商、合作共同完成的系统工程。在框架开发的前期阶段，主要是由联邦教育和研究部、州文教部长联席会议的领导下的 DQR 联邦-州-协调组、联邦经济和能源部

---

① European Commission. 2018-11-02. EQF celebrates 10th anniversary. https://ec.europa.eu/social/main.jsp?langId=en&catId=89&newsId=9068&furtherNews=yes

② 文件名称的完整表述为："德意志联邦共和国州文教部长联席会议、联邦教育和研究部、经济部长会议以及联邦经济和技术部关于德国终身学习资历框架的共同决议"。

（BMWE）及经济部长会议承担开发职责，其他社会伙伴、经济组织及利益相关者也共同参与其中。随着 DQR 于 2013 年 5 月正式进入实施环节，工作重心开始转向由 DQR 联邦-州-协调处（B-L-KS DQR）接手，协调处负责协调联邦政府和各州联合决定产生的任务，承担具体的实施维护职能，具体包括：①支持 DQR 的实施；②根据总体结构的一致性检查 DQR 水平的资格归入情况；③保留归入的资格清单，通报 DQR 的当前发展情况。

其中最能反映 DQR 制定原则的开发主体之一是 DQR 工作组，该工作组由所有参与 DQR 开发和实施过程的人员，包括来自普通教育、高等教育和职业教育与培训领域专业人员、社会伙伴和企业组织代表人员以及其他来自科学和实践领域的专家人员共同组成联合会。基于共识原则，联合会成员共同讨论并批准了所有关于 DQR 开发与实施的相关重要决定和决策，包括 DQR 矩阵的开发、对所涉及资格的归入等。在其下属的子工作组中，100 多名专家参与了 DQR 的测试和开发。

（四）开发过程与结果

鉴于国内外的多重发展需求，德国于 2007 年开始构建、开发覆盖德国所有教育领域的分级分类资历框架。截至 2017 年，德国资历框架大致经历了 4 个发展阶段：一是启动计划阶段。成立 DQR 联邦-州-协调组和 DQR 工作组，启动会议，就目标和指导方针、上位能力种类、术语、等级等达成一致意见，并加工 DQR 各个等级学习成果的描述指标。二是初步建立阶段。将典型的正规毕业证书归入到 DQR 等级之中，初步建立 DQR 矩阵及对初步结果进行反思。三是开发完成阶段。完成 DQR 的拟定，做出关于 DQR 实施类型与方式的政策决定，将德国教育体系的正规毕业证书归入 DQR 等级，并就非正规和非正式渠道所获得能力的归入提出建议，形成 DQR 资格归入手册，做出关于 DQR 协调处法律地位和机构建立的决议，并且向欧洲机构提交了 DQR 对 EQF 的参照报告。四是初期实施阶段。建立所有资格证明与 EQF 等级的关联，对 DQR 系统及其划分进行评估和适应性调整，并陆续将学校普通教育资格和继续教育资格归入 DQR 之中。①DQR 于 2013 年正式投入使用，当前已经步入全面实施阶

① BLK DQR Bund-Laender-Koordinierungsstellefuer den Deutschen Qualifikationsrahmen fuer lebenslanges Lernen. 2013-08-01. Handbuch zum Deutschen Qualifikationsrahmen. Struktur-Zuordnungen-Verfahren-Zustaendigkeiten . Bundesministerium fuer Bildung und Forschung. https://www.dqr.de/dqr/shareddocs/downloads/media/content/dqr_handbuch_01_08_2013.pdf?__blob=publicationFile&v=1

段，并向着高级发展阶段前进。

DQR 的目标在于实现将所有在德国所获取的资格纳入其中，起初是对正规教育领域（普通教育、高等教育、职业教育，也涵盖继续教育）的资格进行归类，而非正规和非正式教育领域的相关资格纳入则是后续需要达成的目标。在确立基本框架结构的基础上，资格开发路径与方法①包括以下几个方面。

1. 归入各级各类资格

DQR 覆盖所有教育领域，并表现出普通教育与职业教育的等值性，这是资历框架建设的出发点。②DQR 和多数综合性资历框架一致，遵循学习成果导向的原则。基于学习成果的能力要求是框架中各个资格等级标准所包含的实质内容，以此为参照来对学习者提出资格达标与归入的核心要求。原则上，DQR 应实现所有在德国所获资格的归入。资格归入的核心工作是确定资格在框架中所属等级，归入的基本依据是资历框架中用以表述 8 个等级水平所需学习成果的资格等级标准，归入的基本方法则是通过已有资格所包含学习成果与框架中等级标准的参照与对比确定资格所属等级。只有在归入资格所包含的学习成果水平等于或一定程度上高于框架中目标等级的学习成果要求，该资格方可被归入相应的等级水平中。这也意味着，该资格的持有者在承担任务或处理问题的过程中，能够在完成任务的复杂程度上，应对情境的变化（甚至是不可预测的）方面，至少与框架中相应等级的学习成果要求齐平。

对于正规教育领域，工作组依据 DQR 手册进行资格归入时，须严谨、规范，以保证整个框架结构的连贯性。到 2017 年，除了原有的对高等教育、职业教育与培训教育领域的资格归入外，普通教育及职业教育的升学资格也基于学习成果导向原则，陆续归入 DQR 中。职业晋升及培训的其他资格证书则根据"共同决议"中描述的程序进行后续归入。

除正规资格外，非正规和非正式资格也相继归入 DQR 中，由于非正规领域的资格与正规资格接近，同样隶属正式资格，因而先于非正式资格

---

① 资历框架的开发方法一方面涉及基本框架体系的原始开发，如等级划分和等级标准制定等；另一方面涉及开发进程中后续应用的开发方法，如后续资格归入的方法，此处主要涉及资格归入程序的解释。

② BMBF Bundesministerium fuer Bildung und Forschung. 2018-05-16. Deutscher EQR-Referenzierungsbericht. http://www.dqr.de/media/content/Deutscher_EQR_Referenzierungsbericht.pdf

进入资格的归入程序中①。2013 年，DQR 工作组建议从 2012 年 9 月起成立一个专家小组，针对非正规领域部分提出建议，制定非正规领域资格归入的程序。当前，DQR 中已经归入包括继续教育在内的非正规教育的晋升资格。

此外，非正式教育领域涉及通过非国家规定的继续教育，通过自我组织的学习或在生活环境中的学习（如在工作中或志愿者活动中）所获得的能力。这些非正式获得能力也陆续被归入 DQR 中，由于非正式能力缺少资格认证的环节，在归入前需要进行资格验证。欧洲委员会于 2012 年 12 月 20 日提出了"关于验证非正规和非正式学习的建议"。欧盟委员会也明确规定，到 2018 年，所有成员国都应实施对非正规和非正式学习进行验证的规定。在该背景下，德国联邦教育和研究部与负责合作伙伴组建了一个工作小组，就非正规和非正式能力的验证问题进行讨论，其结果将直接影响非正式资格的认证及 DQR 归入的相关问题。

总体而言，对于以学校教育为代表的正规教育，其资格归入一般依据教育层级，因而较为清晰，而对于如培训等的非正规教育或者如自学等的非正式教育，其资格归入则需对其"学习成果"进行评估、认证，才能归入 DQR 的资格清单中。国家资历框架的目标起初是对正规教育领域（普通教育、高等教育、职业教育，也包含继续教育）的资格予以归类，而非正规及非正式领域的相关资格则是第二步需要实现的目标。由于 DQR 能力维度在不同等级资格中的重要性不一，学习成果描述也不相同，因此，德国在归入资格等级时遵循最适合原则，即如果大部分学习成果描述符合某个等级，资格就归入该等级水平。为确保 DQR 归入程序的透明性，在分类时，德国使用表格全面记录归入的分析结果。②该表格针对资格名称、依据的文本、建议归入的等级和各维度及其子维度建议的等级与论证理由、分配中的难点进行了结构化和清晰化的归入分析。DQR 的开发根据国内国际需求出发，遵循多方参与的共识原则，进行顶层设计、步步推进正规、非正规、非正式资格的归入。

2. 与 EQF 进行对接

2014 年以来，在新颁发的资格证书中注明 DQR/EQF 等级的措施就已

---

① 因此，制定将非正规学习成果归入到 DQR 等级的方法和标准至关重要。另外，DQR还应考虑非正式获得的能力，但这需要确定和评估有关的学习成果，即对学习成果展开"认证"。

② 赵亚平，王梅，安蓉. 2015. 德国终身学习国家资格框架研究. 职业技术教育，36（31）：73-79

经开始逐步实施。职教领域的 DQR 等级会标注在毕业证书上①，而高等教育领域的 DQR 等级也会显示在文凭附件中，所有教育领域都采用统一的表达方式。根据 EQF 建议，新的欧洲通行证（Europass）文件也将提供相应的 DQR/EQF 等级。如果在 DQR 数据库中没有找到该资格，如非正式领域的非国家管理的继续教育和一些国家规定的晋升性进修，则说明该资格尚未归入 DQR，在最终文凭中也没有相应的注释。②此外，毕业证书上的成绩并不影响 DQR 等级。个别学习者在获得其资格（例如成绩）时所获得的个人评估，对这些资格的等级归入没有任何影响，因为后者是通过描述毕业生至少获得相关毕业证书时的能力来完成的，而没有进一步陈述其个人表现。

3. 产生 DQR 核心文件

迄今为止，作为 DQR 的开发结果，以下几个文本记录了 DQR 的权威信息，支持着 DQR 的继续发展与完善。①DQR 矩阵文档：由 DQR 工作组于 2011 年 3 月 22 日发布，包含导入、DQR 矩阵、术语解释，呈现了 DQR 等级的有效描述，DQR 目标和特征的一般解释以及 DQR 中使用的核心术语定义。②共同决议：该决议包含前言、对象、参照等级的证明、DQR 联邦-州-协调处、费用这几部分内容的描述，决议附件包含各个等级资格归入的详细描述，所归入的资格列表及归入理由。2013 年 5 月 1 日，随着共同决议的签署，DQR 开始实施。从此，每隔一年进行更新，每年的 8 月 1 日，DQR 官网上发布最新状态的"归入资格清单"。③参照报告：德国于 2013 年 5 月 8 日发布的"EQF 参照报告"用于在欧洲层面介绍 DQR 过程的结果，解释 DQR 类别和水平，以及至 2013 年 5 月产生的归入（与共同决议附件相应），提供德国教育系统的简要说明及质量保证程序，并显示在 DQR 中如何发展与 EQF 相关的资历框架标准。④DQR 手册：该手册于 2013 年 8 月 1 日颁布，描述了 DQR 资格归入的约束责任、方法和程序，同时也确定了新开发资格的归入程序和方式，例如，非正式学习成果的归入。DQR 手册也是利用 DQR 进行工作或获知信

---

① 联邦职业教育研究所（BIBB）主委员会决定，自 2014 年 1 月 1 日开始，依据联邦职教法（BBiG）和手工业法（HWO）的毕业考试，学徒考试、转业考试和进修考试的证书上应关联 DQR 和 EQF 中的相应等级。证书上的说明内容如下："该毕业证书被归入到德国和欧洲资历框架中的第……等级"。

② BMBF. 2018-06-15. Bundesministerium für Bildung und Forschung. DQR FAQ. https://www.dqr.de/dqr/de/der-dqr/faq/deutscher-qualifikationsrahmen-faq

息人员的权威信息来源。①

二、资历框架结构体系

德国资历框架体系总体上是由纵向上划分的 8 个资格等级和横向上归入的 30 多种资格类型构成的，是覆盖普通教育、职业教育与培训和高等教育的跨领域综合性资历框架。由表 4-9 看出，在普通教育领域，资格类型涉及中学、高校入学资格这几种类型，覆盖第二至第四资格等级；在职业教育与培训领域，资格类型颇为丰富，当下主要涵盖了正规与非正规教育领域的资格类型，且囊括了从第一至第七的资格等级。高等教育领域资格类型与高校学位资历框架相对应，涉及学士、硕士和博士（或同等学力）三种资格类型，覆盖第六至第八资格等级。

表 4-9　德国国家资历框架（2021 年 8 月更新）②

资格等级	资格类型		
	普通教育领域	职业教育和培训领域	高等教育领域
1		● 职业准备教育（BvB，BVB-Rehab；BVJ）	
2	● 学校毕业证书（ESA）/主体中学毕业证书（HSA）	● 全日制职业学校（职业基础教育） ● 职业准备教育（BvB，BVB-Rehab；BVJ；EQ）	
3	● 中学毕业证书（MSA）	● 全日制职业学校（中学毕业证书） ● 双元制职业教育（2 年制）	
4	● 一般高校入学资格（AHR） ● 有专业限定的高校入学资格（FgbHR） ● 应用科学大学入学资格（FHR）	● 双元制职业教育（3—3.5 年制） ● 全日制职业学校（州法律规定的职业教育） ● 全日制职业学校（针对健康和老年护理职业的联邦法定培训规章） ● 全日制职业学校（依据 BBiG/HwO 的完整资格化职业教育） ● 根据 BBIG 的职业转行教育（等级 4）-航空地面交通服务人员（通过考试的）	
5		● IT 专长者（通过认证的） ● 服务技术员（通过考试的） ● 依据 BBIG§53/HwO§42 的其他职业进修教育资格（等级 5） ● 依据 BBIG§54/HwO§42 的职业进修教育资格（等级 5）	

---

① DQR. 2021-07-12. Wie kann man sich ausführlich über den DQR informieren. https://www.dqr.de/dqr/de/der-dqr/faq/deutscher-qualifikationsrahmen-faq

② BLK DQR. 2022-06-23. Bund-Länder-Koordinierungsstelle für den Deutschen Qualifikationsrahmen für lebenslanges Lernen. Liste der zugeordneten Qualifikationen. https://www.dqr.de/dqr/de/service/downloads/downloads_node.html

续表

资格等级	资格类型		
	普通教育领域	职业教育和培训领域	高等教育领域
6		● 专科学校（州法律规定的继续教育） ● 师傅 ● 商务专家（Fachkaufmann）（通过考试的） ● 商业管理人（Fachwirt）（通过考试的） ● 操作型专长者（IT 领域）（通过考试的） ● 依据 BBIG§53/HwO§42 的其他职业进修教育资格（等级 6） ● 依据 BBIG§54/HwO§42 的职业进修教育资格（等级 6）	学士和同等学力
7		● 策略型专长者（IT 领域）（通过考试的） ● 依据 BBIG§53/HwO§42 的其他职业进修教育资格（等级 7） ● 职业教育人员（通过考试的） ● 根据 BBIG 的企业经营人员（通过考试的） ● 根据 HwO 的企业经营人员（通过考试的） ● 技术型企业经营人员（通过考试的）	硕士和同等学力
8			博士和同等艺术类毕业证书

　　由资格等级和资格类型所组成的二维框架结构，乃是从资格的两种属性出发对其做出的进一步划分。资格等级是依据资格的纵向发展这一属性，将资格按照从低到高的等级水平予以划分；而资格类型则是依据资格来源以及应用范畴多样化这一属性，针对资格依照其所属部门或者学科/专业/职业的不同类型来进行划分。就资格类型来看，总体上涉及两类资格：学历资格和职业资格。前者"学历"即个体的学习经历，在教育和就业语境中，该经历特指个体接受的正规教育经历[1]，学历资格则意味着个体经由学习经历并获得了所在学历阶段完整的学习成果要求，并表现于个体掌握的知识、技能及能力各个方面。职业资格则被理解为，人们学到的能力与职业任务的系统化结合，是从事一种职业活动时能够应用和通过学习获取的能力或潜力，包括知识、技能和技巧[2]。DQR 资格类型总体上覆盖这两类资格，学历资格涉及普通教育、高等教育和正规的职业教育领域，职业资格主要涉及职业教育与培训领域。

---

　　① 苑茜. 2000. 现代劳动关系辞典. 北京：中国劳动社会保障出版社，605
　　② 赵志群，苏敏. 2005. 职业资格研究——职业资格和学历证书相互沟通的基础. 职教论坛，（12）：4-7

三、职业能力标准体系

（一）资格等级标准

德国资格体系二维框架所隐含的资格标准体现了资格的具体意义和内容，其外在表现涵盖资格等级描述、资格类型描述以及资格类型规范等方面。其中，资格等级描述与资格类型描述是针对资格等级和资格类型所需学习成果或能力的概括性阐释，而资格类型规范则是有关资格类型开发与认证要求的详尽说明，甚至部分资格类型规范还会深入地针对各教育领域内的具体资格进行具有针对性的描述。

1. 等级标准

资格体系的构建和资格类型的归入首先源于等级标准/等级描述符的确定。等级描述符涉及资历框架分为几个等级，各个等级的标准从哪些维度进行相应的描述，其描述构成了资格要求的内核，全面、具体地揭示了各等级资格对毕业生的素质要求，表达了毕业生应该知道什么，怎么去做，以及如何更好地运用与发挥已有的能力（包括个体在具体情境中的自主与责任等）。其核心要义在于相应等级层面上的资格一定要达到规定要求，各国国家资历框架均统一把此种要求确定为个体所拥有的学习成果，而且该学习成果可进一步分解为对个体知识、技能及能力等不同维度的要求。由此来看，国家资历框架中资格等级描述符的实质就是各个资格等级水平对个体应掌握学习成果的标准化要求，个体通过一段时间学习经历掌握的学习成果只有满足了这一标准化要求，才算是达到某一资格等级。框架中上下等级标准的衔接，也为个体资格的纵向发展构筑了发展通道，并提供了标准参照。虽然这些等级描述符具有技术性，但它们在垂直方向上不仅有助于定义和描述特定资格的复杂程度，在水平方向上还有助于澄清其等级内容，如理论知识、实践技能和横贯能力等。因此，等级描述符是重要的参考点，旨在加强教育、培训和资格制度的学习成果定位①。

等级描述符是不同利益相关者之间广泛对话和协商的结果，虽然德国资历框架受到欧洲资历框架及其通用描述符的影响，但经过各方调整和进一步发展，已能够满足国家需求和优先事项。在欧洲资历框架推动下，以学习成果为导向的理念对欧盟各国教育产生了重大影响，德国顺应欧洲教育发展趋势，也采用学习成果导向的理念。德国资历框架中的"能力"是

---

① Cedefop. 2018. Analysis and Overview of NQF Level Descriptors in European Countries. Luxembourg: Publications Office. Cedefop Research Paper（No 66）. https://www.cedefop. europa.eu/files/5566_en.pdf

整体化的概念，指向个人利用知识、技能和（个人、社会、方法）能力以及周全思考和负责任行动的才能和倾向。这与德国情境中对"能力"概念的理解有关，同时也突出了德国社会除了对获取"专业能力"注重之外，也越来越重视"个人能力"在学习、工作、生活情境中的重要作用。德国资历框架以"能力"作为导向来描述学习成果，将在德国教育体系中所获能力的一般描述区分为 8 个等级（表 4-10）。

表 4-10　德国资历框架等级标准①

等级	等级标准概述
等级 1	在清晰和稳定结构化的学习领域/工作领域中，完成简单要求。该任务通过引导而得以完成
等级 2	在清晰和稳定结构化的学习领域/工作领域中，专业地完成基本要求。该任务尽可能地通过引导而得以完成
等级 3	在相对清晰和部分开放的结构化学习领域/职业活动领域中，独立完成专业要求
等级 4	在广泛且处于变化中的学习领域/职业活动领域中，独立计划和实施专业任务
等级 5	在复杂、专业且处于变化中的学习领域/职业活动领域中，独立计划和实施广泛的专业任务
等级 6	在学术专业的子领域或者在职业活动领域中，计划、实施和评价广泛的专业任务和问题以及自我负责的管控整个过程。其要求具有复杂性和经常变化的特点
等级 7	在学术专业领域或者在策略导向的职业活动领域中，实施新的、复杂的任务和问题以及自我负责的管控整个过程。其要求具有经常变化且不可预见的特点
等级 8	在学术专业领域中获取研究性认知，或者在职业活动领域中开发革新性的方案和方法。其要求具有新颖性和不明确性问题的特点

8 个等级指标描述了在获得适当等级的资格时必须满足的要求。因此，它首先涉及，毕业生处理复杂性和未知变化的能力如何，在某一职业活动领域或某一科学专业中的独立自主程度如何。表 4-10 呈现的等级描述的特点主要体现在"情境""自主性"和"要求"三个方面。"情境"主要是毕业生所处学习领域或职业活动领域的复杂程度，"自主性"是毕业生完成学习/工作要求的自主程度，而"要求"则是对学习/工作要求的复杂性、广泛性和创新性的指向。通过比较这八个资格等级描述，可以发现，其"情境"由"清晰""稳定"到"复杂""变化"再到"专业""情境"，呈现出越来越复杂、专业化和策略性的变化趋势；"自主性"方面也由"他人引导"到"自主计划、实施"再到"自我负责管控、探索与开发"的递进，呈现"自主性"越来越强的变化趋势；"学习/工作要求"方面由"简单""基本要求"到"广泛""复杂"的专业任务再到"变化"

---

① AK DQR Arbeitskreis Deutscher Qualifikationsrahmen. 2017-12-19. Deutscher Qualifikationsrahmen fuer lebenslanges Lernen. https://www.dqr.de/media/content/Der_Deutsche_Qualifikationsrahmen_fue_lebenslanges_Lernen.pdf

"新颖和不明确"的任务和问题，呈现出"要求"的专业性和创新性越来越高的变化趋势。

2. 资格维度

德国资历框架采用与欧洲资历框架相同的八级等级结构，但两者等级描述的维度有所不同（表 4-11）。虽然 DQR 的描述维度更多，但并不意味着它需要比 EQF "更多"或"更少"的"知识""技能"或"个人能力"，它提供了所需能力的更全面的解释框架，可以说，DQR 从德国教育体系的角度解释和优化了 EQF 的维度描述。

表 4-11　德国资历框架等级描述符结构

维度		具体内容	
等级要求		整体上呈现在学术专业或职业活动领域中某个学习领域/工作领域的要求	
专业能力 （是独立、符合专业、方法引领地处理任务与问题和评价结果的才能和倾向）	知识	在某一学习领域或工作领域作为学习和理解的事实、原则、理论和实践的整体结果	子类划分：深度、广度
	技能	为了实施任务和解决问题而运用知识和技术诀窍（Know-how）的能力。技能描述了逻辑的、直观的和创新的认知技能和实践技能（灵巧性、方法、材料、工具的运用）	子类划分：工具技能、系统技能、评价能力
个人能力 （是自我继续发展，独立和负责任地在社会的、文化的和职业的情境中设计个人生活的才能和倾向）	社会能力	与其他人目标导向的共同工作，把握兴趣和胜任社会情境，与他们合理和负责任地交流，共同设计工作世界和生活世界	子类划分：团队合作能力或领导能力、共同设计能力、交流能力
	自主性	独立和负责任地行动，反思个人和他人行动，继续发展个人行动能力的才能和倾向	子类划分：自主性或责任感、反思能力、学习能力

区别于 EQF 中的"知识、技能和能力"的三个描述维度，DQR 将"知识"和"技能"维度统称为"专业能力"维度，而将 EQF 中的"能力"理解为"个人能力"，并具体化为"社会能力"（如团队能力、领导能力、共同设计与交流能力等）和"自主性"（独立性、责任性、反思能力和学习能力等）两个子维度。"专业能力"涵盖知识获得的广度和深度以及毕业生掌握技能的程度，其中，"技能"又具体涉及准确判断任务情境或问题复杂程度、使用和开发工具和方法及评估工作结果的能力等。"个人能力"包括社会方面：团队和领导能力、个人学习或工作环境的共同设计能力、沟通能力，以及个人方面：独立性和责任感、反思能力和学习能力。从中也可看出，EQF 的子维度"能力"与 DQR 广义"能力"的理解在结构划分与内容指向上有明显差异。

对应于 EQF "在某一学习领域或工作领域"描述方式，DQR 矩阵引入了"替代集"（alternative sets）的方法，采用了"或者"的描述方式来区别不同教育领域：学习领域或职业活动领域这两者之间的特点（表 4-12），"或者"前后是来自等值的不同教育领域的学习成果。普通教育与职业教育之间的等值甚至表现在 DQR 第 6、7 等级之中，即学术领域的资格与职业领域的资格处于同一水平（如学士与师傅、专业管理人员、技术员、IT 领域策略型专长者等的等值）。如果学习成果导向的描述并不能确定准确的等级归入，则需要政策层面的委员会展开跨教育领域的讨论，直至达成一致意见。

表 4-12　EQF 与 DQR 等级描述维度的对应与关联（以等级 4 为例）

等级	维度		具体内容
DQR 等级 4	专业能力	知识	具有某一学习领域或职业活动领域深入的一般知识或专业理论知识
		技能	具有针对广泛领域的认知和实践技能，独立完成任务和解决问题，并考虑行动的可能性和相近领域的相互影响来评价工作结果和过程。能够实现方法和解决方案的迁移
	个人能力	社会能力	共同设计团队的工作以及团队的学习或工作环境并持续提供支持。论证流程和结果。就事实和情况进行全面的沟通
		自主性	设定自己的学习目标和工作目标，对目标反思、评估并负责
EQF 等级 4	知识		具有广泛背景中工作或学习领域的事实性和理论知识
	技能		具有在工作或学习领域提出具体问题解决方案所需的各种认知和实用技能
	能力		能在通常可预测、但又可能发生变化的工作或学习环境里进行自我管理、监督他人的日常工作，对工作或学习活动的评价和改进负有一定责任

德国认为，以学习成果和能力描述资格，可增进资格的可读性、可理解性、可比性和可评价性。在学习成果理念的引领下，德国着力推动各级各类教育改革，开发了基于学习成果或能力的资格描述方法：在普通教育领域，学校教育机构制定能力导向的教育标准；在职业教育与培训领域，引入"学习领域"概念，修改和完善以能力为基础的培训条例及教育课程，着力培养学生的综合职业行动能力；在高等教育领域，构建模块化课程，认证非正规和非正式学习成果；在继续教育领域，采用能力导向的方法构建教育标准。各教育领域具体资格及其标准虽千差万异，但殊途同归，作为对个体所掌握学习成果的表征都能被纳入 DQR 的相应等级之中。究其根源，DQR 以基于能力的学习成果为基础描述资格的等级标准，为各级各类教育与培训课程和项目提供了开发依据。

德国作为职业教育的发达国家，通过国家资历框架的建设进一步梳理和完善了相互沟通与衔接的现代职业教育体系。国家资历框架体现的职业活动领域的情境变化，工作要求的综合、复杂程度及独立自主程度都呈现阶段性发展特点。例如,职业准备教育阶段面向清晰和稳定结构化的工作领域,通过引导而完成简单和基本的任务要求;职业基础教育阶段面向相对清晰、部分开放、处于变化中的职业活动领域,独立计划、实施某一专门化/技能型工作的专业任务;职业继续教育阶段面向复杂、专业且处于变化或不可预见中的职业活动领域,独立计划和实施更广泛的专业任务及问题,并且自我负责地管控整个过程。

（二）职业资格类型描述及规范——职业能力标准

资格等级标准乃是判断个体资格等级的凭据,相应的资格类型描述则是判别个体资格所属资格类型的依据,个体资格必须契合其相应的规范化要求,方可被授予目标资格类型。资格等级与资格类型描述之间的关系实际是属种关系的顺延,资格等级描述是资格类型描述构建的基础,资格类型描述则是资格等级描述在各个不同领域体现出的领域特征的具体化。鉴于此,资历框架中资格类型描述也采用了与资格等级描述共同的描述方式和结构,以规范化学习成果为标准描述的核心,并进一步对各维度内容进行具体化描述。

DQR 资格类型覆盖普通教育、职业教育与培训和高等教育三个领域的三十多种类型,各个资格类型描述基于等级描述符,但又兼具类型的特殊性。资格类型描述也是以专业能力（含知识与技能）与个人能力（含社会能力与自主性）四个维度进行描述。例如,根据资历框架体系,等级 4 当前涉及多种资格类型（表 4-9）,以"双元制职业教育（3—3.5 年制）"为例,其资格类型描述具体体现和定位了该类型的特殊性（表 4-13）。比较表 4-12 和表 4-13 的维度描述内容,例如在"知识"维度中,资格类型描述在资格等级描述的基础上,结合指向较为明确的职业活动领域,聚焦双元制职业教育的独立处理任务和问题及评价结果的能力和倾向;"自主性"维度方面更加聚焦于职业的和个人发展的有责任意识地做人处事及继续发展。

DQR 资格类型目标与其教育领域的目标基本一致。这也表明,资格类型描述一方面参考了等级描述,另一方面也体现了领域性特征和教育领域本身的行动能力目标。例如,职业教育开启了通过学习某一被规定的"教育职业"获取从事不断变迁的工作世界中某一资格化职业活动所必需的职业技能、知识和能力（以"职业行动能力"统称）及职业经验的可能性,这与 DQR 的类型描述具有高相关性。

表 4-13 "双元制职业教育（3—3.5 年制）"资格类型描述①

	毕业生具备以下能力与倾向：
知识	● 基于深入的专业知识和能力，有目标地、适当地、方法引导性地和独立地处理任务和问题及评价结果
技能	● 鉴于行动可能性和与周围领域的相互影响，在职业活动框架中独立计划、实施和评价工作情境
社会能力	● 体验和设计社会关系，获取帮助和理解矛盾，与其他人理性、富有责任意识地相互理解； ● 社会责任和团结； ● 理解和设计交流情境； ● 履行、理解、展示个人和他人的意图和要求及持续提供支持； ● 处理任务和问题时目标导向地和有计划地行动（例如在对工作步骤进行计划时）
自主性	● 在职业、社会和私人情境中合理周全地考虑，对个人和社会负责任地行动； ● 澄清、全面考虑和评价个人在家庭、职业和公共生活中的发展机会、要求和限制，发挥个人天赋和制定生活计划； ● 独立性、批判能力、自信、信赖、责任与义务意识、全面的价值观和自主的价值形成； ● 自主地和与其他人共同地理解、评价、建构和负责事实性和关联性信息； ● 在职业中和在职业领域之外发展学习技能和策略，并且用于终身学习

　　资格等级涵盖若干资格类型，而资格类型又覆盖若干学习领域或工作领域，其规范性要求在此被称为资格类型规范。对于资格类型规范来说，它是各级资格类型的统领性规范。基于资历框架中的资格等级和资格类型描述，资格类型规范对某具体资格的资格要求、内容以及实现路径做出了更为详尽的描述和规定。因此可以说，资格类型规范是资格等级与类型描述在具体学习或工作领域中的特定描述。

　　德国资格类型规范首先根据该等级的资格要求进行进一步描述，呈现资格类型（例如，"3—3.5 年制双元制职业教育"资格类型）的能力要求，其描述结构体现为：能力综述及其在知识、技能、社会能力和自主性四个维度上的分述；然后，列出该资格类型下具体的资格名称/资格目录，例如，"3—3.5 年制双元制职业教育"覆盖了三百多个国家规定的"教育职业"，其名称、教育时长和颁布时间都有详细列表，如"面包师"（36 个月）、"机电一体化工"（42 个月）等；最后，描述资格类型中具体资格名称的学制、法律基础、相关培养文件与决议、毕业证书名称、毕业资格要求、后续的资格衔接或学习通道以及在"专业能力"与"个人能

① BLK DQR Bund-Laender-Koordinierungsstelle fuer den Deutschen Qualifikationsrahmen fuer lebenslanges Lernen. 2013-08-01. Gemeinsamer Beschluss der Staendigen Konferenz der Kultusminister der Laender in der Bundesrepublik Deutschland，des Bundesministeriums fuer Bildung und Forschung，der Wirtschaftsministerkonferenz und des Bundesministeriums fuer Wirtschaft und Technologie zum Deutschen Qualifikationsrahmen fuer lebenslanges Lernen（DQR）. https://www.dqr.de/dqr/shareddocs/downloads/media/content/gemeinsamer_beschluss_der_kmk_-f_der_wmk_und_des_bmwi_zum_dqr.pdf?__blob=publicationFile&v=1

力"维度下的具体内容及等级归入的总结性论证①。以某一资格类型下若干具体资格为例，其概览性的资格规范要求如表 4-14 所示。基于资历框架的资格等级与类型描述，资格类型规范规定了某具体资格的能力要求、内容与实现路径。

表 4-14　资格类型规范——以第 4 等级资格类型为例②

资格类型	具体内容	教育培训时间
自动化技术电工（国家认可的教育职业，双元制职业教育）	毕业生能够安装高度复杂的计算机控制的工业车间。他们可以将单个元部件组装成自动工作系统，能进行编程，测试，运行和维护车间。在全面、动态的学习领域或职业活动领域中，他们具有独立计划和完成所分配任务的能力。双元制职业教育与培训在两个学习场所进行，即四分之三的时间在企业，四分之一的时间在非全日制职业学校。目的是通过结构化的教育培训课程传授职业能力。顺利完成后即可成为合格的专家/技术人员	3.5 年
国家认证的能源系统技术与营销助理（太阳能技术方向）（州法律规定的职业教育，全日制职业学校教育）	该资格的毕业生/持有者具有可再生能源设施的开发、实施、监测和维护能力。他们能够销售产品，使用可再生资源发电，并向客户建议可再生能源和可能的节能方式。国家认证的能源系统技术与营销助理参与可再生能源技术领域的研究和生产准备。毕业生具有在能源系统技术与市场营销领域内（太阳能技术方向）独立计划和实施所分配技术任务的能力。他们在全日制职业学校取得资格，获得专业和跨职业的能力并发展他们的个性	2 年或 3—4 年（长学年可获得应用科学大学高等教育入学资格或普通高等教育入学资格）
系统电子技术工人（国家认可的教育职业；全日制职业学校教育）	该资格的毕业生/持有者具有电气和电子元件、设备和系统开发的能力。他们能够生产样品和单件物品，并计划和监控批量生产。他们能够维护电厂和系统并为客户提供建议。毕业生具有在系统电子领域内独立计划和实施技术任务的能力。可获得该资格的教育途径：为期三年的全日制职业学校；《职业教育法》或《手工业条例》规定的职业教育培训	3 年

四、职业能力标准体系构建特点

（一）以基于整合能力观的学习成果为导向

如前所述，EQF 是欧洲国家制定本国资历框架的重要参照，在进行资历框架体系及其核心——等级描述符的制定时，部分国家采取了与 EQF 较为一致的描述方式——"知识""技能""能力"；也有部分国家在 EQF 的基础上，根据本国的背景扩展并重新定位其描述符——"知识""技能"以及重新定位的"能力"；还有国家，如德国、荷兰、匈牙利、瑞士等，采用了不同的"能力"理解，将"能力"视为一个总体概念，产生

① 谢莉花. 2016. 德国国家资格框架中资格标准的构建分析——以职业教育与培训领域为例. 外国教育研究，43（11）：44-56
② European Commission. 2018-02-02. Compare Qualifications Frameworks. https://europass. europa.eu/select-language?destination=/node/1

了不同的学习成果描述方式。根据第三种理解，"知识""技能""能力"是不可分离的实体，不可以孤立地进行判断：个人必须在工作和学习所提供的具体环境中结合并应用它们。这种理解侧重于一个人以自我导向的方式，使用知识、技能、态度及个人、社会和方法能力在工作和学习情境中，处理复杂性、不可预测性和变化性的问题①。

　　"能力"问题的澄清以及"能力"概念和模型的确定对制定等级描述符及开展国际比较尤为重要。无论是 EQF，还是 DQR 或者其他国家已建设成的资历框架，其等级描述的前两个描述符"知识"与"技能"的划分基本能够达成一致，这也在一定程度上反映了一个为大家广泛接受的研究基础的存在，例如布鲁姆等关于学习分类的理论（见第二章第二节），而关于第三个描述符"能力"的协议则较难达成。一些国家和利益相关者表示，应将"能力"视为一个总体概念和范畴，指向个人在工作和生活中以自我为导向应用知识和技能的能力，而将"能力"作为一个子类别或维度进行处理的话，则会发出错误的信号；那些使用"能力"作为一个子类别或维度的国家代表则反驳，其"能力"侧重于沟通、团队合作和解决问题等方面。②在 2008 年 EQF 建立之初，多方之间达成的协议是保留"能力"作为狭义理解的维度，并将该描述符本身限定为"责任与自主"，同时包含对能力的一般定义，以强调概念的总体特征。但这一妥协并未彻底解决各国在构建各自资质框架时对"能力"理解与模型引入的差异问题。多年来，关于"能力"特征的讨论仍在持续，这也反映了不同国家在学习成果定位上存在的实际差异。2017 年 EQF 的修订建议提供了解决"能力"问题的机会，即出于对不同国家理解的尊重，将第三个描述符"能力"的标题改为"责任与自主"（responsibility and autonomy），并定义为学习者能够自主且负责地应用知识和技能的能力。

　　DQR 中的"能力"主要是指"行动能力"，在德国，尤其是在职业教育语境中，对"行动能力"的强调实际上有三层含义：一是获得关于行动的能力。这指的是通过行动过程获得的能力，这些能力构成了学习成果描述的主要内容，旨在满足特定行动（学习或工作活动）的要求，并通过一

---

①　Cedefop. 2018. Analysis and Overview of NQF Level Descriptors in European Countries. Luxembourg：Publications Office. Cedefop Research Paper（No 66）. https://www.cedefop.europa.eu/files/5566_en.pdf

②　Cedefop. 2018. Analysis and Overview of NQF Level Descriptors in European Countries. Luxembourg：Publications Office. Cedefop Research Paper（No 66）. https://www.cedefop.europa.eu/files/5566_en.pdf

定的表征形式存储于学习者脑中或表现于行为之上的。二是通过行动过程获得能力。德国双元制职业教育就是一个典型例子，学习者在工作环境中通过实际的工作过程学习并掌握工作能力。即使在普通教育领域，"做中学"也是一条核心的学习路径。三是能力应用于行动领域。这意味着学习者在运用自己的能力时，应能在专业行动的发展、完善和创新过程中发挥积极作用。

与世界上许多国家资历框架中"知识""技能""能力"的分维度描述有所不同，DQR 将"能力"视为一个整体概念（表 4-12），其中"知识""技能"和"能力"是紧密相连、不可分割的实体。"个人在工作和学习情境中使用知识、技能、态度及个人能力，社会能力和方法能力来处理复杂的，不可预测的和变化的问题"①，这体现了德国教育体系的核心目标——培养学习者获得全面的行动能力。这种"能力"的观念可被理解为整合能力观，它不同于任务本位或一般素质导向的能力观。这种整合能力观将一般素质与具体的工作情境联系起来，将能力视为一种复杂的、可分为不同等级水平的素质结构②。同时，DQR 中的整合能力观也强调了不同类型能力之间的差别，对"专业能力"与"个人能力"进行了明确的定义和描述。在制定能力等级指标时，DQR 虽然突出了最终的学习成果，但也不排斥能力形成的多样化过程。因此，基于整合能力观的能力培养既具有综合性，又具有很强的针对性和灵活性。例如，在 DQR 制定之前，职业教育领域对"能力"的理解是："依据《职业教育法》/《手工业条例》的职业行动能力，尤其包括独立计划、实施和检查的能力。"DQR 对"能力"的理解及对能力维度的划分突破了"能力"仅限于职业世界的传统观念，不仅关注个体的职业行动能力，还注重结合职业情境的横贯能力，以实现在国家资历框架中横纵向流通，促进终身学习所需的其他能力③。

在整合能力观的指导下，DQR 的结构和内容与其他国家资历框架的原则保持一致，它围绕学习成果而构建，其核心在于构建一个以标准化学习成果为内容及其横纵方向上的发展变化为结构框架的标准体系。这种以学习成果为导向的设计，不仅确保了人才培养、评估和使用三大环节之间

---

① Cedefop. 2018. Analysis and Overview of NQF Level Descriptors in European Countries. Luxembourg: Publications Office. Cedefop Research Paper（No 66）. https://www.cedefop. europa.eu/files/5566_en.pdf

② 谭移民，钱景舫. 2001. 论能力本位的职业教育课程改革. 教育研究，22（2）：54-60

③ 谢莉花，余小娟. 2018. 德国资格框架实施背景下能力导向的职业教育条例设计. 外国教育研究，45（3）：18-34

的有效链接，还在保持学习成果标准化的同时，推动了学习过程的灵活多样发展。总体而言，它为社会、雇主、教育培训提供者、个人等提供了一个更为清晰、透明且可比较的资格证明体系，从而促进了劳动力市场的健康发展以及人力资源在社会范围内的广泛流动。

（二）形成跨教育领域的综合性资历体系

DQR 是一个由各级各类资格及其标准体系构成的制度性工具，旨在规范全联邦范围内资格及其评估依据。其资格标准体系涵盖资格体系、资格等级描述、资格类型描述和资格类型规范几方面的内容。具体来说，资格等级根据教育和资格体系被划分为 8 个等级，资格类型则涵盖职业教育与培训、高等教育、普通教育 3 个领域的资格种类。资格等级与资格类型的纵横描述构成了德国资历框架标准体系的主体，成为评估个体凭借当前的能力、条件和状态等是否足以获取目标资格类型的依据。在学习成果导向原则指导下，DQR 合理有序地构建了学习成果标准化体系。该体系由一般到特殊，由普通到具体，通过资格等级描述符、资格类型描述符和资格类型规范这 3 个方面，详细规定了各个教育领域中资格类型及资格名称的等级、特征与规范，为资格持有者的培养、评价与使用提供了清晰的参考基准。

跨领域的综合性资格体系打破了传统学历资格与职业资格并行发展且互不沟通的局限，实现了两类体系的融通，并使得两类资格证书具有等值性，从而在资格认证实践中搭建了衔接、转换与对接的桥梁。此外，它也成功地实现了劳动力市场人才质量及结构的实际需求与教育培训领域人才培养供给之间的对接。德国跨领域的综合性资格体系一方面能够精准地反映出劳动力市场对人才素质及能力的基准需求，另一方面也能够在教育培训的教育教学实施中发挥出重要的指导作用，确保人力资源供需之间的密切关联，"产"与"教"得以深度融合，从而促使整个社会范围内人力资源所供与所需之间协调、健康发展。在欧洲资历框架实施十周年会议上，与会者纷纷肯定了 EQF 及各国所开发的国家资历框架迄今所取得的进展，并坚信其今后良好的发展趋势。当前的发展状况显示，资历框架已成为推动教育体制改革、提升职业教育和培训形象以及缩小职业教育与高等教育之间差距的重要催化剂。①②

---

① Cedefop. 2018. Analysis and Overview of NQF Level Descriptors in European Countries. Luxembourg: Publications Office. Cedefop Research Paper（No 66）. https://www.cedefop. europa.eu/files/5566_en.pdf

② European Commission. 2018-11-02. EQF celebrates 10th anniversary. https://ec.europa.eu/ social/main.jsp?langId=en&catId=89&newsId=9068&furtherNews=yes

（三）体现职业教育与培训领域的特色与要求

职业教育与培训领域的资格类型作为国家资历框架的核心组成部分，其资格标准的构建技术不仅在一定程度上反映了国家资历框架对于构建难点的解决方案，还能展现一国教育体系对职普关系的处理方式。在德国，除了普通教育和高等教育领域的较为明晰的学历资格类型外，职业教育与培训领域的资格在资历框架中的占比最大，且这些资格相比于纯学历教育领域的资格更为复杂多样。职业教育与培训作为一种横跨学校系统和企业/社会系统的跨界教育类别，其提供主体多元化，在培养目标方面既着眼于职业世界，又顾及升学/进修。因此，此领域的资格等级跨度较大，所涵盖的资格类型范畴宽广，可授予的资格类型囊括了大部分的职业资格，并且在学历资格授予方面达成了融通与延伸。正规教育领域的职业教育资格整合了学历资格与职业资格，而对于非正规和非正式领域的职业教育与培训相应的职业资格，需要首先进行认证。因此，这些领域是资格标准建设和后续归入的主体，具有职业教育强适用性特点的资格标准构建成为标准体系建设的难点。

德国职业教育与培训体系层次及人才能力发展层级是资格等级划分的基本参考。DQR 的职业教育与培训领域的等级划分一方面参照本国已有的教育与培训及其资格体系，同时充分考虑未来教育与培训发展的需求；另一方面也依据从新手到专家的能力发展理论。根据德莱弗斯兄弟（Dreyfus，H L；Dreyfus，S E）等的观点，从新手到专家的成长需要经历若干层级：新手、高级新手、胜任者、精通者、专家①，并可以通过相应的能力发展的职业行动领域来进行促进。对于新手和高级新手来说，他们通常在清晰和稳定结构化的工作领域工作，严格遵守规则或计划，并在他人的引导下完成简单和基本的任务要求。胜任者则在相对清晰、部分开放、处于变化的职业活动领域中，独立计划、实施和评价专业任务。精通者则更进一步，在复杂、专业且处于变化的职业活动领域，独立计划、实施和评价更广泛的专业任务和问题。专家则能在经常变化且不可预见的职业活动领域中，自主和自我负责地管控整个过程，较少依赖现有的规则，而是基于深刻、潜默的情境知识，完成新的、复杂的专业任务和问题。这些能力发展的特点也与德国资历等级的进阶相符。

① Keevy J. Chakroun B. 2015. Level-setting and recognition of learning outcomes-The use of level descriptors in the twenty-first century. France：United Nations Educational，Scientific and Cultural Organization，67-69. https://unesdoc.unesco.org/ark：/48223/pf0000242887

第五章 经验提炼：资历框架视域下职业能力标准体系构建规律分析

职业教育的发达国家，如德国与澳大利亚，其资历框架相关标准与规范详细规定了资格达成和教育路径的详细标准与条件，这些标准的严格论证也彰显了职业教育与高等教育之间的等值性。这些国家在构建国家/地区资历框架道路方面的经验，是我国在探索相关道路上可以借鉴的宝贵资源。尤其是职业能力标准体系的确立，既是资历框架建设过程中的难点问题与落地关键，也是确保体系有效实施的重要一环。德国和澳大利亚等资历框架和职业能力标准体系建设走在世界前列的国家，为我们提供了具有示范性与启发性的模板。

第一节 基于资历框架完善标准体系的构建理念

一、夯实资历框架的基本标准建设

第一，以基于能力的学习成果为导向，构建综合性资历框架标准体系。在 DQR 中，学习成果导向的基本原则在具体资格评估与认证中的指导作用，是国家资历框架在整个社会范围内、各类主体之间获得一致性理解和认可的关键。同时，这也反映了社会和教育发展对学习者资格与能力的需求，是实现为学习者学习成果提供资格能力证明功能的根本。德国资格标准体系构建经验表明，以学习成果导向为基准建立的综合性国家资历框架，以及框架中能为各级各类资格提供统一参照的标准化学习成果，是我国当前针对多元资格体系分立、产业需求与教育供给不匹配等问题的一种直接高效的资格体系改良途径。基于我国当前资格认证、标准体系及相关的教育、劳动力市场体系发展现状和需求，开发和构建以学习成果为基准的综合性国家资历框架体系，需要参照和借鉴国外的成功构建经验，尤其是对标准化学习成果的维度和等级划分、资格标准的具体描述。同时，更为重要是，在比较研究的基础上，实现我国资历框架开发和构建的本土化和特色化，确保在标准化学习成果的内容表述和结构安排上能适应中国实践的本土化发展。

第二，将学习成果作为标准核心内容，以拓展多样化的资格获取途径。重视学习成果，并以学习成果为准授予相应资格，同时认可多样化的学习途径和方式，这是现代国家资历框架建立的一个基本原则。澳大利亚资历框架中的等级标准和资格规范详细规定了学生学习成果的具体化要求，确保在达到完整资格要求的前提下，无论是通过正规学习、非正规学习还是非正式学习获取的学习成果，经过学分的计算和换算，都能被纳入资格要求中。这一原则对技术技能人才格外重要，与普通教育和高等教育相比，职业教育与培训领域的人才培养途径更为多元化，其中通过工作实践习得的知识、技能和能力是一条主要途径。澳大利亚资历框架通过先前学分认证和学分转移等方式，给予这些学习成果同等的鉴定和认证，极大地丰富了社会的技术资源，并减少了重复教育与培训的投入。因此，我国在制定技术技能人才资格标准时，也应适当将重心转移到对相应等级技术技能人才应获取学习成果的制定以及后续的评估、认证环节上，同时加强质量保障工作，为技术技能人才通过多途径获取的学习成果制定统一高效的认证标准。

第三，建立部门间等值与融通的资格通路，以促进终身学习。立足于职业教育与培训的发展现实和需要，构建职业教育与高等教育之间的资格通路，提升技术技能人才资格水平，是职业教育改革发展的重要方向之一。目前，我国职业教育与高等教育资格之间的衔接仍处于探索阶段，职业资格证书未能与高等教育学历证书实现有效衔接。学生通常需要经过学历转换通道，如"（职教）高考""专升本考试"，才能升入本科阶段进行学习。尽管已存在资格等值和融通的路径，但这些路径缺乏严格的制度规范性和实施的灵活针对性，更缺乏一个类似于澳大利亚的国家资历框架体系，该体系能够将职业教育资格和高等教育资格共同纳入，作为两类资格等值和融通的转换依据和平台。因此，建立全纳性的国家资历框架以及实现职业教育资格和高等教育资格之间的融通，是我国当前职业教育改革并行不悖且互为基础的两项重要举措。

第四，借助资历框架体系建设，提升职业资格认可度和质量。德国与澳大利亚的资历框架作为国家政策，不仅为职业教育与培训领域培养的技术技能人才提供了一条明确的学习路径，还确保了其在职业教育与培训领域所获取的学习成果——职业资格在全国范围内享有较高的认可度和广泛的适用性。这种认可度和适用性为技术技能人才进一步深造、就业以及职业流动提供了国家层面的基本证明和坚实保障。此外，德国与澳大利亚横纵贯通的全纳性资历框架还为技术技能人才能力水平纵向提升和在不同教育部门之间的横向流动提供通路，从而为他们实现多样化发展和终身学习创造了更多可能性。当前，我国技能型社会的建设倡议已经提上日程，国家对技术技能人才队伍建设、职业教育发展的重视已经引起全社会的广泛关注。因此，提升职业资格的价值认可和加强相关制度建设，已经成为我国未来实现社会技能目标的必然要求。

第五，合理划分职业资格等级，建立包含多样化资格类型的职业资格体系。当前，我国的技术技能人才资格系统仍呈现职业资格证书体系和职业教育学历体系相互独立的状态，两者实质处于平行状态，且体系内部的资格等级和类型划分也较为陈旧和单一。这既不符合我国当前劳动力市场对技术技能人才的多样化、多层次的需求，也不利于职业教育自身层次的提升和体系的构建完善，更难以与国际上职业教育发展和国家资历框架发展的大趋势相接轨。因此，当前我国职业教育与培训部门不仅应继续坚持和完善双证融通的政策，实现学历资格和职业资格的等值和融通，甚至将二者纳入统一的资历框架中，还需要对二者内部的资格等级和类型的划分进行完善。在资格等级的划分上，应尽可能与国际上普遍实行的 8 等级或 10 等级制接轨；在资格类型划分上，应切实反映社会、教育及个体的多样化需求。高质量的职业资格标准体系既是职业教育与培训体系构建与完善的关键环节，还能对整个职业教育与培训的实施起到指导和标准规范的作用。因此，构建职业资格标准体系是我国职业教育改革亟待进行的重要任务，而作为标准核心部分的资格等级和类型合理划分与完善也应尽早提上日程。

二、完善职业能力标准的体系建设

职业能力标准体系的构建包含母标准（通用等级标准）和子标准（职业资格/能力标准）的开发，二者相互衔接，共同保障标准体系的基准性与完整性。德国与澳大利亚作为拥有不同职业教育模式的国家，已经建立了较为成熟的职业教育与培训体系。随着资历框架制度体系发展与学习成果导向范式的转变，两国在现有职业资格体系基础上不断完善与发展职业教育与培训领域和其他教育领域的等值、互认与沟通关系。同时，在制度系统化和新理念背景下，两国也致力于进一步完善职业资格体系及职业教育体系。

　　第一，以国家经济社会发展需求为导向，构建以能力为本位的职业能力标准体系。教育具有社会导向性，其核心价值之一便是适应社会经济发展的需要，甚至超前地为未来社会发展奠定人才基础，这一点在职业教育与培训中体现得尤为明显。职业教育与培训部门以满足劳动力市场需要的技术技能人才为主要教育目标，相对于其他教育部门来说，职业教育从其教育方针政策的制定到具体的教学实施和教育评估都更具针对性，这种针对性体现在时间、地点和对象三个方面。总体来说，职业教育更倾向于为所在地区当前的职业或工作领域提供对口的高质量技术人才，这是保证职业教育发展生命力的根本所在。职业教育的这种社会导向性和职业针对性应贯穿其教育与培训的全过程，尤其是在建立能力标准时。能力本位标准体系的构建是有效联结职业教育与培训的人才供给和劳动力市场的人才需求之间的桥梁。

　　第二，确保核心能力始终贯穿于职业能力标准体系，以推动资格的体系化构建。澳大利亚资历框架以学习成果为基础，按照学习成果分类学的原则，将各级各类资格的标准要求划分为知识、技能以及知识与技能运用三个维度。同时，该框架以基本技能（如文字、计算能力）、社交技能、思考技能、个人技能（如自我决定、整体行动能力）等基础技能为基石，贯穿始终。各级各类资格绝大部分三维标准要求基于这四项基础技能进行扩充，扩充内容随着资格等级的提高，主要包括知识和技能的复杂程度和专业化程度的提高、工作和任务情境中不可控因素的增加以及个体工作态度的良性转变。这种做法不仅促进了澳大利亚资历框架的循环构建，还为个体进一步学习和深造提供了具有延续性和迁移性的能力基础，为国家终身学习化进程搭建了较为坚实的脚手架。DQR 的横向维度划分也表明，除了专业能力外，包含"社会能力"和"自主性"的个人能力同样重要，这些核心能力贯穿于职业能力标准体系，为可持续发展奠定了坚实的基础。相比之下，我国现有职业资格标准在总体描述上较为松散笼统，缺乏清晰明确、贯穿始终的基础技能要求，也未建立起统一的标准描述维度。这在一定程度上削弱了资格标准在促进学生进一步学习并为其提供知识、技能基础的作用，限制了整体技术技能人才资格水平的提升。因此，在构建技术技能人才的标准体系时，我们应以此为鉴，综合考虑各级各类能力标准，为其搭建一座横贯其中的基础技能桥梁。

　　第三，将资格标准作为上位标准，用以指导教育领域内专业/学科标准的开发。国家资历框架囊括了所有资格等级，但受国家资历框架综合性和基准性的影响，资历框架中只提供必要的资格等级和类型（含各类学历资格和职业资格）作为标准参照。而资格类型之下更为具体的学科/专业资格要求，则需要在资历框架之外，依据相应的资格等级和类型描述进一步确立。从德国的资格类型规范可以看出，DQR 的上位资格标准与教育和培训实践领域中的教育专业/学科的规格目标、培养路径、考核要求等形成了良好的有机联结和逐步推进的关系。同时，为保障资历框架及其标准更广泛的影响和认可，各种学习成果应用之间也需要保持一致性，使得能力标准、课程标准和评估规范等均基于统一的学习成果要求。"资格标准—专业/学科标准（含专业/学科设置、能力标准、考核要求等）—专业/学科教学标准（含教学计划、课程标准、评价标准等）"的逻辑路线，不仅体现了资历框架的逐步落地实施，也展示了建立各方认可的专业/学科标准及其教学标准的技术路径。能力标准的权威性、基准性、透明性和稳定性，为专业/学科标准及其教学标准的制定与完善提供了条件和基础。

第二节　以学习成果为核心导向的构建原则

学习成果导向是多数国家在构建国家资历框架及其标准体系时所遵循的核心原则。在此原则指导下，框架中的资格标准被表征为各级各类资格对学习者应掌握多维度、规范化的学习成果要求。基于这些标准，重点考查和评估个体实际的学习成果，并通过对比已有和应然学习成果相应维度，确定是否授予个体相应的资格。这种做法将资格标准内容聚焦于学习成果要求，同时相对淡化学习过程性要素的影响，其所遵循的价值取向正是学习成果导向原则。由于该原则在框架本身操作性运用、规范化指导方面具有显著优势，同时能够促进教育过程和结果公平发展，认可多样化学习途径与方式，高效协调教育和经济间供需关系，所以备受推崇。因此，国家资历框架在国际上也被称为"学习成果框架"[1]。

在国家资历框架中，"资格等级标准"和"资格类型描述"是对资格等级及资格类型所要求学习成果或能力的概貌性描述。前者是对不同水平学习成果进行等级划分形成的纵向序列，后者则是在等级标准基础上，依据教育、学科种类或是学习量大小的不同划分而来的，对学习成果所属领域范畴及子等级水平进行更为精准化的表征。它们可进一步细分为职业资格标准和学历资格标准，二者在具体的学习成果要求上各有侧重。"资格

---

① 张伟远，谢青松. 2017. 资历框架的级别和标准研究. 开放教育研究，23（2）：75-82

类型规范"乃是针对资格类型的开发与认证要求所做出的详尽阐释,有的甚至细化到了对各教育领域内具体资格名称的具有针对性和特殊性的描述。作为资格等级和资格类型评估和授予的主要依据,资格等级描述和资格类型描述的开发构成了资格标准体系的核心,资格类型规范则是配套实施的标准规范体系。它从标准的制定、实施主体及学分要求等层面对标准体系的操作实施做出了详细规定。总结而言,整个资格标准体系围绕学习者的学习成果要求,按照等级、类型、领域进行排列展开,以更好地服务于资格认证系统操作化、规范化及公平化发展。

从单个资格标准所包含的实体内容来看,各资格对学习者应达成的学习成果要求主要包含就业和升学两种取向。各级各类资格的标准要求,实际上就是学习者获取某一等级学校入学机会或从事某一类别工作需要掌握的知识、技能及能力等的综合性学习成果要求。这两种取向为框架中所有资格标准所共有。作为国家层面的基础通用标准,国家资历框架中的资格标准体系所遵循的学习成果导向原则,在个体学习、人才培养标准制定、教育教学活动实施、资格认证、雇佣者对求职者能力评判等实践活动都起到重要的方向性指导作用。学习成果导向原则在资格标准构建中的具体实现主要体现为以下几个方面。

第一,个体所获得的知识、技能及能力上的学习成果决定了其资格所在的等级和所属类型。受学习成果分类理论的影响以及各发达国家之间互相参照和借鉴,现行的多数地区或国家资历框架中对学习成果的定义,通常涵盖学习者在工作和学习领域中展现的以达成工作和学习目标所展现的、内在于心理活动且外显于语言和行为之上的多种能力状态。这实际上是对学习者完成一段学习之后应知晓、理解和能够证明能力的描述①。从学习成果分类理论的视角来看,知道什么、理解什么属于学习者所掌握知识的范畴;会做什么主要指技能方面,包括内部的认知技能和外部的操作技能两类;而在具体的情境中如何运用已掌握的知识和技能,以达到自我及所在团队的学习或工作目标并实现共同发展,即为学习者的能力。知识、技能及能力三者之间相互作用、互相影响,共同决定了学习者所掌握的最终的学习成果状态、类型及等级水平。综上所述,综合性资历框架中的所有内容都指向学习成果,框架的内容描述的是对学习者在知识、技

---

① CQFW,NICATS,NUCCAT,SEEC. 2001-11. Credit and Qualifications-Credit Guidelines for HE Qualifications in England,Wales and Northern Ireland. https://ehea.info/media.ehea.info/file/Qualification_structures_Copenhagen_2003/10/9/BritQF_576109.pdf

能、能力维度上要达到的标准化学习成果，框架的架构则是对这些标准化学习成果的等级、类型及描述维度的划分。

第二，资历框架体系内部通过不同等级与类型学习成果间的关联实现贯通。较高等级资格对应的学习成果是建立在较低等级之上的，因此，学习者只有掌握了较低等级的学习成果要求，才有向更高等级资格发展的基础和可能性。在国家资历框架中的标准化学习成果的描述子维度方面，会设定每个等级或资格类型的关键指标。这些指标不但是判断等级和资格水平的核心凭据，也是达成上下资格间相互贯通的直接途径。例如，在 EQF 中，其等级水平的各学习成果维度就包含通用性、事实性、原理性、理论性等关键指标。第 1 等级资格要求学习者掌握一般性的学习成果，第 2 等级资格要求在掌握一般性学习成果的基础上还需掌握事实性的学习成果，以此类推，上下资格间有效衔接，从而构建了一个完整的资格体系①。

第三，通过学习成果间的互认机制实现三大社会体系间的有效关联。在学习成果导向之下，资格标准体系的运作流程主要牵涉到三大社会体系：作为人才培养实施主体的教育与培训体系、对人才培养结果进行鉴定的标准体系，以及作为人才接收主体的就业与升学体系。这三者既相对独立，又紧密相联。从供需关系的角度来看，教育与培训体系的人才培养为供给方，就业与升学体系的人才接收则为需求方，标准体系则是二者供需匹配与对接的参照平台。在这三者之中，就业与升学体系扮演着双重关键角色：既是触发其他体系活动调整的起始动因，又是引领并导向其他体系活动顺利进行的目标指向因素。这种双重身份确保了教育体系内各项活动的协调性与目标一致性。从促进经济发展、实现人才培养供需平衡的角度来看，教育与培训活动的实施、资格标准体系的制定，最终都是为了向就业与升学体系提供符合其发展需求的人力资源。这种发展需求正是资历框架中标准化学习成果制定的核心依据，也是国家资历框架制定"以学习成果为导向"基调的根源。总结而言，学习成果及学习成果导向下资格标准体系的构建，是连接人才培养、评估和使用三大环节，促进三者之间形成良性循环的关键环节之一。

第三节　基于能力实现职普等值的构建方向

澳大利亚和德国的资历框架建设已历经十多年，其开发内容呈现综合

---

① 张伟远，谢青松. 2017. 资历框架的级别和标准研究. 开放教育研究，23（2）：75-82

能力、职普等值不同类、影响边界等特点。这些丰富的经验和特点能够为当前及未来我国建设地方、国家或区域资历框架提供宝贵的启示和参考。

一、构建基础：以综合能力为导向的学习成果描述

国家资历框架建设的基础在于，构建一套为各方接受的具有适用性、一致性与兼容性的等级描述符。这套等级描述符的核心内容是对某一资格等级的学习者提出的相应学习成果要求。学习成果是衡量学习者所处资格等级的标准，它既是框架内不同类型资格实现横向比较、等值的依据，也是实现纵向衔接的路径。对于国家资历框架来说，学习成果不仅是其内容层面的核心构成部分，更是承载多样化学习路径、实现终身学习等框架核心理念的载体。在综合性资历框架建设初期，资格等级水平的划分以及各等级水平学习成果描述的形成是两项最为基础的工程，同时，以等级描述符为参照的资格类型描述也需要遵循学习成果导向的原则。

在学习成果导向指导下，各资历框架的学习成果描述有一些共性之处，如在描述内容上，都以知识、技能及能力三个维度进行划分；在结构上，通常采用学习或工作任务结合任务情境的方式进行描述；在描述用语上，都体现了简洁和规范化等特点。这些共性规律对于进一步探索和学习借鉴具有重要的价值。同时，各国在构建本国资历框架过程中，也基于本国的发展实际和建设需求，形成了资格等级划分、学习成果描述等方面的特色和亮点。对这些特色和亮点的溯源分析同样具有深刻的意义。以DQR为例，作为应欧盟委员会要求，在EQF基础上建立起来的资历框架，其最鲜明的特色之处就在于以学习成果描述为核心原则。这一原则不仅决定了框架中学习成果描述内容的选取重点，还在一定程度上影响了描述的结构和用语。因此，对DQR中这一原则的清晰阐释，是深入理解其框架的关键所在。同时，DQR的本土化构建路径及方法，也为我们提供了宝贵的学习经验和启示。

DQR学习成果描述中的能力原则与杜威所强调的"实用主义"理念有异曲同工之处。在DQR中，学习者所获取的能力，无论是表征为知识、技能还是态度，都应该是实用的，旨在帮助学习者在进一步的学习或工作中更好地处理问题和承担责任。DQR的学习成果描述对学习者的能力要求进行了明确划分，包括专业能力和个人能力。专业能力特指专业学习和工作中所需的核心知识和技能；个人能力则进一步细分为社会能力和自主性，旨在创造良好的、能够持续发展和团队协作的良好学习和工作环

境。由此可见，服务于行动、学习和工作的综合能力要求，始终是 DQR 学习成果描述的重点。因此，DQR 中以能力为导向的学习成果描述原则，不仅确立了为专业化学习与工作服务的总体目标，也为各教育领域建立统一的能力导向的资格标准体系奠定了基础，这既符合综合性资历框架构建的大方向，又保留了德国教育的特色和优势。

我国在构建综合性资历框架及其核心的学习成果描述时，应在借鉴国外成功经验的同时，保留并强化本土化的特色。基于 EQF 及 DQR 的建设经验，我国在构建相关学习成果标准时，除了通用的"知识"和"技能"维度，还需要审慎确定"能力"维度的囊括范围。关于我国教育教学目标中的"情感、态度、价值观"等元素如何纳入"能力"描述符，这些都需要基于充分的现实与理论依据来回答和解决。与此同时，与国际分类接轨也应是重要的考虑因素。在具体的学习成果描述中，我们需要在注重基础与追求创新、强调专业化与研究性之间找到平衡，这既受资格所在教育领域的影响，也与所遵循的开发理念直接相关。综合性国家框架的核心作用在于构建两大平台：一是通过统一资格等级水平，在教育内部搭建不同教育领域资格间比较、等值的平台；二是通过统一育人和用人标准的形式，搭建教育和劳动市场之间的桥梁。除了满足工业社会发展的劳动力需求，实现教育的终身化、民主化发展也是我国目前积极筹备构建综合性资历框架主要意旨。在遵循学习成果导向的大方向之下，我们应探讨能否以"能力"为主，如何及在何种程度上实现能力为主，并考虑如何实现与我国原有资格体系间的兼容。此外，学习过程性要素是否应纳入标准体系之中，也是资历框架本土化进程中需要重点探讨的内容。

二、构建难点：职业教育与普通教育等值不同类的论证

职业教育与普通教育是两种类型的教育，2022 年 4 月，我国颁布的修订后的《中华人民共和国职业教育法》也在法律层面肯定了这一点。普通教育在教育发展历史和世界空间范围内都具有天然的优势。如何论证职业资格与学历资格的等值，进而实现资历框架中通过职业教育与培训所获职业资格证明与通过普通教育所获学历资格证明的等值，并谋求职业教育与普通教育之间的等值，是资历框架建设的难点。DQR 的一大特色在于对职业资格的广泛认可。其中，职教领域的资格类型不但在数量上占优势，而且在纵向等级的延伸及横向上与其他领域资格间的衔接也有明确的制度规定和较为清晰的发展通道。DQR，尤其是职教领域资格体系的建设

成就，与其国内职业教育与培训体系人才培养的历史发展成就及高度的社会认可密切相关。同时，资历框架自身的制度设计，如通用于职业教育与普通教育领域的等级描述符的制定，以及多领域资格间的等值论证，都为职业资格的发展提供了重要支撑。对于职业教育及其资格体系构建尚未完备，且希望实现各教育与资格体系内部完善及相互间协调的国家来说，建设综合性资历框架是一种高效且具统筹性的方式。

职教领域与普教领域的资格能否归入资历框架的同一个等级，其依据主要基于学习成果的等级描述符。只有当资格所包含的学习成果在处理任务情境的复杂程度、独立性、要求的变化性等方面能够与既定描述符相匹配时，该资格才能被纳入相应的等级。资历框架中，同一等级的学历资格与职业资格在价值上相等，但并不意味着它们的内容也完全相同。这些来自不同教育与培训领域的资格类型，分别在不同的学习或工作领域，通过不同学习路径或方式获取不同表征形式的学习成果，并服务于不同的任务需求。不同领域的资格在同一等级上等值但不同类，这是教育和能力类型差异在资格及资格标准领域的进一步发展，而跨领域的资历框架为不同类型教育、能力及资格的合理存在及其相互间价值上的等值提供了制度依据。

DQR 资格标准与规范的构建，有效地沟通了学历资格与职业资格的内容，衔接了资格的顶层设计与教育、评价的落地实施，统筹了职教领域内的各级各类资格，并探索了与其他教育领域资格的等值性，进而在整体上推动了教育体系向终身化、民主化、多样化发展。与此同时，资历框架及其核心的等值思想，对职业教育的发展具有更为显著的作用。DQR 将所有类型的教育与资格类型（如证书、文凭、学位等）相对应，纳入统一框架之中，不但确立了职业教育在整个学制体系中的地位，而且为职业教育体系的纵向延伸以及职业资格证书与学历资格证书在横向上的等值与互认搭建了平台，从而保障了职业教育各层次的地位。此外，从资格标准统一性的层面来看，DQR 进一步确保了教育供给与劳动市场需求的契合度，提升了教育与培训的人才培养质量及其社会应用效能。

21 世纪以来，我国在双证沟通与衔接方面进行了大量的研究和实践，涵盖基本理念、课程建设、管理机制等各方面。然而，截至目前，真正意义上的双证沟通与衔接仍然很难实现，归根到底是缺乏沟通和衔接职业教育与职业资格、学历教育与非学历教育的顶层制度设计。2012 年以来，我国在现代职业教育体系建设方面的研究与实践日益丰富，主要集中在对现代职业教育体系建设历程、构建策略、内涵探究、障碍困难等方面的学术研究与实践探讨。对于职业教育来说，以国家资历框架为基准，建立职业教育分级制度的研究还有待进一步全面、深入进行。职业教育的发达国家借助资历框架提升和稳固了职业教育层次，构建了现代职业教育体系，在保证职业教育自身特色的同时，实现了与其他教育领域资格间等值。其中，职业教育与普通教育等值不同类的论证经验，对我国具有重要的借鉴意义。

三、构建边界：沟通但不取代现有教育领域内部资格体系

当前，包括 DQR 在内的多数综合性资历框架，在教育、资格乃至于劳动市场领域发挥的作用更多的是指导性的，而非规制的。国家资历框架通过其学习成果导向的等级描述符、描述符的能力倾向、各教育领域资格自身纵向体系的延伸及横向上互相之间的等值等核心理念及举措，为教育教学及其相关实践活动终身化、民主化发展确立了大方向，规划了各教育领域尤其是职教领域及其资格体系纵向延伸发展的上升路径，同时也为各教育领域实现内部联结及与外部劳动市场协调提供了重要的工具和平台。国家资历框架对于上述与之相关的众多实践活动来说，既是理念导向，也是标准参照，还是可以利用的制度工具。然而，它并不会取代各教育领域原有的资格及其标准体系，也不会对原有的升学体系产生实质性影响。各教育领域资格仍将保持其所属领域的能力要求特征。例如，职业教育与普通教育都有自身配套的入学要求、升学体系以及资格类型及其标准要求，这些方面均依据所在领域的特征和要求相对独立地存在。虽然各个教育领域通过国家资历框架实现了衔接，但每个领域的教育内容和资历认证标准都保持其独特的不可替代性。国家资历框架在各教育及资格领域的影响具有明确的边界，并且不具有法律层面的规制作用。

各教育领域的相对独立性来自各教育间天然的类型差异，这些差异表现在职业活动领域、培养的人才类型、学习的方式与路径、课程内容以及资格标准等多个层面。这些不同层面的内部要素相互关联，共同构成一个统一的整体，区别于其他教育领域而独立存在。这是各教育领域内部自身发展的需求，也是整个教育和社会系统多样性的呈现。国家资历框架作为一个囊括各级各类资格的综合性资格体系，不能替代或抹灭各类资格自身所属教育领域的领域性特征。相反，它为这些不同类型的资格及其所包含的差异性特征提供同一性、透明性和可比性的平台，并依据资格类型所包

含的学习者脑力和体力的输出总量及所处的总体水平进行适当程度的归并。这些不同教育领域资格类型间可归并的共性，是资历框架相关操作能够展开的主要范畴；资格要求中所固有的领域性特征及各教育领域原有的制度建设及教学实施活动，则是资历框架无法直接作用的部分，它们仍然需要各教育领域自身进行管理和发展。

国家资历框架的建设及作用范畴都有一定的边界，这意味着综合性的国家资历框架无法取代各教育领域内部的资格体系。尽管各教育领域之间可以通过国家资历框架实现相互沟通衔接，但在升学体系、资格及资格标准体系、教学实践上仍保持相对独立性，且相互之间不可替代。在资历框架下，各教育领域保持独立、等值，但又有融通（如职业教育中核心素养的培养或普通教育中职业素养的培养）和交叉（如专/本科层次的高技能人才培养）。我国在构建综合性资历框架的制度设想及具体实践环节中，也应具有这样一种边界思想，在最大限度发挥资历框架对人才培养、评估及聘用活动作用的同时，尊重各教育领域内部原有的制度构建。未来，通过构建职普等值的统一资历体系，实现各制度体系突出制度边界、达成职普真正融通，将是值得深入探索的发展方向。

第四节　各级各类标准逐级推进的构建过程

一、确定国家资历框架建构模式

根据欧盟发布的《地区和国家资历框架全球调查 2017》，截至 2017 年，世界范围内已有超过 150 个国家正在发展和实施国家资历框架[①]。这些地区和国家的资历框架不尽相同，有些是框架内部资格等级与数量、资格名称及所用术语的不同，有些则为根本上的模式差异。从发达国家资历框架的构建经验来看，确定国家资历框架模式是框架开发和构建的首要任务。一旦模式确定，接下来的工作就是进行等级水平划分、资格排列并确定具体等级标准和资格类型描述范围和内容，从而确保在良好模式指导下，实现框架内容上的兼容和结构上的优化。

---

① CEDEFOP. 2017. Global inventory of regional and national qualifications frameworks 2017-Volume I：Thematic chapters. The European Centre for the Development of Vocational Training，8. https://www.cedefop.europa.eu/files/2221_en.pdf

（一）选择适合各自国情的国家资历框架模式

目前，对国家资历框架模式的划分基本上采用三分法，因立足点和依据不同，划分出来的模式也就不同。例如，王立科根据国家资历框架中不同教育部门与类型之间联结关系的不同，将国家资历框架划分为分轨制、接轨制和并轨制三种模式；根据国家对资格监管的严格程度，将国家资历框架划分为紧密型和松散型框架，也即强框架和弱框架。①李建忠依据框架中教育部门与类型的关联，将欧洲各国的国家资历框架划分为以下三类：①以部门为基础的资历框架，在此框架中，存在一个或一个以上教育和培训部门的资历框架，并且部门资历框架之间缺少明确的关系；②桥梁式资历框架，拥有一个统一的国家资历框架，同时也有单独的部门资历框架存在，国家资历框架与每个部门资历框架相互联系；③一体化资历框架，指的是覆盖所有教育与培训部门的单一系列的等级水平以及水平描述的综合性资历框架。②

通过比较可以发现，虽然不同学者的划分方法和表述有所不同，但划分的核心依据和内容实质上是一致的——国家资历框架是一个将不同教育、学习与培训部门资格融合在一起的制度体系，框架主要功能是"建通道""促融通"，以"降成本"③。国家资历框架构建成效如何，主要看通道的构建如何，以及是否促进了融通并降低了成本，而这恰恰是划分国家资历框架模式的核心依据。所有资格完全融入同一体系，实现无障碍的融通，则构成一体化、并轨制、紧密型的国家资历框架；若不同类型的资格存在于不同的体系内，但体系间有较完备的通道供其融通和交流，则形成桥梁式、接轨制的较为紧密型的国家资历框架；若各类型资格间各行其是，无明确通道将其相连，则属于分轨制、以部门为基础的松散型国家资历框架。综合一体化的国家资历框架是发展的趋势，但这并不意味着所有国家当前阶段都适合发展一体化的国家资历框架，具体的模式选择还要基于各国的实践基础和发展需求而定。

（二）确保国家资历框架模式与资格标准的一致性

以英国和爱尔兰的资历框架为例，英国资历框架是典型的桥梁式国家资历框架。在这个框架中，各教育领域资格以所属领域为完整单元被纳入

①　王立科. 2017. 国家资格框架：模式、结构和运行. 教育研究，38（7）：44-54+78
②　李建忠. 2009. 欧盟各国国家资格框架的开发及进展. 职教论坛，（16）：56-60
③　肖凤翔，邓小华. 2017. 国家资格框架要素论. 教育研究，38（7）：37-43

综合性资历框架，各教育领域资格及其标准保留其所属领域的特征，同时整体上遵循同一套资格等级标准体系，以作为不同教育领域资格沟通的桥梁。资格等级标准作为基准体系，需要在标准描述结构、内容及用语等方面更为抽象化、一般化，以便适用于多个领域的资格，实现在各自领域内的具体化。

爱尔兰资历框架则是各教育及培训领域资格融合程度较高的一体化资历框架，框架中各个不同教育领域的资格以个体的形式存在。同一套标准体系适用于各教育领域内的资格，同一等级水平上的高等职业教育和普通高等教育之间并未作进一步的资格类型划分。来自不同教育部门的学习者只要达到了相应资格类型所要求的学习成果，就可获取该资格类型。职业资格作为与学历资格平行的资格体系，在遵循统一资格等级标准的同时，在资格类型描述方面适当增添了职业性要求。

相比较而言，桥梁式国家资历框架是为来自不同通道中的资格类型设置了一条沟通衔接的通道，而一体化国家资历框架从一开始就将所有资格类型纳入同一通道，自然无需再另行设置，后者的不同教育资格类型间的融通程度要高于前者。因此，国家资历框架模式的选择决定了其资格标准的制定方向。

二、建设作为通用标准的资格标准

（一）资格标准的横向维度构建

1. 理论基础——学习成果分类理论

国家资历框架中的资格标准体系是一个二维结构：在纵向上，它标示了资格所属的等级和类型，相当于资格的名称；在横向上，则列出了各资格对应的资格标准，即学习者所掌握的学习成果要求。实践中的学习成果会以完整的形式内化于学习者的心智之中，或外在为他们的行为表现。国家资历框架在保留学习成果完整意义的同时，为了满足对学习成果内容层面的清晰表征以及增强标准实践层面的操作性的需求，对学习成果进行了理论意义上的维度划分。在划分过程中，都需依据一定的学习成果分类理论。这种分类理论不仅为框架中学习成果的维度划分提供了来自教育学、心理学等多学科领域的依据，增强了其理论科学性，也加强了对资格评估、认证工作的有效指导。

2. 核心三维——知识、技能及能力

不同国家资历框架的维度划分在核心内容上是相对一致的，但在划分维度的数目以及具体的维度表述有所不同。如欧盟国家的资历框架大多采用了与 EQF 类似的三维划分，将综合的学习成果划分为知识、技能和能力三个维度[①]，但对子维度的划分和具体表述，各国会略有差异。例如，EQF 的第三个维度是"能力"，"能力"之下主要包含"责任性"和"自主性"两个子维度；爱尔兰国家资历框架的第三个维度同样为"能力"，然而在子维度的划分上却更为详尽，细分为"情境""角色""学会学习""洞察力"这四个子维度[②]；DQR 虽然仅将综合性的学习成果划分为"专业能力"和"个人能力"两个维度[③]，但是其中的"专业能力"与 EQF 中的"知识"和"技能"相对应，而"个人能力"则与 EQF 的"能力"维度大致相当。即使在非欧盟国家，其维度划分也大多以"知识""技能"和"能力"三维为核心，或这些维度蕴含在具体的表述中。

知识、技能及能力作为资格标准横向上的三个子维度分别用于回答学习者应该"知道什么、会做什么以及如何表现"，这三者综合限定了学习者在目标资格等级及类型上应掌握学习成果的最低标准。知识维度是能够用语言表述的陈述性知识，技能维度主要包含程序性的认知技能和动作技能；能力维度用于表征学习者在工作情境或是共同生活中知识和技能的运用程度，包含对人、事的责任心、判断力及对自我学习过程的掌握能力等。学习成果的三维划分体系，根植于传统教育心理学中经典的学习成果分类理论，并历经诸如 KSC 类型学等现代学习成果分类理论的丰富与发展（详见第二章第二节）。这一划分方法已成为多国资历框架在理论甄选、需求分析以及国际兼容性考量后，所普遍采纳的资格标准横向维度划分的主要趋势。术语理解的差异、侧重点的不同、详略的差异以及对学习过程重要性的不同认知，可能带来各国国家资历框架中学习成果维度划分方式、数量和内容上或多或少的差异，但实质上多数可被纳入知识、技能及能力的三维范畴中。

[①] European Commission. 2018-12-10. Descriptors defining levels in the European Qualifications Framework（EQF）. https://ec.europa.eu/ploteus/content/descriptors-page

[②] National Qualifications Authority of Ireland. 2003. A Framework for the Development，Recognition and Award of Qualifications in Ireland-Policies and Criteria for the Establishment of the national Framework of Qualifications. Dublin：NQAI，22-24. https://www.qqi.ie/sites/default/files/2022-09/Policies%20%26%20Criteria%20for%20the%20Establishment%20of%20the%20National%20Framework%20of%20Qualifications.pdf

[③] AK DQR Arbeitskreis Deutscher Qualifikationsrahmen. 2017-12-19. Deutscher Qualifikationsrahmen fuer lebenslanges Lernen. https://www.dqr.de/media/content/Der_Deutsche_Qualifikationsrahmen_fue_lebenslanges_Lernen.pdf

（二）资格标准的纵向等级构建

1. 等级数量以教育及职业资格体系为依据

国家资历框架将所有资格类型都归类为学历资格和职业资格两大类别。尽管学历资格和职业资格在颁发主体、授予对象及包含的学习成果要求上有所差异，但二者实质上都是人力资源开发的结果。国家资历框架为二者的沟通、衔接提供了路径。在国家资历框架中，学历资格和职业资格都用作升学或就业的凭证。具有教育属性的学历资格水平是基于学习者认知形成的规律，资格及资格标准的等级水平划分与教育体系的纵向水平划分基本一致；具有职业属性的职业资格水平是基于学习者技能形成的规律，资格及资格标准的等级水平划分与技术技能人才职业能力的不同等级要求相适应。国家资历框架中最终的资格及资格标准的等级水平划分是以现实的教育及职业能力体系为依据、综合协调的结果。面向未来教育发展的优化设计及对国外经验的借鉴也是重要影响因素。

2. 等级水平可进一步划分为进阶阶段

资格等级水平的纵向发展及变化与教育及职业能力体系一致，在总体上呈现不断量化累积的发展规律同时，也存在由量化累积向质性发展的阶段划分，并具体体现于资格名称及资格等级标准的描述用语中。处于同一阶段的多个资格等级，等级标准间描述差异小，呈现量的变化特征，如对学习者所掌握的知识宽度要求从"一定范围内"向"适度广泛""广泛"发展；从一个阶段上升为另一阶段，处于阶段转折点上的两个资格等级，等级标准间的差异性体现在学习者知识、技能及能力要求上的质性差异。例如"是否要达到专业化水平"，未达到专业水平为初级阶段，达到专业水平则为中级阶段及以上。除框架纵向上整体的阶段划分，普通教育、职业教育、高等教育、继续教育领域内的资格等级水平发展也存在与所在教育体系相适应的阶段划分，如澳大利亚资历框架中第1、2等级的资格（证书Ⅰ、Ⅱ）对应职业教育准备阶段，第3、4等级的资格（证书Ⅲ、Ⅳ）对应职业教育基础阶段。

（三）资格标准的横向关联及纵向衔接

1. 横向维度描述的相互关联

知识、技能及能力是对学习者所掌握学习成果理论上的三维划分。为了保障资格标准表述的清晰性和资格评估及认证的操作性，这三者实质上被视为一个整体，三维划分后的表述结果相互关联，且三维自身及关联后的结果都应与相应资格等级及类型要求相匹配。在资格标准的具体描述中，知识、技能及能力三个子维度之间的关联主要通过三个方面实现：所面临任务情境难易程度的相似性、所达成等级水平的一致性以及所在领域的相关性。资格标准描述横向上的有效关联保证了各个资格标准整体上的融合和内部的协调。

2. 纵向阶段划分的相互衔接

在国家资历框架中，资格标准作为界定学习者应达成学习成果的具体要求，其纵向演进路径严格遵循了个体在认知、技能及能力方面由低到高、循序渐进的发展规律。整个发展过程是循序渐进的，较高等级的资格标准建立在较低等级的基础之上，并呈现阶段性发展特征。这意味着资格标准描述在纵向上应相互衔接，相邻资格等级之间的标准描述应具有高度相关性。较高资格等级标准不仅要囊括较低资格等级标准的学习成果要求，还要在知识、技能及能力要求的等级水平及运用情境的难易程度上适度提高。若资格等级阶段性地发展，那么这种提升和变化的幅度会相应增加。这种纵向的衔接使得学习者先前的所有学习成果或资格成为有效凭证，促进了在国家资历框架范围内资格横纵两个维度上的进一步流动和发展。

（四）资格标准内部标准间的相互关联

1. 资格类型标准基于资格等级标准而产生

资格类型标准是资格等级标准在某一教育或职业领域的具体化。在具体化过程中，资格类型标准对等级标准的"继承"，即为两类标准间的共性，资格类型标准基于教育领域需要产生的新发展，即为二者之间的差异性。资格等级标准构建中的一些基本特征，包括受到国家资历框架模式影响、横向维度划分、纵向等级划分及描述结构的具体化等，都会延续至资格类型标准的制定中，正是这些共同特征保证了国家资历框架作为基准性的资格标准体系在各个标准实施层面上的效度。

2. 资格类型标准融入了所在教育部门的领域性特征

资格等级标准向资格类型标准发展过程中所增加的具体化的内容主要来自于资格类型所属教育领域的领域性要求。以澳大利亚职业教育与培训领域的资格类型为例，其资格类型标准中就体现出了明显的职业化倾向。澳大利亚国家资历框架中职业教育与培训领域共有 8 种资格类型，这 8 种资格类型在资格目的、知识、技能以及知识和技能运用等层面的标准描述上都体现出职业教育与培训领域的职业化特征。在资格目的上，除了升学这一上升途径之外，就业这一途径上主要强调学习者能够承担一定专业化、技术性的工作，随着等级的提升，工作的专业化、技术性要求也就越高；在"知识"维度上，强调技术性、过程性知识以及来自实践的实践性知识和为实践服务的原理性知识；在"技能"维度上，强调四种基础技能贯穿始终，并在较高等级中强调专业性高级技能；在"知识和技能运用"维度上，着重强调对学习者在技能运用和技术问题解决中表现出来的自主性、责任性及判断力。[①]这些与高等教育领域资格类型标准中表现出来的学科专业化及研究学术性特征都有所不同。

（五）资格标准中核心能力的融入

1. 核心能力是贯穿资格标准体系的基础能力要求

核心能力亦称为可迁移能力，这种能力的情境依赖性较弱，能够适用于各类学习和工作任务，是各级各类资格的学习成果要求所必需的，也是个体知识、技能和能力适应情境化发展的重要基础之一。以澳大利亚为例，其国家资历框架中的可迁移能力涵盖 4 个方面："与一定水平和资格类型相适应的文字和计算能力""和他人一起工作和交流的社交能力""学会学习、做决定、解决问题的思考能力""自我决定、整体行动的能力"[②]。这些可迁移性能力与各级各类资格的学习成果要求相互契合，嵌入其中，或是作为其中某一个描述的子维度，或是在具体内容中有所提及，是不可或缺的。

2. 核心能力的纳入是国家资历框架功能完善的重要方面

对于资历框架及其标准体系而言，核心能力要求贯穿其中，是框架中所有资格对学习者提出的共同要求。这些要求反映了某一国家或地区当前社会职业及教育发展对人才素质的共通性要求。随着框架中资格等级及类型的变化，相应的核心能力要求也会在深度、专业化程度以及广阔度等方面有所调整；在不同国家/地区资历框架之间，因自身需求不同，对核心能力的构成要求也会有所差异。与此同时，有关核心能力要求的一些共性特征，如普适性、操作性、发展性等特征，都被各国广泛接受并运用。正

---

① 余小娟，谢莉花. 2017. 澳大利亚资格框架的资格标准分析——以职业教育与培训领域为重点. 职业技术教育，38（22）：73-79

② Australian Qualifications Framework Council. 2013. Australian Qualifications Framework（Second Edition）. South Australia：Australian Qualifications Framework Council，14-18，25. https://www.aqf.edu.au/publication/aqf-second-edition

是基于以上这些共性及差异性特征，作为标准体系重要组成部分的核心能力要求能够更好促使资历框架体系内部的融通以及各级各类资格、外部衔接劳动市场需求等基本功能的实现。相应地，对个体而言，具备框架所要求的核心能力，不仅是其个体实现资格等级提升、类型转变，也是其顺利进入工作情境并胜任职位的关键。

（六）资格标准描述结构及用语的形成

1. 描述结构："学习成果要求+运用情境"

如前所述，资格类型标准基于资格等级标准产生，在描述结构上，二者同样遵循"学习成果要求+运用情境"的模式。这一描述模式运用于某一资格标准综合性的学习成果要求上，要求学习者的能力水平整体上达到相应资格等级及类型所需的标准，以确保高效地完成相应的学习和工作任务。同时，这一描述模式也更为清晰地运用于资格标准各子维度的学习成果要求中，多表现为运用"什么知识""什么技能""如何"去完成"什么样的任务"或是解决"何种程度的问题"等具体描述形式。随着资格等级和类型的变化，资格标准描述中的学习成果要求变量和运用情境变量之间呈现因果互动的关系。

2. 描述用语的统一规范化

国家资历框架是国家层面综合性的资格及资格标准体系，对教育领域的标准制定及劳动市场的准入评估都有着基准性的指导作用。因此，国家资历框架中的资格标准，尤其是资格等级标准，必须具有较广泛的领域适用性，以及在一定时间范围内的相对稳定性，以保证其标准实施的效度和信度。由此，与资格标准规范化的描述结构相配合，各级各类资格标准描述还须形成一套规范化且适应面较广的描述用语。例如，在知识维度上，可采用"基础的""较为广泛的""广泛的""综合性的"等描述；在任务情境上，可采用"常规的""熟悉的""不可预知的""变化的"等描述，以便进一步在学科领域或职业领域资格中具体化、专业化。这样的做法旨在增强国家资历框架作为基准指导的科学性。

总之，在构建国家资历框架中资格标准体系之初，需要考虑"变"与"不变"两大因素。其中，"不变"的因素是资格标准体系与框架自身一样都需要在大方向遵循学习成果导向原则。"变"的因素则是要求资格标准体系依照所在国家/地区经济社会发展需要灵活采用适合自身的框架模式，并据此对资格标准体系的制定进行相应调整。在制定资格标准体系时，首先需要搭建标准体系横纵结构，包括纵向的资格等级及资格类型划分，以及横向上资格等级及资格类型标准相对应的学习成果维度划分。这两项结构的构建需要基于一定的理论和实践依据。结构形成之后，便可进行具体标准内容的编辑。所有资格等级标准和资格类型标准除了在描述结构、描述用语以及核心内容组成上满足一定的规范性要求，而且不同资格等级、类型间的衔接与融通也需要通过标准内容描述上的相互关联来实现。

三、构建系统化的职业能力标准体系

从澳大利亚与德国的资历框架中职业教育与培训领域的资格比较来看，其技术技能人才的资格类型大多覆盖初级、中级、高级、专家级 4 个人才等级层次，并跨越了职业教育准备阶段、基础阶段、提高阶段与专业阶段 4 个阶段（图 5-1）。

比较澳大利亚与德国的资历框架的等级标准，以职业教育基础阶段为例，澳大利亚资历框架描述为：毕业生具有某一专门化/技能型工作和/或继续学习的理论与实践知识和能力；DQR 描述为：在广泛且处于变化中的学习领域/职业活动领域中，独立计划和实施专业任务。前者强调职业活动领域工作的知识与能力，后者侧重职业活动领域的情境性、工作要求的复杂性与完成工作的独立性。总结澳大利亚与德国两个职业教育发达国家的资历框架，其资历框架体现的职业教育等级及其标准特点如表 5-1 所示。从中看出，职业活动情境由特定向半开放、开放、多变的情境领域发展，工作任务由简单向专门化、专业辅助性、专业性的工作要求发展，独立性则由通过引导向独立计划与实施，计划、实施、评价、管控的方向发展。

结合技术技能人才的职业资格要求与培养层次，职业教育可分为以下几个阶段：准备阶段，旨在为某职业领域培养特定情境职业活动领域中通过引导从事常规操作工作的中初级技术技能人才；基础阶段致力于为某职业领域培养半开放职业活动领域中能够独立计划与实施工作的中高级技术技能人才；提高阶段是为某职业领域培养复杂与多变职业活动领域中独立计划、实施与评价工作等技术运用型高技能和专业辅助技术技能人才；专业阶段则是为某职业领域培养专业性职业活动领域中能够独立计划、实施、评价等高技能与专业化技术技能人才。根据职业资格标准及技术技能人才的培养层次与规格，各层次技术技能人才的规格要求可以从知识、技能和能力三个要素进行具体描述（表 5-2）。

德国资历框架-职业教育与培训领域（2021年）

等级	资格类型
1	·职业准备教育（BvB、BVB-Rehab、BVJ）
2	·全日制职业学校（BvB、BVB-Rehab、BVJ；EQ） ·职业准备教育（BvB、职业基础教育）
3	·全日制职业学校（中学毕业证书） ·双元制职业教育（2年制）
4	·双元制职业教育（3～3.5年制） ·全日制职业学校（针对健康和老年护理职业的联邦法定培训规章） ·全日制职业学校（州法律规定的职业教育） ·根据BBiG/HwO的完整职业资格化职业教育 ·根据BBiG的职业转行教育（等级4）-航空地面交通服务人员（通过考试的）
5	·IT专长者（通过认证的） ·服务技术专家（通过考试的） ·依据BBiG§53/HwO§42的其他职业进修教育资格（等级5） ·依据BBiG§54/HwO§42的职业进修教育资格（等级5）
6	·专科学校（州法律规定的继续教育） ·师傅 ·商务专家（Fachkaufmann）（通过考试的） ·商业管理人（Fachwirt）（通过考试的） ·操作型专长者（IT领域）（通过考试的） ·依据BBiG§53/HwO§42的其他职业进修教育资格（等级6） ·依据BBiG§54/HwO§42的职业进修教育资格（等级6）
7	·战略型专长者（IT领域）（通过考试的） ·依据BBiG§53/HwO§42的其他职业进修教育资格（等级7） ·职业教育人员（通过考试的） ·根据BBiG的企业经营人员（通过考试的） ·根据HwO的企业经营人员（通过考试的） ·技术型企业经营人员（通过考试的）
8	

澳大利亚资历框架-职业教育与培训领域（2013年）

等级	资格类型
1	证书 I
2	证书 II
3	证书 III
4	证书 IV
5	文凭
6	高级文凭
7	/
8	研究生文凭 研究生证书
9	/
10	/

初级技术技能人才　中级技术技能人才　高级技术技能人才　专家级技术技能人才

图 5-1　澳大利亚与德国职业资格等级与类型的比较

表 5-1　职业资格各阶段的等级标准特点

技术技能人才等级	等级标准特点（职业活动情境，工作要求，独立性）
初级技术技能人才	● 特定情境的初始工作及社会参与，清晰和稳定结构化的工作领域 ● 简单和基本的任务要求 ● 通过引导而完成
中级技术技能人才	● 相对清晰、部分开放、处于变化中的职业活动领域 ● 某一专门化/技能型工作 ● 独立计划、实施专业任务
高级技术技能人才	● 复杂、专业且处于变化中的职业活动领域 ● 技能型/专业辅助性工作 ● 独立计划和实施广泛的专业任务
专家级技术技能人才	● 复杂性和经常变化的职业活动领域 ● 专业性/高技能工作 ● 独立计划、实施和评价广泛的专业任务和问题，自我负责地管控整个过程

表 5-2　职业技术技能人才的知识、技能与能力结构

要素	职业教育准备阶段	职业教育基础阶段	职业教育提高阶段	职业教育专业阶段
概述	在特定情境职业活动领域中，通过引导从事常规操作工作的初、中级技术技能人才	在半开放职业活动领域中，独立计划与实施工作的中高级技术技能人才	在复杂与多变职业活动领域中，独立计划与实施高技能和专业辅助技术技能人才	在专业性职业活动领域中，独立计划、实施、评价等高技能与专业化技术技能人才
知识	● 具有某职业领域基础性、事实性、技术性、过程性一般知识和专业基础知识	● 具有某职业领域扩展性的、深入的事实性、技术性、过程性和原理性一般知识或专业理论知识	● 具有某职业领域综合性的职业知识，同时包括深入的专业理论知识； ● 了解某职业领域的范围和边界	● 具有某职业领域实践运用以及重要理论与方法的批判性理解等方面的广泛和综合的知识； ● 具有某职业领域连贯、系统的知识体系，与其他领域交接的相关知识
技能	● 具有在某职业领域完成任务的一般认知性和实践性技能； ● 运用已知方法解决预见问题的认知和交流技能； ● 根据给定的规范，使用工具、设备解决常规任务或问题的技术技能； ● 根据给定的标准进行评价及建立关联	● 具有在某职业领域计划和实施专业任务的多种认知性和实践性技能； ● 解决非常规问题的认知和交流技能； ● 承担常规或非常规专业任务的技术技能； ● 根据所给定的广泛标准评价结果，进行迁移	● 具有针对某职业领域的广泛的专业化认知性和实践性技能； ● 解决某职业领域不可预见和一定领域深度问题的认知和技术技能； ● 传递知识、展示理解的认知和交流技能； ● 综合地计划工作过程并且在广泛考虑行动的可能性与相近领域的相互影响的情况下进行评价，进行广泛的迁移	● 具有解决某职业领域综合复杂问题的广泛认知、技术技能和方法； ● 对原理理解、批判思考的认知技能和专业实践的高级技能； ● 展示和传递复杂知识和观点的交流能力； ● 加工新的解决方案，在考虑不同标准的情况下以及经常变化的要求下进行评价

续表

要素	职业教育准备阶段	职业教育基础阶段	职业教育提高阶段	职业教育专业阶段
能力	● 进行口头和书面信息收集和交流，根据情境进行行动和反应； ● 与他人共同学习或工作； ● 采纳和表达一般性的建议和批判； ● 在熟悉和稳定的情境下，通过引导广泛且有责任意识地进行学习或工作； ● 正确评价自己和他人的行动，接受学习指导	● 共同设计学习环境或工作环境，设计流程和针对对象展示结果； ● 共同设计团体中的工作及其学习环境或工作环境，并持续提供支持； ● 即使在欠熟悉的情境中，也能独立地和有责任意识地学习或工作； ● 正确评价自己和他人的行动； ● 设立学习目标或工作目标，自我反思、实现和负责	● 对跨专业复合性事实情况进行结构化，目标导向展示对象； ● 合作化地计划和设计工作过程，引导他人，并以坚实的学习咨询提供支持； ● 运用知识和技能的自主性，解决问题的自主性和判断力； ● 反思、评价、自我控制地追求与负责个人或他人设立的学习和工作目标，在团队工作中获得工作过程的结果； ● 对个人、团队技术和管理任务的责任	● 定义、反思和评价学习过程和工作过程的目标，独立和持续地设计学习过程和工作过程； ● 在专家团队中负责地工作或者负责任地领导团体或组织； ● 引导他人的专业发展，在团队中预见性地处理问题； ● 面对专家，有力地表达针对综合的专业问题和方案的观点，并且与他们进行继续发展； ● 专业情境中高水平的自主性

　　以职业教育基础阶段为例，该阶段旨在为某职业领域培养半开放职业活动领域中能够独立计划与实施工作的中高级技术技能人才。在知识方面，学生应掌握某职业领域扩展性的、深入的事实性、技术性、过程性和原理性一般知识或专业理论知识；在技能方面，学生应具有多种认知性和实践性技能，以解决非常规问题，包括认知和交流技能，以及承担常规或非常规专业任务的技术技能，并能根据广泛的标准进行结果评价，实现知识的迁移；在能力方面，学生应能够共同设计学习环境或工作环境，设计流程和针对对象展示结果，持续为团体中的工作及其学习环境或工作环境提供支持，同时能够独立和有责任意识地学习或工作，正确评价自己和他人的行动，设立学习目标或工作目标，进行自我反思、实现和负责。①

　　① 谢莉花，尚美华. 2019. 智能制造背景下技术技能人才的资格要求及培养定位. 职业技术教育，40（4）：18-24

第六章　构建基础：我国资历框架及资格标准体系的制度建设

受国际发展趋势和国内教育及劳动力市场发展需求的双重影响，国家资历框架作为一项将所有教育、培训领域资格纳入统一框架体系，并对资格进行表征、分级、认定与转换的国家制度工具[①]，正日益成为一项"国家顶层设计层面人力资源管理体系和能力现代化建设体制机制改革创新的重大举措"[②]，并得到社会各界的广泛认知和认可。在国家政策层面上，《中华人民共和国国民经济和社会发展第十三个五年规划纲要》《推进共建"一带一路"教育行动计划》等重要文件都明确提出了加快推进国家资历框架的开发和制定的要求。在实践层面上，高等教育、职业教育、继续教育领域纷纷构建和完善各自的资格体系，在相互融通方面也取得了一定成效。同时，与之配套的学分银行体制也在多个地区顺利运行。随着实践领域的不断深入，学术研究在继续总结、探寻国外资格体系构建规律的同时，开始将研究重心转向本土化构建的探索，结合我国本土的教育与资格发展现状，提出了资格体系的框架模型、构建思路、运行程序及保障制度等。本章以前文对概念、理论及国外规律的提炼与总结为基础，旨在对我国职业能力标准体系的构建基础进行阐述。

第一节　资历框架作为制度基础建设的必要性

一、资历框架在教育改革与发展中承担制度统领作用

世界各国资历框架在构建和发展中可能受到来自社会现有教育、劳动或经济体制的影响甚至挑战，但国家资历框架发展的总体趋势是良好的，它对社会、经济、教育及个体产生的正面功效也被实践证明。越来越多的国家将构建和发展综合性的国家资历框架纳入国家制度建设，以发挥国家资历框架在教育改革及发展中的关键作用，进而深化到社会各个领域。在

① 肖凤翔，邓小华. 2017. 国家资格框架要素论. 教育研究，38（7）：37-43
② 王立生. 2018-04-19. 落实十九大精神 加快推动国家资历框架建设. http://www.moe.gov.cn/jyb_xwfb/moe_2082/zl_2017n/2017_zl76/201804/t20180419_333588.html

教育日趋多样化、公平化及终身化发展的大背景下，教育改革的目标在于：使受教育个体具有更多发展可能性，享受更为适切性的教育过程、内容和结果；教育系统内部所有教育类型及形式平等共存和多样灵活性地沟通发展；教育及其相关社会生态系统间形成良性循环。鉴于这一综合性教育改革牵涉面广，需要有国家层面的制度抓手来推动，而国际发展经验表明，综合性国家资历框架恰好能够在这一教育改革过程中承担牵头和制度统筹作用。

围绕教育改革目标，推进我国国家资历框架开发与建设，需要在综合分析国内外资格体系构建经验的基础上，结合我国教育、劳动力市场、经济、社会的发展目标，提出解决现有问题并实现现有资格体系内外优化发展的需求，进而在需求导向下，完善国家资历框架构建在人、财、物及制度等各个层面上的供给，以实现国家资历框架构建供需上的协调发展。任何一个国家资历框架的构建都不是脱离其所在社会背景的制度空想，国际上的理论基础和成功经验值得我们借鉴，但应结合我国国情进行适应性调整，而非全盘接受或简单调整。为了满足我国教育改革发展的需要，我们必须基于我国教育发展的实际情况，确定框架的具体结构和内容，包括等级划分、学习成果描述维度、普职融通程度和路径等等，这些都需要有充分的实践依据，以确保形成具有中国特色、符合我国教育教学实践和劳动力市场发展需要的资历框架。

二、资历框架为我国产业与教育协调发展搭建标准共识平台

除了教育内部多元资格及其标准有构建衔接通道的需要外，教育作为输出人才的一方，其培养的技术技能型人才或学术型人才，最终都将步入劳动力市场，从事相应的职业。教育和劳动力市场在劳动力的培养与任用上能否实现资源、信息的有效对接，劳动力的资质水平能否得到劳动力市场的充分认可并合理使用，这都需要一个对各级各类人才所拥有能力进行认证及表征的资格标准体系，以为各方在人才的培养、鉴定以及任用上提供价值一致性的尺度和参照。

我国在建设制造业强国和实现经济优化发展的过程中，一直面临的一个较为突出的问题是，经济发展对人才的需求与教育输出人才供给之间的结构性失衡，即技能技术人才的短缺和"学术型"人才的冗余现象并存。其根源在于，我国经济和教育发展中存在两个分离的现象：一是用人的劳动制度与育人的教育制度的分离，二是职业资格证书制度和教育学历证书

制度的分离。前者导致学校和社会在人才供需在信息、资源上对接的不足；后者则不利于教育和培训供给侧内部在各级各类人才培养过程及结果上的沟通与衔接，一定程度上限制了技术技能人才的横纵向流动①。相应地，国家资历框架作为一个囊括各级各类资格的综合性制度体系，主张多样化学习路径下的学习成果导向、普职融通理念下不同类型资格间的沟通衔接等核心举措，则能为以上问题提供有效的解决办法。

三、资历框架为现代职教体系发展与完善提供制度实现路径

在国家资格体系开发的大框架之下，职业教育与培训体系获得了进一步的发展。像澳大利亚和德国这样职业教育发达的国家，通过构建国家资历框架，把所有类型的教育与证书、文凭、学位等都纳入到统一的框架之中，这不仅明确了职业教育在整个学制体系中的地位，还确立了职业教育自身独立的体系，并且致力于实现职业资格证书与教育证书的等值与互换，进而确保了各个层次职业教育的地位。

澳大利亚重视职业教育的改革与发展，借助国家资历框架的升级构建起了现代职业教育体系。②20 世纪 90 年代的首个国家资历框架助其确立了中等、高等两阶段职业教育，初步搭建了职业教育体系的框架；2005年升级后的国家资历框架进一步提升了职业教育层次，形成了完整的职业教育体系。基于这一完整国家资历框架，澳大利亚职业教育体系成功地将"技能""职业人才""职业教育"从低端推向了高端，提供了国家级的成功案例。DQR 收录了包含学历资格和职业资格在内的 30 多种资格类型③，其中学历资格主要涉及普通教育以升学为目标的资格类型及学位类的学士、硕士和博士资格，其余均为职业资格。这些职业资格涵盖从 1 级到 7 级的 20 多种各级各类职业资格，已成为 DQR 的主体部分④。职业资格与学历资格等值而不同类，职业资格包含所有学历性职业资格（如同时获得职业与学历资格的中等职业教育）和非学历性职业资格（如职业进修资格），这些职业资格对应着德国各种类型与级别的职业教育与培训，

① 姜大源.2014. 现代职业教育与国家资格框架构建. 中国职业技术教育，（21）：23-34

② 张桂春，左彦鹏.2015. 澳大利亚国家资格框架的嬗变与其职业教育体系的构建. 职教论坛，（9）：89-91

③ BLK DQR Bund-Laender-Koordinierungsstelle fuer den Deutschen Qualifikationsrahmen fuer lebenslanges Lernen. 2019-08-02. Liste der zugeordneten Qualifikationen-Aktualisierter Stand：1. August 2019. https://www.dqr.de/media/content/2019_DQR_Liste_der_zugeordneten_Qualifikationen_01082019.pdf

④ 李建忠.2013. 德国国家资格框架的特色分析. 职教论坛，（19）：87-91

既是国家资历框架的重要组成部分，又是职业教育体系完整构建的重要基础。

当前，我国正在构建纵向贯通、横向融通的现代职业教育体系，但与其他领域教育的比较、等值还有赖于统一资历框架的搭建。这反过来将有利于现代职业教育与培训体系的完善。在资历框架建设背景下，职业教育类型地位和价值地位的重新确立，也将进一步增强职业教育的吸引力。

第二节　综合性国家资历框架建设的重难点

鉴于我国社会、经济、教育等多个领域的发展需求，以及国际上国家资历框架构建中的成功经验，我国政府层面也相继提出了国家资历框架的开发要求和构想。《国家中长期教育改革和发展规划纲要（2010—2020年）》中明确提出了要"搭建终身教育'立交桥'"，以"促进各级各类教育纵向衔接、横向沟通，提供多次选择机会，满足个人多样化的学习和发展需要"。2016 年 3 月颁布的《国民经济和社会发展第十三个五年规划纲要》中也明确提出了"制定国家资历框架"的任务。2019 年颁布的《国家职业教育改革实施方案》中也提及"推进资历框架建设，探索实现学历证书和职业技能等级证书互通衔接"，但国家层面还需在此基础上早日出台相关制度构建政策。

国家资历框架的构建已经成为众多国家推进教育改革、为国家经济发展提供坚实后盾的重要举措。建立国家资历框架旨在构建一个衔接不同教育（学习）系统、涵盖不同层次和类型资格的制度平台，以保障不同资格的等值性、融通性、透明度和可比性，从而提高社会及劳动力市场对资格的认可度，促进劳动力质量提升和区域经济社会发展。[1]从发展较为成功的国家资历框架来看，其在顺利运行阶段所带来的社会、经济、教育效益是非常可观的。然而，推进过程也极具挑战性，尤其是在我国这样一个教育、培训发展复杂且不均衡的背景下，这一任务尤为艰巨。因此，需要政府政策层面进行全面统筹推进，在保持现有教育与培训体系兼容的同时，促进不同教育领域之间、教育领域与行业企业之间形成资历共识，并打通对接通道。此外，还需要将资历框架的基本原则、标准要求真正贯彻到教育教学环节和用人环节中，每一步都涉及广泛领域、工程量大，但每一步

---

[1]　肖凤翔，黄晓玲. 2014. 国家资格框架发展的世界经验及其对我国的启示. 职教论坛，16：79-83

都至关重要，并应落到实处。在跨教育领域的综合性资历框架建设中，还需要考虑以下几方面的权衡。

一、如何兼容不同领域资历体系建设基础与需求

国家资历框架实质上是一个制度体系，它将跨类型跨级别的所有教育与培训的标准化学习成果——等级与资格标准纳入统一框架中①。各教育领域需要在自成体系的基础上，以子框架的身份融入一个新的综合性资历平台，全程遵循综合性资历框架基本原则，并根据这些原则对资历等级划分、资格标准要求进行适当改造。这一过程参与了终身教育"立交桥"的构建，为资历融通提供了接入路径。这一切都不是凭空架构的，而是建立在我国已经成熟运行的各领域教育体系及其资历体系的基础上的。

从当前我国现实来看，现代职业教育体系已经初步建成，普通教育体系（含基础教育与普通高等教育）日益成熟，终身技能培训体系也开始推行，即局部的资历框架已基本建成。然而，各教育领域之间发展不均衡的问题仍旧存在，普通教育体系上至博士层次的纵向序列构建已经趋于完善，而职业教育、继续教育领域则有待加强。职业教育体系主要聚焦于中等职业教育与高等职业教育两大核心层次，而职业本科教育的总体规模尚显有限，至于达到硕士及博士层次的职业教育课程，目前更是稀缺。在继续教育领域中，目前尚未形成清晰的资历框架，课程名称五花八门，学分学时计算标准各校不同，导致学生获得的学分难以得到转化和互认。②在综合性资历框架的制定过程中，需要充分反映和考虑我国教育及其资历体系现状和问题，这是资历框架能够顺利推行的前提。只有顺利兼容并接入各教育领域资历基础，才能保证综合资历框架理念、原则、要求在教育实践领域得到深度推进。以资历框架为手段，对教育领域的改革与改良，包括职业教育体系的完善、终身教育"立交桥"的搭建等，才有可能实现。我国教育与资历体系纷繁复杂，现状揭示、需求厘清、标准对接，每一步都充满了挑战。

二、如何构建适用于不同领域通用的资历等级标准

等级划分的资历及其标准是资历框架的基本组件，在紧密型、一体化的资历框架中，资历等级标准被视为通用基准，它适用于所有教育领域，

---

① 肖凤翔，邓小华. 2017. 国家资格框架要素论. 教育研究，38（7）：37-43
② 张伟远，谢青松. 2020. 终身教育资历框架研究. 北京：国家开放大学出版社，111

并被用人市场遵循。基于通用标准原则与内容要求，制定具体领域标准、指导教育教学实践、搭建通道，构成了资历框架的基本运作逻辑。鉴于不同教育或职业领域发展实际及人才培养规格要求存在显著差异，综合性资历框架在制定资历等级标准时，首先要确保的是标准的通用性。在标准要求中，需要考虑的关键点包括：横向上关键指标的维度划分是否适用于所有人才类型；不同等级标准区分是否符合所有教育领域发展阶段；核心能力标准是否对教育领域都具有同等重要性；标准描述的结构和用语是否有利于具体化为某一领域的学历资格或职业资格标准。

在遵循学习成果原则的基础下，合理有序地构建我国国家资历框架中的标准体系，既需要借鉴他国的成功经验，也离不开本土的实践与研究作为支撑。我们需要深入思考我国教育教学目标中的情感、态度、价值观是否及如何纳入这一体系；学习成果的核心内容应当是重视基础还是追求创新，是注重专业化还是突出研究性等，这些问题都需要依据我国的实际情况进行权衡和平衡。此外，我国在构建国家资历框架标准体系的过程中，如何以学习成果为导向促进学习过程的多样化，也是一个需要基于现实和理论依据进行深入探讨的问题。

三、如何确立职业教育资历类型地位与价值认同

对于职业教育与培训领域来说，国家资历框架的发展和构建具有特殊意义。从宏观层面看，国家资历框架为我国职业教育体系的完善和提升提供了制度性依据，并通过与普教、高教的等值融通，为职业教育正名，使其作为一种独立的教育类型而非仅仅是教育层次存在。深入到职业教育与培训的中微观实践领域，国家资历框架则在职业教育与专业教育及标准的制定、中高职课程的衔接融通上发挥着关键的指导作用。这些影响最终将直接反映在职业教育主要对象——技术技能人才的培养上，为他们的学业与职业生涯发展夯实质量基础，并提供明确的发展路径。

国家资历框架主要涵盖普通教育、高等教育、职业教育与培训及各级各类非正式、非正规学习过程的标准化学习成果，最终以学历教育资格证书和职业资格证书这两种正式形式来表征。其中，职业教育与培训提供主体横跨学校系统与社会系统，培养目标面向职业世界且兼顾升学需求，具有跨界教育特点。因此，其学习成果等级跨度更大，资格类型范畴更广，涵盖大部分职业资格，并能实现学历资格授予的纵向延伸。职业教育与培训领域的资格类型及其路径是国家资历框架的核心构成部分和构建的重难

点，对确立职业教育的类型地位、促进技术技能人才持续发展和塑造多样化教育路径至关重要。基于我国现有的8级职业资格框架，进一步完善并融入总体资历框架的能力要求与表述，各级各类职业教育以该职业资历框架为基准和导向，将有助于进一步确立职业教育的类型地位与价值认同。

四、如何实现与行业企业需求的高效对接

资历框架是连接育人市场与用人市场的桥梁。它在育人机构与行业企业之间搭建起关于人力标准的同一话语及标准体系，以反映行业企业最新用人需求，并提升国家资历框架所涉及资历在用人市场的认可度和增强其流通性，这是框架最为核心的功能之一。在制定资历框架时，应综合、全面地反映行业企业对人才规格的需求，与现有职业资格体系相衔接，并吸引行业企业深度参与，这些都是提升资历框架社会认知度、认同度的重要举措。在运行资历框架的过程中，应以行业企业为主导，鼓励其主动以资历框架为基准制定行业能力标准、职业与技能证书标准，并将其作为培训课程标准制定、员工招聘与升迁的重要依据，以确保资历框架的理念和要求在行业领域得到有效实施。

行业企业领域的接受程度是资历框架推行成功与否的重要衡量标准。因此，制定资历框架的主导者需要围绕反映行业企业现实用人需求、面向行业企业开展宣传推广活动、指导制定行业能力标准、提升行业证书含金量等进行系统设计。在这方面，香港资历框架已经取得了较为成功的经验，值得我们深入研究与借鉴。

五、如何实现对教育教学实践的有效指导

资历框架的资历及其标准体系对教育教学实践具有重要的导向作用。框架中针对各级各类教育的资历目录（学历资格、职业资格）直接指导教学活动，其资历标准要求为各类教育产出的人才设定基本的质量标准，从而确保其在人才市场上获得认可。各类教育教学实践基于资历框架制定具体领域资历名称和资历标准，继而由上至下明确教学目标、教育标准、课程标准，指导课程开发和教学实践，以实现教育教学实践在质量发展、规范与融通方面的整体发展。资历框架在制定过程中，需要自下而上地调查并反映教育领域的真实现状与需求。在运行过程中，要自上而下、切实有效地在各教育领域深度推进，以确保资历框架制度的建立和健全。

基于资历基准制定资格标准和行业/职业能力标准，这一过程需要充

分的前期调研、相关方面的全程参与、规范的开发流程和专业的开发技术。同时，资格标准导向下改造教学实践标准时，需要解决标准由制度层面走向实践层面所产生的冲突与问题。此外，在资历框架的制度平台下，如何有效发挥学分银行这一工具平台在推进教育教学实践中的作用，还需要进一步的研究与探讨。

第三节　资格标准体系建设之于职业教育发展

国家资历框架是对人才标准的一次重新设定，它通过构建贯穿人一生发展的学习成果认可评价体系，为人才培养与评价提供了同一话语体系。对于职业教育来说，国家资历框架为打破"唯文凭"观念提供了可能，为职业教育改革发展提供了契机[1]，其传导作用则通过资格标准来实现。

资历框架作为各种学习成果的兑换工具，是对全社会各类资历进行分类、分级、认定、衔接的顶层制度设计，也是贯彻终身教育理念、推动各级各类教育及培训等值互认的关键环节。[2]当前，对于我国已纳入建设规划的资历框架而言，搭建框架，并构建用以判断资格所属等级和类型的资格标准体系，应是重中之重。这二者是形成框架制度本体的核心内容，而后才有制度的实施、运行和保障。从内容层面来说，该体系主要由各级各类资格及其相应的资格标准构成，资格标准表征了各级各类资格具体的达标要求，是框架中各级各类资格发挥评估、认证作用的核心依据。从结构层面来说，各级各类资格在纵向上通过水平及阶段的划分与衔接，横向上通过不同教育及培训领域的资格类型排列，共同构成完整的资格体系，其中的区分和衔接关系都通过各级各类资格标准描述上的共性与差异性体现。在开发和构建国家资历框架的内容和结构时，其核心任务是构建相应的资格标准体系。这一体系是实现框架基本功能的关键，需要承担起标准指导和参照的作用。

"资格标准"是一个较为抽象的概念，在实际操作中，它通常指的是某一资格所要求的标准化学习成果。个体在满足相应资格标准并获取资格证书的过程中，实际上也达到了该资格所要求的学习成果。只有当个体所掌握的学习成果达到或超过这一要求时，才被认定为拥有某一资格。在国

---

① 文雯，吴圣楠. 2021. 走向终身学习和教育现代化：国家资历框架的理论和实践. 北京：社会科学文献出版社，242

② 李海东，杜怡萍. 2019. 建立我国国家资历框架的思考. 中国职业技术教育，(7)：77-80

家资历框架中，资格标准通常从知识、技能、能力等多个维度进行描述，以清晰界定及表述资格标准，并便于在教育、培训等领域的实施。

一、搭建与产业界需求对接的桥梁

资格标准体系的构建为产业需求和教育供给在人才质量对接上搭建了桥梁。国家资历框架作为连接人才需求与教育供给的综合性制度体系，其中经规范化命名的各级各类资格是个体学习及接受教育与培训所期望的成果，也是进入人力资源市场的凭证。与各资格相对应的资格标准在反映人力资源市场现实需求的同时，也对学习者经由教育、培训后所掌握的学习成果提出了具体要求。各级各类资格根据所属教育类别和所在成果等级，排列并相互间衔接，形成资格体系，资格标准体系与之配套。理想状态下，国家层面的资格标准体系首先会简洁、规范化地将国家、社会经济及教育发展对人才的质量及素质要求纳入其中，继而通过指导各级各类教育及培训资格认证的方式，将这种基准层面的要求贯彻到教育实践中，由此以资格标准体系为中转站实现产业需求和教育供给在价值取向及关注重点方向上的对接。

国家资历框架在制定过程中引导产业界主动参与其中，通过对劳动力市场和现有职业资历体系的充分调研及行业企业专家的充分参与，准确、全面地将当前产业用人的规格要求反映到资历标准要求中，以用人要求为导向倒逼职业教育改革，引导职业教育彻底走出"闭门造车"的困境，在行业企业的共同参与中健全通向高端技术技能人才培养的开放的教育体系，完善职业能力导向的教学实施过程。产业界在共商共建中切实提升对职业资历以及职业教育质量的认可度，由此形成职业教育与劳动力市场在人才培养、聘用上的良性循环。

二、打通教育资格对等交流的渠道

"只有建立学术教育与职业教育的统一质量标准，才能实现具有可比性的质量保障，进而从根本上提高职业教育的社会地位和吸引力。"[1]资历框架为所有教育资格确立最低质量标准线，为各类教育交流融通搭建了同一的质量平台。与劳动力市场的多样化需求及教育系统多层级多类别发展相对应，资格标准体系在实际运行中也有领域、层级及类别之分。在学历教育系统中，普通教育、高等教育和职业教育的资格标准体系相对独立

---

① 赵志群. 2023-03-10. 加快推进国家资历框架制度建设. 中国教育报，(第 2 版)

存在，相互之间在制定主体、实施程度及关注重点上都有所差异。具体到教育教学实践中，又涉及经由教育化处理形成的专业教学标准和课程标准。职业资格标准体系的多样性发展则与社会行业和职业分类相匹配，在具体运行过程中牵涉的不规范因素也更多。资格标准体系的多样化发展是现实所需，但同时也带来了上下级别资格标准体系间参照关系模糊、不同系统资格标准体系间交叉制定和运行、对教育教学活动的实际指导作用发挥有限等问题。国家资历框架中的资格标准体系，作为国家层面上的基础通用标准，为各级各类学历资格和职业资格的授予划定要达标的最低标准，以保障教育和培训质量。同时，框架中不同系统、等级资格标准间的相互作用关系也能在各级各类标准体系的制定和衔接贯通中起到参照示范作用。

　　各级各类教育资格在同一话语体系和操作平台上，借由资格标准间的衔接关系实现对等交流。各国构建国家资历框架的主要目的之一就是改变原有多元资格体系分立的状态，将各级各类学历资格和职业资格纳入统一的等级序列框架中，为各资格的认证、评估及相互间融通提供统一平台。国家资历框架中的资格标准体系，作为适用于所有教育领域的国家层面综合性基准，为相关平台的运转确立了规范化轨道。这一体系中的各级各类标准，不仅指导了相应学科或职业领域资格标准的制定，而且在不同等级、类型资格标准之间，实现了在总体及知识、技能、能力等具体维度要求上的衔接和贯通。这为教育实践领域的融通工作提供了制度依据和操作参照，并在促进教育的公平化、民主化发展中扮演着重要角色。

　　资历框架及其资格标准的建立是各教育领域融通的基础条件。建立国家资历框架是实现职业教育、高等教育和继续教育协同发展和职普融通的重要前提。不同类型、不同层次教育间衔接和融通的本质，是"资历要求"之间的认可、衔接与融通。而职普融通的实现，首先需要建立职教和普教双向认可的标准，明确各级各类教育的定位和资历标准，即建立具有可比性的各级各类人才培养的"出口标准"。[①]

　　在国际对等交流层面，国家资历框架作为国家层面划分所有资格等级及类型的基础平台，能够通过一定路径及方式与其他国家和地区资历框架实现对接，在授予资格的等级和类型上达成共识，从而促进教育交流和劳动力流动的国际化。框架中的资格标准体系则是这一对接过程中实际需要对比和参照的核心内容，一国资历框架中某一资格等级对应他国资历框架

① 赵志群. 2023-03-10. 加快推进国家资历框架制度建设. 中国教育报，（第2版）

中哪一等级，主要是看资格标准之间的匹配情况。在全球化和区域化不断发展的过程中，国家资历框架作为影响教育、经济社会的重要因素也逐渐融入其中，并成为国别和区域间交流的重要桥梁。各国在构建国家资历框架及其标准体系之初就开始将这一外界因素纳入考虑范畴，并在构建过程中不断向国际通用的构建准则和做法靠拢，以方便后续的沟通衔接。尤其在我国职业教育"走出去"的当下，通过对等的资历标准体系的构建，有利于国内外技术技能人才的培养及达标。

三、为职业教育横纵向发展提供依据

以资历框架中的基准为准，可以进一步完善职业教育领域各级各类标准的系统构建，为职业教育体系构建夯实质量基础。综合性资历框架体系主要包含来自普通教育、职业教育与培训、继续教育三大领域的学历资格和职业资格两类资格类型，其中学历资格还可进一步划分为偏向职业应用性的职业教育领域资格、偏向学术研究性和工程性的普通高等教育领域资格以及少数的基础教育资格。资历框架的核心作用就在于为这些来自不同领域的不同资格类型提供统一的资格等级认证标准和框架。国家资历框架确立了各教育领域内部最上位的资格标准体系，以此为准，各教育领域内部构建起各级各类的更具教学实践指导意义的具体标准，如职业教育领域制定的职业资格/职业能力标准，以及在此基础上进一步开发的1+X证书制度、教学标准体系、课程标准。标准体系的自上而下全程贯通，保证了职业教育体系内部的自治性，为各级各类标准的制定和标准的实践运用确立了最低限度的质量要求，为职业教育各类资格、标准要求乃至课程内容衔接提供了制度依据。

职业教育发展始终面临高层次资历等级欠缺的障碍，借助资历框架这一同一价值平台，职业教育体系可以比照高层级资历及其资历标准要求开发能力为本的高级职业资历，健全相关质量保障体系，打通与普通高等教育高层次资历融通路径，促使职业教育系统包括资历体系、标准体系、专业体系、课程体系等向上延伸形成完整纵向体系，技术技能人才可以在专业领域持续发展，而不必为资历提升转向学术领域，由此夯实职业教育、技术技能的类型地位。

四、为职业教育和培训体系完善奠基

2019年2月发布的"职教20条"提出，"推进资历框架建设，探索

实现学历证书和职业技能等级证书互通衔接""启动 1+X 证书制度试点工作"，其中，"院校内实施的职业技能等级证书分为初级、中级、高级，是职业技能水平的凭证，反映职业活动和个人职业生涯发展所需要的综合能力"。而作为 1+X 证书的基础，则需要研究其上位的职业资历标准体系。同时，这要求尽可能在资历框架视野下，探索职业教育与培训领域一体化的职业资历标准体系及其与学历资历标准之间的互通衔接。而沟通产教之间的学习成果导向的标准体系的研究与探索为构建 1+X 证书制度的基础与核心指明了方向。

从世界资历框架建设的总体规律来看，国家资历框架一般涉及两类标准体系：资格等级标准和资格类型标准。以学习成果为导向，这两类标准体系的核心内容都是对学习者经由学习过程获取的知识、技能及能力构成的学习成果的表征，以此作为鉴别和认证学习者资质当前所处的等级以及所属的资格类型的依据。以学习成果为导向构建标准内容，有助于弱化学习过程性要素的过度限制，从而为框架内各级各类资格的认证、比较乃至衔接提供了统一的价值平台，也为框架联结的各教育领域、资格认证机构、劳动力市场等各类主体提供了在人力资源培养、鉴别及任用等活动上更为清晰、透明且一致的标准参照体系。

相对于普通教育和高等教育来说，职业教育与培训领域技术技能人才的培养途径更为多元化，从工作过程中习得相应知识、技能和能力更是一条主要途径。以学习成果为导向，通过先前学分认证和学分转移等方式，给予这些学习成果同等的鉴定和认证，可以极大地增加社会总的技术资源，节省重复教育与培训的投入。另外，以学习成果为导向的标准制定原则，将标准内容划分为知识、技能及能力三个部分，通用于包括职业教育与培训领域在内的各教育领域，并基于学习成果评估确定了各教育领域资格类型所属等级。这种致力于结果公平性的原则为职业教育领域资格与其他资格间提供了等级比较以及衔接的路径，拓宽了职业教育体系内学习者的上升通道，同时也从国家制度框架的层面为职业教育的价值正名。

第七章　构建主体：资历框架视域下我国职业能力标准体系的一体化建设

如前文所述，国家资历框架是把所有教育类型资格纳入统一框架，并对资格进行表征、分级、认定和转换的国家制度工具。在理想状态下，资历框架能在融通教育内部、促进各教育子系统发展的基础上，连接外部劳动力市场，实现人才供需的基本平衡，从而更好地推动教育的质量化、公平化和终身化发展。构建以学习成果为导向的综合性资格制度，是解决当前我国教育系统与劳动力市场体系中多元资格体系分立、标准繁杂、人力资源供需失调等问题的重要途径。此外，它也是解决技能型人才类型地位问题的根本路径，通过职业教育与普通教育学习成果等量互换关系的建立，保障技能型人才的公平的社会地位。[①]在国家资历框架建立的同时，要求建立完善的技能水平社会评价体系，而当前职业资格证书的含金量问题以及企业主导开发的 X 证书的权威性和代表性问题，还不足以支撑职业资格证书与学历证书的等值。职业能力标准及其评价体系的重构无论对资历框架还是对现代职业教育体系，都是一个重要课题。

第一节　职业能力标准体系的构建价值：承上启下与左右联通的关键纽带

职业能力标准体系是建立在跨教育领域资历框架的通用标准基础之上，但通用标准基本是概要表述，具有高度的概括性和抽象性，适用于任何行业或专业领域。如果需要将资历框架的思想落实到各个行业领域的话，则需要建立职业（行业）能力标准。同时，当前"产"与"教"之间的关联依赖产教融合的标准来引领，培养资格对接、可持续发展的人才。而实现人才供需的精准对接，需要建立职业能力标准，最终使行业企业岗位人才的雇佣能够依据资历等级和要求进行。因而，这也为我们人才培养提供了统一的上位标准。职业能力标准的开发和制定也才能够真正为职普

---

①　徐国庆. 2020. 确立职业教育的类型属性是现代职业教育体系建设的根本需要. 华东师范大学学报（教育科学版），38（1）：1-11

的同等地位、横向沟通提供具体化的等值、转换基准。

一、职业能力标准体系是职业教育质量发展的重要基准

职业能力标准体系，在广义上囊括了资格等级标准、资格类型描述、资格类型规范（职业能力标准），它既是资历标准体系的组成与延伸，又能在"能力"传递中更好地将上位思想与理念贯彻于实践一线。

基于资历框架所构建的职业能力标准体系，对于职业教育体系而言，是一个不可或缺的基准。它指导着职业教育教学的标准构建，确保教育内容与行业实际需求紧密相连、促进个人职业发展。同时，这一体系也是职业教育与其他教育领域衔接的重要平台，有助于实现教育资源的共享和互补，从而更好地服务于社会经济的发展。

二、职业能力标准体系构建为书证等值融通提供参照基础

国家资历框架是实现职普等值、融通的重要制度平台，基于这一平台构建的职业能力标准体系将成为推动 1+X 证书制度实施、促进学历证书和职业技能等级证书深度融通的重要基础。职业能力标准，作为介于制度框架与资格证书之间的重要桥梁，确保了上下层的畅通衔接与有效沟通。若缺少这一桥梁，不仅会让上位资历框架的建立失去稳固的落地基础，更难以形成一以贯之的参考标准来实现不同资格价值及指导证书开发，而学历证书与职业资格证书（职业技能等级证书）的质量与价值又是国家资历框架中各教育领域资格等值归类的直接依据。

因此，构建职业能力标准体系是书证融通的关键，它不仅为书证等值融通提供了明确、可靠的参照基准，还能够引导教育培训机构按照统一的标准进行人才培养和证书的开发设计，从而确保各类证书的质量和价值得到社会的广泛认可与尊重。这一举措将进一步促进人才的自由流动与全面发展，为构建更加公平、开放、高效的人才市场环境奠定坚实的基础。

三、职业能力标准体系构建是产教融合的核心载体

国家资历框架，作为一个全面联结人才需求与教育供给的综合性制度体系，其核心在于各级各类经过严格规范化命名的资格。这些资格不仅代表着个体在学习及接受教育与培训过程中所追求并达成的成果，更是他们进入并活跃于人力资源市场的有力证明。与此紧密相关，针对各个资格所制定的职业能力标准，精准地反映了当前人力资源市场对于人才的具体需

求，同时也对教育、培训及学习成果提出了明确而具体的要求。

在这个体系中，各级各类资格依据其所属的教育类别以及所达到的成果等级，被有序地排列与衔接起来，共同构成了一个完整的资格体系。而职业能力标准体系则作为这一体系的配套组成部分，发挥着至关重要的参照作用。它不仅在决定某一具体资格的类型及等级时提供了明确的标准，更是资格体系在横纵两个维度上排列与形成的核心依据。

进一步地，产业需求与教育供给之间的无缝对接，其核心上位标准正是体现在资历框架中的资格标准上。这些资格标准为各教育领域和教育层次中更为具体的职业标准或学历标准提供了基准性的参考，确保了人才培养与市场需求之间的紧密契合。

因此，构建一个衔接各方的职业能力标准体系，对于促进产业需求与教育供给在人才质量上的高效对接而言，具有不可替代的重要作用。它如同一座中转站，将产业界的实际需求与教育界的供给能力紧密连接起来，为实现人才的高质量培养与高效配置奠定了坚实的基础。

第二节　职业能力标准体系的构建思路：从系统设计到层级标准的一体化

职业能力标准体系的建设，一方面承接了跨教育领域、旨在实现职普等值的资历框架，另一方面统领了 1+X 证书制度的实施。从我国现有职业技能等级证书及学分银行的开发来看，教育部门、人力资源社会保障部门、继续教育部门等各方之间的关系尚须进一步理顺，这对国家资历框架建设的管理体制建设尤为重要。当前，教育部门、人力资源社会保障部门、行业部门、继续教育部门之间存在一定程度的条块分割管理，导致人力资源开发与配置过程中，教育资格与职业资格长期处于相对分离的状态。资历框架的构建是一项政府主导的体制机制创新实践。①在这一过程中，明确资历框架的主导部门并构建协同参与的管理体制建设，是确保框架开发、实施与评价工作顺利进行的重要基石。确立协同合作的长效机制，则是整个制度建设过程中的核心所在。然而，除了管理层面的有效协作外，资历框架内容的设计更是资历框架质量保障及各方认可的关键。因此，在推进资历框架建设的过程中，既要注重管理体制的完善，也要确保

---

① 王海东，邓小华. 2019. 我国学分银行与资历框架建设探索：进展、问题与对策. 中国远程教育，40（12）：55-60+93

内容设计的科学性、合理性和前瞻性，以充分满足人才培养与社会发展的双重需求。

从职业能力标准体系角度来看，资历框架的等级标准是人才培养、行业能力标准的"母标准"。资历框架通常运用"通用能力标准"来对每一级资历应达成的学习成果予以描述，从而明确不同资历所处的级别，而不同的资历级别反映了不同资历要求在学习深度、难度以及复杂程度上的差异。[①]但除了"母标准"之外，资历框架的落实还需体现在各类各级行业及教育之中，因此，需基于资历框架，根据各学科/专业/行业领域的特点制定相应的层级化、具体化的可实施性"子标准"，形成包括职业标准、职业能力标准、专业教学标准以及课程标准等系列标准[②]的标准体系（图2-1）。只有形成一脉相承的职业能力标准体系，方可确保标准体系自上而下的指导性与连贯性。在这一点上，香港资历架构从等级标准到行业能力标准说明，再到能力为本课程，就体现了标准体系自上至下的完整开发。当下，我国国家教学标准体系的建设已步入正轨，这意味着我国职业教育的内部标准体系已基本完备，但基于母标准的子标准的开发仍有待完善。尽管当前我国国家层面的资历框架尚未出台，但职业能力标准的进一步推进"必须植入资历框架的分类分级意识、能力标准意识"[③]，如此才能确保子标准及其证书制度拥有框架性的制度保障，并与其他教育类型具备沟通与互认的功能。

一、系统设计层面

（一）采用"模式-结构-内容"的构建流程，确保国家资历框架内外兼容

国家资历框架实质上是由等级水平、资格类型横纵结构及标准内容构成的综合性资格标准体系。从发达国家资历框架本体的构建经验来看，该标准体系在构建过程中所选的模式、结构及其具体内容之间有着前后影响的因果关系。总体来说，国家资历框架所选取的模式会影响资历框架整体结构的构建，包括等级水平和资格类型的横纵结构及二者之间的结构关

---

① 王洪才，田芬. 2019. 国家资历框架建设：原则·过程·路径. 教育学术月刊，(6)：3-10

② 李海东，杜怡萍. 2019. 建立我国国家资历框架的思考. 中国职业技术教育，(7)：77-80

③ 李海东，杜怡萍. 2019. 建立我国国家资历框架的思考. 中国职业技术教育，(7)：77-80

系，而结构又影响到资格等级标准和资格类型标准的具体描述，决定二者在描述上的详略关系。

在全球范围内，众多国家的资历框架构建已步入实践深化乃至完善阶段，我国无须再经历一次漫长的国家资历框架模式自我摸索、形成与不断改良的实践探索过程。我们应系统总结国外模式发展经验，细致、深刻、广泛地分析我国现有部门资格体系的构建基础，并将其与构建综合性国家资历框架的需求和目标进行对照分析，从而明确我国国家资历框架模式构建的主要方向。在此基础上，我们应有针对性地开发框架的结构和内容，确保我国国家资历框架既能够适应外部的社会、经济、教育的发展需求，又能实现自身内部各层面的协调发展，亦能开展顺畅的国际比较和促进人才的交流与流动。

（二）以学习成果为核心导向，构建国家资格标准体系

"学习成果导向"认可各类教育价值，是各类教育体系自身完善并实现相互间等值及衔接的理念性和工具性基础。学习成果实质上就是资格等级标准和资格类型标准的主要内容，学习成果的维度划分构成两类标准的横向结构，学习成果的层级发展则构成两类标准的纵向结构，由此也就形成了国家资历框架的学习成果导向。在学习成果导向原则下，应合理有序地构建这一学习成果标准化体系，即资格标准体系。学习成果在内容、结构和描述上的合理规划和构建，是资历框架各个资格等级及类型描述得以明确区分同时以一定衔接路径形成标准体系的关键因素。

此外，以学习成果为核心导向构建的资格标准是否完全不考虑将学习的过程性因素纳入其中，这也是一个值得商榷的问题。德国在参照 EQF构建国家资历框架时既遵循了学习成果导向的基本原则，也保留了如双元制职业教育对教育过程的重视。我国在构建国家资历框架标准体系的过程中，也应以学习成果为导向来促进学习过程的多样化。

（三）以基础理论、本土实践和国际比较为依据，确定资格标准维度与等级

资格标准的横向维度划分建立在学习成果分类理论基础之上，同时受到实践经验及现实需求的影响。发达地区/国家资历框架中资格标准的横向维度依据学习成果分类理论一般划分为知识、技能和能力三个主维度。这三个主维度的具体内涵及是否进行子维度的划分，主要由各国资格标准构建的经验及需求决定。这三个主维度在框架中相对独立、自成体系，同时

在实践中又相互融合、相互作用，共同构成了对个体资格评估的标准依据。

资格标准的纵向发展受本国已有教育、培训及其资格体系的影响，并在一定程度上反映了社会职业对人才不同层次需求。资格等级标准作为跨所有教育与培训领域更为上位的标准体系，其纵向上的水平及阶段划分、各上下水平间及阶段内部标准的前后衔接，都要与本国已有的包含普通教育、职业教育、高等教育、继续教育在内的综合教育体系及其资格体系相适应。资格类型标准是资格等级标准在具体教育与培训领域内的具体化，其纵向发展要遵循等级标准纵向上的基本发展规律。同时，这一过程也要体现其所在教育领域的体系发展特点，彰显鲜明的领域性特征。以职业教育领域为例，资格类型标准在纵向上的水平划分与阶段衔接，不仅要紧密贴合本国的职业教育体系及既有的职业资格体系，还要与这些体系协同作用，共同确保能够满足社会对多层级、多类型技术技能人才的需求。

（四）遵循一定的技术路径与规范化要求，构建资格标准体系内容

国家资历框架本质上是综合性资格体系，其核心功用在于为框架内各级各类资格的评估以及为实施层面更具体的资格标准的制定提供标准参照。作为基准性的标准体系，国家资历框架中资格标准在描述结构和内容方面，必须确保高度的规范性，由此才能实现规范性基础上相对灵活的发展。框架中资格标准的描述结构一般采用"学习成果要求+运用情境"的模式来建构，具体的内容表述则严格要求所用术语的统一性，并追求语言的简洁明了。为了便于理解和交流，有必要明确界定专业术语的含义，并建立相应的专业术语库，以便统一使用与参考。

资格等级描述和资格类型描述实质上是对相应等级或类型资格所要求的最低学习成果的规范化表达，其呈现会体现出上下等级间的逐步变化、阶段间的质性差异以及不同种类间的类型区别。等级描述和类型描述是整个资格及资格体系最为核心的部分，它们在构成资格体系主体内容的同时，也是评定机构进行资格鉴定以及个体获取目标资格所要达成学习成果目标的主要依据。资格类型描述仅涵盖各等级水平上各教育部门一级的职业资格类型和学历资格类型，例如高等教育部门的博士学位、职业教育部门的文凭等。而对于更深入的学科/工作领域的具体资格描述，则体现在更为具体的资格类型规范之中。

资格描述符是资格标准开发的核心，需要注意以下问题：①注意平衡国际可比性和国家相关性。避免使用单一的方法开发和定义等级描述符，

既要考虑国际通用语言，也需考虑本国背景和特点。如果过于偏向国际可比性，则会弱化和限制描述符的国家相关性及后续应用实施，不一定能够反映出本国资格系统的复杂性。②强调横贯能力，突出与劳动力市场的联系。现代社会的快速变化与发展对"核心素养"、"关键能力"或"横贯能力"等提出了更多要求。如何将"横贯能力"情境性地纳入资格描述符是一项挑战。这要求深入研究学习成果和能力形成的相关理论基础，也需要在操作层面考虑国家教育与资格体系特点，丰富"能力"概念和维度，尤其"能力"是作为整体概念还是作为"横贯能力"的区分。德国综合能力的概念向我们展现了另一种"能力"理解方式，2017 年修订的 EQF 建议将"能力"定义为"在工作或学习情境以及专业和个人发展中使用知识、技能、个人能力、社会能力和/或方法能力的能力"①，也体现了能力的综合性。③理解综合描述符与特定行业描述符之间的相互作用。资历框架涵盖所有等级和类型的资格，这要求等级描述符以一般和中性语言定义，使它们能够反映复杂多样的现实，但这可能弱化描述符反映子系统特征并降低其需求的能力。德国经验表明，引入平行描述符，能够更好地反映具体资格的特征。这些描述符来自同一核心的一般描述符，如果没有这种一致性，就可能在等级描述符上产生竞争和冲突，从而降低而不是提高透明度。

（五）以资格标准为基础，开发各部门各领域的学科/职业领域标准

为了使资格标准能够对各教育部门和领域产生真正实质性的作用及影响，我们还需要在资格标准的基础上开发出适合各部门各领域的学科/职业领域标准（图 7-1），例如在职业教育领域，需要对各资格等级的职业领域/专业结合领域特殊性特征进行进一步标准/规格的开发。资格等级标准（如 8 级资格等级对应的等级标准描述）、资格类型标准（同一等级中各证书、学历等资格相应的类型描述）和资格类型规范（如高等教育领域某学科的学科标准或职业教育领域某专业的专业标准）层层相关又逐步具体化、可操作化，后者是在前两者指导下针对具体学科/职业领域的标准，又进一步指导着教育内部学科/专业教学标准等其他下位标准的建设。

---

① Council of the European Union. 2017. Council recommendation of 22 May 2017 on the European qualifications framework for lifelong learning and repealing the recommendation of the European Parliament and of the Council of 23 April 2008 on the establishment of the European qualifications framework for lifelong learning. https://publications.europa.eu/en/publication-detail/-/publication/ceead970-518f-11e7-a5ca-01aa75ed71a1/language-en

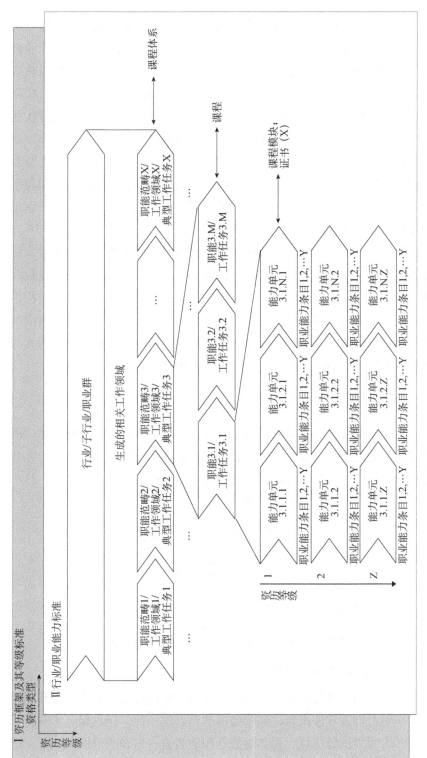

图 7-1 资历框架建设背景下的职业能力标准构建体系

能力本位资格标准体系建构实质就是某个职业行业领域或工作过程对其所需人才应具备的工作能力的精练和规范化过程。在进行充分的职业行业、工作过程调研的基础上，确立核心的能力单元，进行教育转化反映到教育目标中，对教学实施过程起到直接有效的指导作用，最后将学习成果与资格要求进行对照确定能力等级，这是能力本位资格标准体系构建实施的一个良性循环。能力本位技术技能人才资格标准构建强调需求导向，在标准建构之初就要充分反映社会经济发展需求，在制定过程中，更要及时、充分地将当前劳动力市场的用人标准直接反映到各级标准制定和教学实施的各个环节中，以提高资格标准的作用效率及相应教育产出率，满足技术技能人才个体性以及社会性的共同需求。

总体而言，我国当前亟须构建包含普通教育、职业教育、高等教育和继续教育领域各级各类资格的综合性国家资历框架，在构建中需搭建稳固的理论与实践基础，遵循学习成果导向的原则，同时经由从模式到结构再到内容的构建流程，统一规范地描述具体资格等级标准和资格类型标准，保证国家资历框架从构建之初就兼具稳定性、透明性及基准性，为教育与培训领域更为具体的标准体系开发奠定统一和坚实的基础。

二、层级标准层面

职业能力标准体系涵盖资格等级标准、资格类型描述、职业能力标准的构建，职业能力标准作为贯通上位标准理念和衔接职业技能标准与专业教学标准的纽带，需要在考虑相互之间关联中进行定位和发展（图 7-2）。

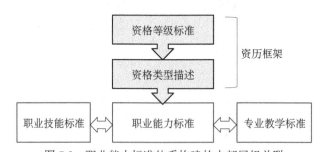

图 7-2　职业能力标准体系构建的内部层级关联

（一）资格等级标准的构建

资历框架的等级标准确立了跨教育领域的分级标准，无论对于普通教育还是职业教育及继续教育，其等级标准具有统一性，这也保障了各种形式教育学习成果的等值性。尤其对提升职业教育与培训的价值与地位、促进终身学习型社会形成具有重要意义。

资格等级标准作为母标准的核心要素，由资格等级、资格类型与等级描述符构成。国外经验及国内实践也证明，虽然普通教育领域与职业教育领域的知识类型有所不同，但完全可以通过"替代集"的方式来进行等级标准的描述，如采用"或者"的描述方式来区别不同教育领域（学习领域或工作领域），澳大利亚、德国采用的就是这种方式，其资历框架中普通教育与职业教育之间的等值已经延伸至资历框架的研究生层级。

1. 以学习成果为导向作为基本准则

确立一套衡量多元资历的通用等级体系，是我国国家资历框架建设的核心要务。[①]在此过程中，一个关键议题在于是否应明确秉持学习成果导向原则，即框架的内容与结构设计是否应紧密围绕学习成果的内涵、维度及其等级层次进行细致划分。同时，也需审慎考量是否应在学习路径、方法、环境等过程性要素上保持绝对中立，避免预设任何统一化的标准，以此回应是否将学习成果导向确立为框架开发与构建的基石。这一基准的确立，将直接引领并塑造后续框架发展的方向与路径。我国之所以提出综合性国家资历框架的构建与开发工作，其动因不仅源于国际间综合性国家或地区资历框架蓬勃发展的潮流引领，更深层次地，是为我国当前致力于构建完善的终身教育体系与优化各类资格标准体系的迫切需求所驱动。这一举措旨在通过构建一个兼容并蓄、层次分明的资历框架，为个体终身学习提供清晰的导航，促进教育资源的有效整合与利用，进而推动社会整体教育水平与人力资源质量的持续提升。

解决发展中诸多问题的关键在于构建一个能为教育与培训实施主体、教育与培训的政府主管部门、劳动力市场以及学习者自身等多个主体共同认知和认可的综合性资格标准体系。一些发达国家的成功经验表明，以学习成果为导向建立的综合性国家资历框架及作为基准的资格等级标准体系恰恰是能满足上述要求的最佳载体。

2. 确定资格等级标准纵向划分依据

我国国家资历框架中等级水平的选择和确定除了要借鉴德国、澳大利亚的资历框架成功构建的经验以外，最为核心的依据应该是我国现行的教育与培训及其资格体系。姜大源教授根据国际教育标准分类的 8 级划分和我国长期实行的 8 级技术工人制度建议将我国国家资历框架的等级水平确

① 李海东，杜怡萍. 2019. 建立我国国家资历框架的思考. 中国职业技术教育，（7）：77-80

定为 8 级。①从其列出的中国国家资历框架设想表中来看，其 8 个等级的划分与我国"小学—初中—高中—高中非高等教育培训—高等专科教育—高等本科教育—硕士研究生教育—博士研究生教育"的 8 级教育体系等级划分基本一致。

综合考虑教育与培训及资格体系、社会职业标准等级划分，我们需要确定资格等级标准的纵向衔接与阶段划分。各等级标准之间的衔接和阶段划分是国家资历框架纵向上的主要构成部分，与横向上学习成果的多维度划分共同构成了国家资历框架标准结构体系。对于我国国家资历框架的构建和开发工作，该项工作与等级水平划分、学习成果描述维度划分一样，都是需要先期着手进行的事项。只有明确了国家资历框架的主体结构，才能进行各等级标准和资格类型描述制定等更具体的工作。参照典型国家资历框架的构建经验，我国国家资历框架中各等级标准间的衔接和阶段性划分工作的进行需要依据本国现行的教育与培训及其资格体系中相关衔接及划分情况，并综合考虑社会经济发展对人才等级的发展需求、非正式正规教育与学习资格的认证需求以及国家资历框架自身的标准描述需求等因素，以实现国家资历框架纵向水平结构上的有序发展。尤为重要的是，职业资格体系的阶段划分、资格纳入应作为重点，予以优先考虑。

3. 明确资格等级标准横向维度与结构

在确定资历纵向等级划分的同时，我们也要基于对学习成果概念的理解及相关学习成果分类理论的研究，在比较研究和本土化研究结合基础上，提出符合我国国家资历框架构建现实需求的学习成果维度划分标准，明确各维度核心的标准要求，并规范描述结构和用语。在开始着手进行框架中学习成果维度划分的过程中，我国一方面可以借鉴其他国家描述学习成果的经验；另一方面也要从我国的国情出发，综合考虑我国现阶段经济社会发展对人才的现实需求，比如在国家倡导"大众创业，万众创新"之际，"学习成果"有必要体现创新能力、问题解决能力和社会责任感等要素。此外，在汲取借鉴他国国家资历框架中的成功经验之外，我们也要看到其不足之处，如其一定程度上忽视了学习过程。学习过程在某种程度上也是一种学习成果，如果将学习过程视为一种学习成果，可以加强我们对学习过程的重视、监控以及调整，并且把学习过程视为学习成果的一部分，也将使学习成果的内涵更为完整，描述更为合理。

我国国家资历框架中资格等级标准描述需要形成规范化结构和用语。

---

① 姜大源.2014. 现代职业教育与国家资格框架构建. 中国职业技术教育，（21）：23-34

我国国家资历框架标准学习成果描述是否采用三维划分方式，以及具体各子维度是否采用"学习成果要求+运用情境"的描述模式，描述用语上是否应该简单一般化，对以上问题的回答和处理直接关系到国家资历框架内容层面的构建与开发结果。在国家资历框架构建与开发的设想环节，并不需要完全确定学习成果最终的维度划分及具体的描述模式和用语，但至少要在是否问题的选择上有明确的态度，由此才能确定国家资历框架中标准制定和开发的大方向。从发达国家的构建经验来看，学习成果描述的多维度划分使等级、资格类型描述更具操作性，学习成果标准模式的确定使等级、资格类型描述更具规范统一性，而描述用语的简单一般性则使得等级和资格类型描述在具体学科领域的运用中更具灵活性，三者共同保证了学习成果导向原则在国家资历框架中有效的运用，是值得我们借鉴的成功经验。

在当前我国地方资历框架（如广东，见图 3-5）和部门资历框架（如国家开放大学，见图 3-4）构建完成的基础上，推进国家层面的资历框架构建工作时，需要双管齐下：既要确保与既有的资格标准实现有效衔接，又要立足于国际视野和国家战略高度，融合普遍性的发展规律，在制度建设、理论探索、实践操作等多个维度上综合考量，进而构建并完善我国国家层面的资历框架及相应的资格等级标准。

（二）资格类型描述的构建

1. 发挥资格等级标准的规范作用，同时考虑资格类型的领域差异

资格等级标准是资格类型标准的上位标准，类型标准在制定理念、纵向等级及阶段划分、横向维度划分上要与等级标准保持一致，保证类型标准内容达到所在等级的质量要求。资格类型标准在等级标准基础上，根据其具体认证和评估工作的需要，增加了标准要求的领域特征性要求，以及标准之外与学习过程或评估过程相关的其他参照性要求，后者的灵活性较强。总体来看，从等级标准到资格类型描述，需要遵循的核心准则是，既要保证等级标准和资格类型描述在主要内容及形式上的统一规范性，又要体现资格类型描述在具体部门资格评估和认证活动中有针对性的标准指导作用。

2. 依据资历框架模式，确定不同领域资格类型描述间的融合程度

确定国家资历框架模式是我国国家资历框架开发和构建首先需要进行的工作，然后才能进行框架结构搭建和内容填充的工作。基于我国以部门为基础的资格构建现状，参照国际上几种主要的资历框架模式，选择以澳大利亚、德国的资历框架为代表的接轨制框架，则意味着要实现现有资格体系的改良，以促成不同部门资格体系间等级水平及标准的统一化；选择以爱尔兰国家资历框架为代表的并轨制框架，则意味着必须进行现有资格体系的改革，以实现所有部门资格间的完全整合。显然，后者对现有教育、资格乃至劳动力市场体系所造成的冲击远大于前者，这也是我国多数学者在这二者的选择中偏向前者的重要原因。如前文所述，我国如果构建接轨制国家资历框架，不仅要实现各教育部门原有资格纵向体系与综合性国家资历框架中等级水平之间的兼容，还要在各具体资格类型的描述中同时体现出所在等级的等级标准要求及所在教育部门的资格特征。

3. 结合资格等级标准及所在领域发展，确定资格类型描述的纵向衔接及阶段划分

资格类型的纵向衔接和阶段划分主要受其所在教育与培训体系的影响，但国家资历框架的不同模式也会通过影响不同教育部门间资格融通程度，来决定资格类型纵向结构是按照教育部门不同而分开发展，还是综合一体化发展。所以，我国国家资历框架中资格类型纵向衔接和阶段划分的工作需要做好两个方面铺垫：一是确定国家资历框架的模式，二是对本土化既有的教育和资格体系进行细致分析。在此基础上，应参照他国构建经验，合理划分我国国家资历框架中资格类型纵向发展水平和阶段，以达成国家资历框架构建在结构上的完整系统性，并进一步促进包括职业教育体系在内的教育与培训体系的纵向延伸发展。

4. 依据资历框架目标取向，确定资格类型描述的领域特征性程度

我国国家资历框架在进行资格类型描述构建时，是选择参照澳大利亚、德国的国家资历框架在资格描述中较明显地体现出所属教育领域的特征，还是像爱尔兰国家资历框架一样实现不同教育领域间同一等级上资格类型描述的统一描述，而仅在培训领域的描述上有所差异，这受国家资历框架的不同构建模式影响，更为重要的还是服务于国家资历框架的核心目标或主要宗旨。即便是在构建类似于爱尔兰资历框架那样倾向于并轨制的体系时，也并不意味着资格类型的标准描述中就不能鲜明地展现出其所属教育领域的独特特征。如果国家资历框架完全偏基准性，旨在为所有的资格类型确定统一的标准体系，那么爱尔兰资历框架的描述方式可能更合理；如果国家资历框架在偏基准性运用基础上还强调有一定的领域针对性和操作性，那么澳大利亚、德国的资历框架的描述方式更合理。我国国家

资历框架中资格类型的标准描述究竟偏向哪一种，需要视国家资历框架的构建立意而定。

5. 在资历框架的资格标准体系中纳入可迁移能力

可迁移能力的情境依赖性较弱，能够适用于各类工作和学习任务，是各级各类资格的学习成果要求所必需的，也是个体知识、技能和能力适应情境化发展的重要基础之一。澳大利亚资历框架将这种可迁移能力称为基础/通用能力，并清晰地界定为基本技能——与一定水平和资格类型相适应的文字和计算能力，社交技能——和他人一起工作和交流的能力，思考技能——学会学习、做决定、解决问题，个人技能——自我决定、整体行动的能力四个方面。这些可迁移能力与各级各类资格的学习成果要求相互契合，或是作为其中某一个描述的子维度，或是在具体内容中有所提及，都是不可或缺的。对于资历框架来说，可迁移能力作为对个体学习成果要求的基本构成部分，是评估其学习成果质量的一大重要指标，同时也是框架内部各级各类资格间衔接的途径之一，是标准体系内部兼容的一个重要方面。对于个体来说，可迁移能力是其能力应该具备的重要构成部分，同时又为其他知识、技能和能力的发展奠定了基础和条件。个体在不同资格等级及类型间的流动以及进一步升学或进入劳动力市场，都需要有一定的可迁移能力支撑。

我国现有的资格体系，无论是学历资格体系还是职业资格体系中对可迁移能力的关注和实际上的描述空间，都是不够的，即使不同资格标准间确实存在可迁移能力，并且可以从其具体描述中察觉一二，总体上我国在构建资格体系的过程中，也未有意识地考虑到可迁移能力，更没有统一性的规范化表述。以职业资格为例，如学会学习，团队合作、组织计划能力，这些可迁移能力的掌握程度都直接关系到技术技能人才对专业技能的持续和深化学习。目前，我国职业资格的标准描述中并没有对这一部分能力的明确规定和要求，也没有形成相应的评估办法和措施，这就无形中导致教育教学实践中对这部分能力的忽略或分割。我国在国家资历框架的资格标准体系构建之初，就应该有意识地将可迁移能力纳入各级各类资格标准描述中，并且就纳入的范围及形式等问题进行规定。

6. 职业资格体系构建：以职业学校教育领域为例

这里以职业学校教育领域（中职—高职—职业本科）为例，尝试构建职业资格体系。从本质上来说，资格体系的构建是为人才的培育服务，为学生的发展服务，并需要遵循以下基本原则：①政策性原则。在正确了解、深入分析我国技术技能人才培养方案的基础上，遵循其特点和规律，构建符合新时代中国特色社会主义教育的能力框架模型。②适应性原则。能力框架模型的建构绝不能仅专注于短期的成果，而应同时具备远景的、前瞻性的取向，以期对后续专业的建设发挥指导作用。③科学性原则。能力框架模型的建构必须在相关理论的指导下，运用合乎科学的思维方式，挖掘技术技能人才成长规律，遵循科学的路径进行模型建构。④教育性原则。依据人的身心发展规律，坚持教育的本质属性，以人为本，以学生的发展为本，促进学生知识、技能、能力各方面充分发展。⑤职业性原则。职业教育是从职业能力培养出发的教育，坚持职业性和能力导向是凸显职业教育特色的根本，强调对接典型职业岗位及其能力要求来构建能力框架模型。

　　基于理论、制度和实践多维度，当前我国职业教育中职—高职—职业本科三个层次的学生能力框架模型的搭建可从两个方面进行构建：一是纵向上的能力进阶，二是横向上的能力构成。

　　（1）纵向发展：能力进阶

　　职业教育的作用是推进个体职业能力从新手到能手（或会思考的实践者）的发展，亦即从初学者到专家的过程。赖尔与德莱弗斯兄弟将技能习得模式划分为 5 个阶段，并在此基础上提出了专长理论①。

　　根据上述职业能力发展逻辑，结合我国《学习成果框架》中的 6 级资格和职业资格框架中的 8 级要求，综合分析后对能力进阶总结如图 7-3 所示。总体来说，根据跨教育领域的资格要求、职业技能等级标准的工作任务与能力要求及人才培养方案的人才规格要求，中高本三级人才培养定位可以看出：职业资格人员从低到高的能力发展中，在任务、情境和自主性方面体现了不断进阶的特点。如果将其对应到中职—高职—职业本科各阶段的职业教育中②，可以分别对应职业能力发展理论中的"高级初学者""熟手""能手"③。

①　Winch C. 2010. Dimensions of Expertise：A Conceptual Exploration of Vocational Knowledge. London：Continuum，138-140

②　这里考虑的是完全的工作胜任能力，但一般而言，以学校为主体的职业教育主要培养基础能力，而要完全胜任工作，还需更多的岗位实践锻炼与在职培训。

③　一般越到高阶阶段，越需要经验和策略性知识与能力，相对而言，"专家"需要更多的工作场所知识。

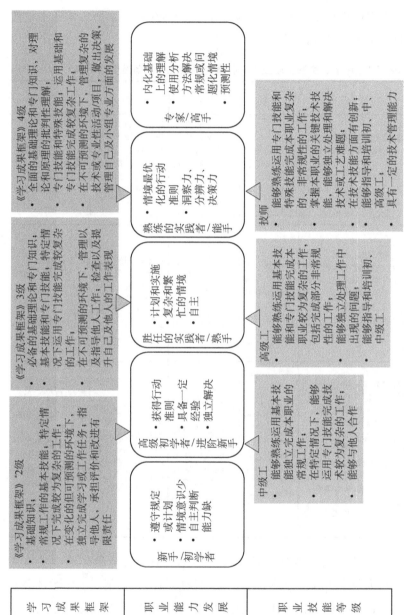

图 7-3　职业教育人才的能力进阶归纳

*根据国家开放大学制定的学习成果框架（Learning Outcomes Framework, LOF）（CBJC 0001-2022）。

（2）横向维度：能力构成

结合世界资历框架普遍采用的"知识、技能、能力"三维划分，立足于不同层次职业教育专业教学标准要求，可得到中职、高职、职业本科教育对应的工作任务及资格要求（表7-1）。

表 7-1　中职、高职、职业本科教育对应的工作任务及资格要求[1][2]

教育类别	工作任务要求	知识	技能	能力/素养	比较与总结
中职教育	中级工： ● 能够熟练运用基本技能独立完成本职业的常规工作； ● 在特定情况下，能够运用专门技能完成技术较为复杂的工作； ● 能够与他人合作	具备某一学习或工作领域必备的基础知识	具有能够完成某一学习或工作领域常规工作的基本技能；并在特定情况下能完成较为复杂的工作	在变化的但可预测的环境下，独立完成学习或工作任务；指导他人常规工作，承担评价和改进学习或工作的有限责任	● 常规工作，部分较为复杂的工作； ● 基本技能； ● 变化的但可预测环境
高职教育	高级工： ● 能够熟练运用基本技能和专门技能完成本职业较为复杂的工作，包括完成部分非常规性的工作； ● 能够独立处理工作中出现的问题； ● 能够指导和培训初、中级工	具备某一学习或工作领域必备的基础理论和专门知识	具有某一学习或工作领域的基本技能和专门技能；并在特定情况下，能够运用专门技能完成较为复杂的工作	在不可预测的环境下，管理以及指导他人工作；检查以及提升自己及他人的工作表现	● 非常规/较为复杂的工作； ● 专门技能； ● 不可预测的环境； ● 独立处理问题的能力； ● 管理/检查及提升； ● 指导
职业本科教育	技师： ● 能够熟练运用专门技能和特殊技能完成本职业复杂的、非常规性的工作； ● 掌握本职业的关键技术技能，能够独立处理和解决技术或工艺难题； ● 在技术技能方面有创新； ● 能够指导和培训初、中、高级工； ● 具有一定的技术管理能力	具备某一学习或工作领域全面的基础理论和专门知识，并对相关理论和原理进行批判性理解	具有某一学习或工作领域的专门技能和特殊技能；能够熟练运用基本技能和专门技能完成较为复杂的工作	在不可预测的环境下，管理复杂的技术或专业性活动/项目，并做出决策；能够管理自己及小组专业方面的发展	● 非常规、复杂的工作； ● 专门技能和特殊技能； ● 不可预测的环境； ● 管理、决策； ● 专业发展/技术管理； ● 指导和培训

就中职层次而言，总体要求具备在变化的但可预测的环境中从事常规、部分较为复杂工作的基本技能。在知识层面，具备某一工作领域必备的事实性知识与基础理论。在技能层面，具有某一工作领域的一系列基本

① 人力资源社会保障部职业能力建设司. 2022-04-28. 人力资源社会保障部关于健全完善新时代技能人才职业技能等级制度的意见（试行）. https://www.gov.cn/zhengce/zhengceku/2022-04/28/content_5687660.htm

② 国家开放大学学分银行（学习成果认证中心）. 2022. 学习成果框架. 北京：国家开放大学出版社, 4-6

认知和实践技能；能够完成常规的工作；强调完成任务过程的规范性和熟练性。在能力层面，在变化但可预测的环境下，独立完成学习或工作任务；进行自我管理并监督他人完成常规工作；在工作和学习活动中承担评价和改进的有限责任。

就高职层次而言，总体要求具备在不可预测的环境中从事非常规、较为复杂工作的专门技能，能够独立处理工作中出现的问题，管理和指导他人工作，检查以及提升自身及他人的工作表现。在知识层面，具备某一工作领域必备的基础理论和专门知识，以及某些跨学科的认识。在技能层面，具有某一学习或工作领域的一系列综合性的认知技能和实践技能；能完成复杂的工作，并能够在特定情况下运用专门技能完成部分非常规的工作；强调完成任务的熟练性和创新性。在能力层面，在不可预测的环境下，管理以及指导他人工作；检查并提升自己及他人的工作表现。

就职业本科层次而言，总体要求具备在不可预测的环境中从事非常规、复杂工作的专门技能和特殊技能，能够管理复杂的技术或专业性活动，并作出决策，管理自己及小组专业方面的发展，指导和培训他人工作。在知识层面，具备某一学习或工作领域全面的基础理论和专门知识，并对理论和原理进行批判性理解。在技能层面，具有某一学习或工作领域的一系列专门技能和特殊技能；能够完成复杂的、非常规的工作，独立处理和解决技术或工艺难题；强调完成任务的创造性。在能力层面，在不可预测的环境下，管理复杂的技术或专业性活动与项目，并做出决策；能够负责自己及集体的专业发展。

综上所述，通过对中高本三层次技能人才培养要求的一体化设计、贯通性培养，使技能得到积累和进阶，进而为培养能工巧匠和大国工匠提供坚实基础。当然，结合国际经验的一般规律（见表5-2），可以对我国对接国际经验的人才资格要求进行提炼与优化。

（3）体系构建：能力框架

通过前文的比较分析可知，虽然KSC三维度在资历框架中与在人才培养方案中存在一定的意涵差别，但二者总体上相对应（表2-6）。在此基础上可形成能力框架模型的横向维度：①"知识"主要侧重于陈述性知识的描述（系统认知）；②"技能"主要侧重于认知和动作技能的描述（完成任务和解决问题的能力）；③"能力"是除"知识"和"技能"以外的所有其他能力，包含情感、态度、价值观等个体能力，以及社会能力、学习能力、自我发展能力等元能力（在应用知识和技能的过程中表现出来的综合素质）。

　　除了在横向维度上确定了"知识""技能""能力"的内涵，同时根据专业教学标准中的能力领域划分，从完整的人的角度对从属于不同范畴的能力进行领域划分（每项能力领域均包含知识、技能、能力三维）：①基本能力（文化基础能力），主要涉及基本的文化知识、跨职业领域的一般能力；②职业通用能力（行业/专业通用能力），主要指向职业领域、职业群通用的、基础性能力；③职业特定能力，主要指向针对某一特定职业群的专门化能力，也包含顶岗实习或企业专用性的能力要求（如现代学徒制项目）。

　　总体来看，综合职业能力在能力领域上横向可细分为基本能力和职业能力两大范畴，前者涉及社会能力、学习能力、个性品质等可迁移的通用能力，后者包含职业通用能力和职业特定能力等与职业领域或特定职业相关的能力。在纵向上，呈现从新手到专家的能力进阶，具体表现在任务、情境越来越复杂，自主性上越来越具有引领性和发展性。因而，综合职业能力不仅在横向上需要覆盖全面的能力维度，在纵向上还需考虑到能力的进阶发展（从新手到专家）。

　　能力是按照传统的三段式顺序式进行培养，还是按照其他可能的组合方式开展是可以进一步思考的。例如，德国20世纪90年代末改革后的新教育框架计划背后也隐含了教育培训思想的转变及教育培训结构的变化，由传统的基础教育、专业教育和专长教育的三段式结构转变为核心能力与专业能力的斜切结构。该模型的特点体现在：①考虑了普适性与专业性的关系。划分为通用型和专用型两类能力，且专用型能力/技能又包含行业专用型和企业专用型，这样全面覆盖了职业教育整个阶段不同学习地点所需获得的能力，而非不同学习地点的分割化培养。②考虑了理论性与实践性的关系。强调能力整体的促进，而非理论与实践的分割，理论与实践学习均是为了促进完整行动能力的发展。因而，如果改变我国三段式教育框架，改变先"普适"后"专业"、先"理论"后"实践"的样态，可以依照德国职业教育的能力框架模型，建立综合能力一体化培养模式（图7-4）。对于教育阶段内部划分逻辑来说，二者都应是一体化培养，按照时间序列实现从初级阶段到高级阶段的综合能力提升。

　　因此，根据以上横向维度形成的基本模型如表7-2所示。职业资格体系为完整的能力培养提供了基本定位参考，根据不同行业或职业领域，职业能力要求在此基础上进行具体化挖掘和呈现。

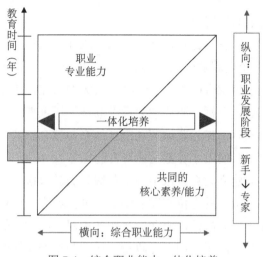

图 7-4　综合职业能力一体化培养

表 7-2　能力基本模型

能力类型		能力领域、能力条目、三维目标			能力水平
共同的核心能力	跨职业领域	①文化基础能力			
		能力条目：…			
		K	S	C	L1—中职；LOF 2*；NVQ 3**
	某职业领域	②职业/专业通用能力			L2—高职；LOF 3；NVQ 4
		能力条目：…			L3—职业本科；LOF 4；NVQ 5
		K	S	C	
职业特有的专业能力		③职业专业能力			
		能力条目：…			
		K	S	C	

*根据国家开放大学制定的学习成果框架（Learning Outcomes Framework，LOF）（CB/JC 0001-2022），数字代表等级。

**根据我国职业技能等级证书制度（National Vocational Qualification，NVQ），数字代表等级。

（三）职业能力标准的构建

1. 建设必要性

统筹谋划职业技能等级标准体系建设，将之与国家职业教育制度体系，包括国家教育教学相关标准、国家"学分银行"建设及国家资历框架建设等有效衔接、统筹协调，在国家层面构建起完善的职业教育标准体系建设机制[1]，职业能力标准可以说是职业技能等级标准的"元标准"，其

---

[1] 高鸿. 2023. 统一的职业技能等级证书标准构建：意义、内涵与基本路径. 江苏高职教育，（1）：1-6

建设具有承上启下的作用。

虽然"职教20条"提到，我国院校内实施的职业技能等级证书要"反映职业活动和个人职业生涯发展所需要的综合能力"，但依靠职业技能等级标准或证书承担综合能力培养还存在较大的落差，职业能力标准或证书则有可能实现这一目标。职业能力标准联结资历框架中资格等级标准与职教内部标准，同时，作为联结劳动市场体系与教育培训体系的桥梁，它承担着确定教育出口端人才质量达标与否的任务。

我国尚未全面建立教育领域中关于各级各类教育统一效度的上位框架与标准，各级各类教育的定位与发展尚处于分割状态，职业教育领域内部的分级制度也处于探索阶段，职业教育领域中对"能力"的理解以及在此基础上形成的"学习成果导向"在政策、研究与实践领域中也未进行过充分有效的论证与运用。上位资历框架如何与教育领域的专业/学科标准、专业/学科教学标准联结起来，对能力与学习成果进行怎样的理解与定位以及采用何种实施策略，对教育的设计与发展至关重要，该方向上的探索应尽早着手进行。学习成果不仅在资历框架等级描述和资格标准之中得到应用，而且在职业标准、课程标准、评估标准的开发方面产生作用。对于职教领域的学习成果分析来说，其实质就是对职业工作过程、工作任务及职业资格/能力的分析，在此基础上形成作为职业工作与活动基础的职业科学内容，为学习者掌握职业活动与生涯发展所需的综合能力提供保障。学习成果导向的教育并不意味着否定过程质量，而是对过程质量的有益补充。尤其是在产教融合背景下，"产"与"教"之间基于学习成果的能力标准体系建设也成为必然。

由于职业教育世界与职业工作世界关联密切，很多国家认识到职业教育应以能力和工作过程为导向进行构建，摒弃传统上单纯基于专业或学科划分的框架。为实现这一目标，职业教育在整体上更加需要以生活和工作世界的问题为导向，需要通过在职业教育标准及基础文件中考虑综合职业能力要求，也需要通过行业企业实践与学校教育的深度融合，共同确保综合职业能力在职业教育设计与实践中的核心地位。

2. 构建基础

从宏观层面来看，资历框架以及能力标准体系的建设，为资格与教育标准以及证书体系的形成和完善提供了制度平台。我国综合性资历框架及能力标准的构建，应当遵循基于综合能力的学习成果导向原则，构建综合资格标准体系；依据我国教育与资格体系的特色，形成资格与教育标准开发的技术路径；以资格标准作为上位标准，指导教育领域内专业/学科标准以及证书的开发。

从微观层面看，当前，我国专业设置、专业教学标准和课程开发的建设都需要进行工作任务与职业能力分析，其规范化的分析程序与要求对获取有效的职业知识至关重要。要获得真正实用的职业知识，就必须进行具体化的职业能力描述。[①]职业能力是把工作任务转化为专业标准、专业教学标准、课程内容"极为关键的中间变量"[②]，如果缺乏对职业能力的成功开发，职业行动领域、工作任务几乎无法转化为职业教育的培养规格与内容。我国当前致力于开发一批具有国际水平的专业教学标准，此过程中已体现出对职业能力标准开发的重视。与此同时，德语圈国家在其能力导向的职业教育条例设计中，也展现了对职业教育专业概貌、培养规格、课程开发的一体化设计。当前，构建能够融通专业教学标准和国家职业标准的职业能力框架及标准，已成为推动我国产教融合深入发展的基石。我国的专业教学标准在开发内容方面，虽然参考了职业标准的要求与内容，但是由于专业所对应的职业领域更为宽泛，旨在培养的综合职业能力也更为广泛多样，所以，目前这两类标准之间尚未形成系统、完整的对接模式。为了进一步发展广泛且跨界的职业能力框架，我们仍然需要在如何将职业界的要求与内容顺利转化为职教界的规格和课程内容这一方面，继续进行探索，并建立更为系统、规范的实施路径。

3. 构建路径

第一，职业能力标准的构建要选择划分边界清晰、技术含量高的子行业或职业领域。以德国为例，该国在开发职业能力标准时，采取了与具体社会职业群紧密关联的教育职业（特别是针对双元制职业教育领域）作为基本单位。这种做法不仅有助于准确捕捉各职业领域的核心技能要求，还能确保所制定的标准能够紧密贴合实际工作需求，为职业教育和培训提供明确的方向和指导。通过这种方法，可以确保职业能力标准的开发既具有前瞻性，又具备高度的可操作性和针对性。我国香港地区则是选取了一些核心的行业领域，如汽车业[③]、机电业[④]、安老服务业，对下属的各个职

---

① 徐国庆. 2016. 职业教育项目课程：原理与开发. 2 版. 上海：华东师范大学出版社，88

② 徐国庆. 2016. 职业教育项目课程：原理与开发. 2 版. 上海：华东师范大学出版社，1

③ 汽车业涉及企业管理、销售及市场推广、零件管理、汽车维修服务四个职能范畴。

④ 机电业涉及飞机维修工程、电机工程、消防工程、汽车燃料工程、空调制冷工程、升降机及自动梯工程、厂房机械工程、水务工程、铁路机电工程、船舶维修工程等不同子行业。

能范畴进行能力单元的开发，这些都是职业能力标准开发的基本集合。

第二，职业能力标准的构建要确立各子行业或职业领域的职业资历阶梯。这一阶梯，可借鉴香港特区资历框架的模式，为行业绘制一条从进修到就业的清晰进阶路径图。从业人员或进修人士可凭借所获取的岗位导向型资历，在行业的不同层级得到进一步发展的机会。职业资历阶梯的核心价值体现在多个维度：首先，它作为能力的有力证明，确保了阶梯上的每一项岗位导向型资历都标志着持有人已接受了充分的职业培训，并具备胜任特定工作的能力，为雇主在人才选拔时提供了宝贵的评估依据。其次，该体系促进了教育与培训机构的课程创新，使它们能够更紧密地对接行业需求，强化学习与实践之间的桥梁，确保培训内容的前瞻性与实用性。再者，它为青年群体点亮了行业内部的职业发展灯塔，不仅吸引他们投身其中，还助力他们规划个性化的进修蓝图，同时让初入职场及在职人士能够精准定位所需技能，通过不断学习与自我提升，满足岗位变迁对能力的新要求，为个人职业生涯发展奠定坚实基础。[①]确定该职业资历阶梯意味着确立了职业技术人才的职业进修与发展路径，使其在职业路径不断提升自我的同时，也能获得与高等教育相当的地位。

第三，职业能力标准的构建要确定统一的开发理念和开发范式。在此过程中，我们需将世界主流的学习成果理念与我国的具体国情相结合，进行本土化调整。这包括但不限于探索知识、技能、能力等多维度的划分方式，特别是"能力"这一核心维度，其定义因国而异，深植于各国的教育传统与文化底蕴之中。例如，澳大利亚侧重于"知识和技能应用"，而德国则强调"社会能力和个人能力"的融入。我国则需基于自身国情，赋予"能力"以独特内涵，融入社会主义核心价值观、德育教育、创新能力等本土元素，以培育符合未来社会需求的高素质人才。开发理念的选择直接塑造了开发范式，若以学习成果为导向，则必须深入挖掘人才培养过程中学习成果的内在价值与外在表现，实现从理论到实践的全面贯通。同时，普职知识的等值认定也依赖于对职业知识、职业能力的深刻剖析与精准定位，这要求我们在职业领域的能力开发上，既要借鉴国际先进经验，又要创新本土模式，确保职业教育与普通教育在价值上的平等与互补。

第四，职业能力标准的构建要开发能力标准技术规程及统一能力单元描述方式。对各典型行业都具有统一指导意义和开发规范的前提是，开发

---

① 香港特别行政区政府教育局. 2020-01-08. HKQF（香港资历框架）. https://www.hkqf. gov.hk/en/home/index.html

能力标准的技术规程。无论是人力资源社会保障部还是教育部的职业技能等级标准，都为各行业专家开发本行业职业标准奠定了规范基础。同样，职业能力标准作为职业技能等级标准的上位标准，涵盖的职业领域更广，综合性和发展性更强，抽象度更高，其开发技术规程需要结合职业教育研究专家、行业企业一线专家、教育或培训机构一线专家等各方力量共同研制，统一重要概念和开发路径，并且在质量上必须经过各方审核和确定。

第五，职业能力标准的构建要开发跨职业通用标准、职业特定标准和成效标准。跨行业的职业通用标准是针对该行业实现个人持续和终身发展的一系列要求，包括方法能力、社会能力、个人能力等，体现发展性；职业特定标准则指向某一特定行业职业群的专门化要求，体现专业性；成效标准如澳大利亚职业能力标准制定中的"能力表现水平"（见第四章第一节）直接指出能力的"外显形式"，作为获得相应资格的凭证。在能力贯彻中，如果采用综合职业能力模型，则能够较好地将二者相结合，在培养专业能力的同时，促进未来职业技术人才的持续发展能力。

行业/职业能力标准描述了从业人员胜任各种职业工作任务所要具备的能力，是从事职业活动、接受职业教育与培训、进行职业资格认证和用人单位选拔和录用人员的基本依据。相比于"类标准"，职业能力标准指向的是某一行业、子行业、职业领域或职业群的能力标准，对应到职教领域内部专业，是指向职教领域宽范围的某专业领域、专业群或专业层面的人才培养要求；相比于 X 标准，职业能力标准主要是面向"1"的综合能力标准。由于"X"是"1"的补充、强化、扩展，有其技术发展的阶段性和迭代性，因此职业能力标准也包含 X 的基础部分，一些特殊部分则无法兼顾。在产业转型升级的背景下，建立发展越来越完善的职业能力标准，对提高从业人员的职业能力和整体素质、规范行业企业用人标准、引导职业教育与培训、推动职业资格证书制度建设都有非常重要的作用。[1]

4. 构建方法

资历框架的基准框架形成后，如何指导开发各行业具体的资历框架并有效作用于教育教学领域，是落实资历框架意义和功能的重要工作。针对某一行业或职业领域来说，其标准构建程序具体可从以下几方面考虑（图7-5）。

1）设立行业的能力要求等级：基于资历框架的一般框架，将该行业的资格等级进行分级，例如覆盖所有等级，或者只覆盖其中的若干等级，

---

[1] 丁冉. 2018. 美国国家职业能力标准研究. 天津：天津大学

以形成该行业的能力要求等级。

2）描述行业的整体能力概况：依据资格标准的一般性描述，针对该行业的各个等级展开具体的阐述，涵盖在知识、技能和能力维度上的分别叙述，从而构成该行业的整体能力概况。

3）划分行业的横向能力领域：对某行业横向上的职能范畴进行分析，例如物流行业涉及物流营销、采购管理、运输配送、仓储管理等功能范畴；电子商务涉及规划与运营、互联网营销、系统运维与开发等功能范畴。

4）转化为人才培养课程体系及课程：纵向上的等级划分和横向上的职能范畴形成二维矩阵，构成该行业的职业能力图表（相应等级的职能范畴大体对应该等级的"课程体系"）。对各个等级需要完成的功能单元进行能力单元的命名，形成该行业各个等级职业证书的能力图表，并对各个能力单元进行编码和赋予学时/学分（各个职能范畴下的职能大体对应单门"课程"）。

5）描述人才培养的课程要求：对各级别的能力单元进行描述，包括名称、编码、级别、学时、能力要求、考核方法（对应"课程模块"）。

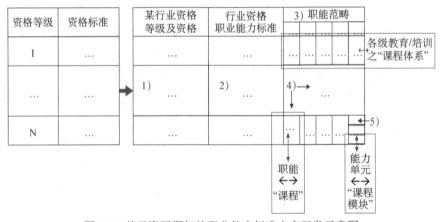

图 7-5　基于资历框架的职业能力标准内容开发示意图

（四）专业教学标准的构建

职业教育内容与职业能力标准协同开发，能够提升教育的适应性。职业能力标准的层级结构——行业、职能范畴、职能、能力单元（图 7-1）与教育领域的专业、课程体系、课程、课程模块/证书形成大致对应的关系。因而，职业教育的专业建设，尤其是专业教学标准也可与职业能力标准建立直接关联（表 7-3）。

表 7-3　职业能力标准视域下专业及课程构建对象及方法

	对象	方法	备注
专业设置	行业	—	依据国民经济行业分类、国家职业分类大典等
	或：子行业/职业群	职业仓分析法（从职业到教育的分析方法）	确定子行业/职业群结构，进行分类和分级
	或：职业/岗位群——职能范畴		
课程开发	工作领域（岗位）/职能	典型工作任务分析法（依据职业生涯路径）	确定职业生涯路径上的典型工作任务
	工作任务		分析各个工作领域的工作任务
	职业能力—能力单元—行业/职业能力标准*	职业能力分析法	分析人需要具备的条件：指向综合能力，并对能力进行结构化

*行业能力标准包含跨行业通用能力和行业特定能力两个层面的要求和成效标准。行业通用能力是跨行业通用的职业技能标准，包括英语、信息、运算、中文等通用能力，可将资历框架确定的通用能力融入。

1. 确定行业/子行业/职业群

以澳大利亚为例，其学历资格证书和职业资格证书进行了一体化设计，包括Ⅰ级证书、Ⅱ级证书、Ⅲ级证书、Ⅳ级证书、专科文凭、高级专科文凭、职教研究生证书和职教研究生文凭，形成国家的 8 个层级资格。由此可见，在国家资历框架的"屋檐"下，澳大利亚针对各个行业/子行业/职业大类构建了由下至上的包括学历与职业资格的一体化资格体系。这一方面遵循了上位框架，为各教育领域在同一等级标准等值打下基础；另一方面，融合了各教育领域，尤其针对面向劳动力市场的教育，为职业教育与高等教育的衔接与转换提供了框架参考。

我国建立行业/职业能力框架及标准时，也可参照这种模式，在遵循统一综合性资历框架的基础上，横向上划分行业/子行业/职业群，纵向上按照资格等级进行划分并将具体资格归入。对子行业/职业领域的确定，一方面，可以借助国家职业分类大典的职业类别划分，其主要依据工作性质统一性来进行，或参照国民经济行业分类划分，其主要依据经济活动的统一性来进行，或二者的结合；另一方面，也可借助某些针对职业群划分的系统方法来进行，如职业仓分析法。

职业仓分析法是一种职业横向分类与纵向分级的分类方法，参照母标准的纵向等级划分，则可以形成横向分类、纵向分级的职业仓。职业仓原本是一种职业教育分级制度的设计方法，按照"职业是职业教育的逻辑起点"的理论观点，设计者提出了"职业仓分析法"作为确定职业教育专业范畴、开发职业教育分级标准和教育内容的基本方法。它是一种从职业到教育的分析方法，一般将基于社会分工的职业分类转换为职业教育的专业分类，同时建立相应的职业教育层次与标准。其前提假设是，各行各业都包含数目众多的职业，总体上看，这些职业都具备"横向分类、纵向分级"的特点。横向分类的标准可以按照工作性质、管理职能、专业或技术类别进行开发和划分。纵向分级的标准可以按照技术的、技能的或者管理的层次划分，例如有的按照国家职业资格的 5 个等级进行划分，有的按照管理层次划分，有的按照企业自行制订的标准。①

　　建立职业仓（即专业）的程序一般包括建立职业图谱、提炼典型职业、横向分类与纵向分级，最终输出的成果为职业仓模型和职业仓说明书。具体步骤如下。第一步：建立职业图谱。此过程可采用两种路径：一是以国家设定的职业教育专业目录为基点，调研专业所服务的职业范围，建立以现有专业目录为基础的职业图谱；二是以行业或产业分类框架下某一个边界比较清晰的职业集群作为基点，建立以细分的产业领域为基础的职业图谱。鉴于从行业/职业中来的原则，后者更为适宜。但需要注意，在以产业细分领域为基点构建职业图谱时，调研要覆盖所有类似的行业企业。具体的职业调研涉及行业发展动态、人才需求（劳动力市场供求关系、企业人才需求）、国内职业分类与职业岗位（国家职业分类大典、行业企业职业岗位设置、职业标准）、国际同类行业/企业/职业岗位设置、学校专业设置、毕业生就业岗位等。第二步：在职业图谱的基础上，归并和提炼具有重要意义的典型职业。第三步：对这些典型职业进行横分类与纵向分级。横向分类可基于统计学分析进行粗略划分，纵向分级可基于客观现实或经验确定相对层级，为后续针对典型职业/岗位的精细化横向分类和纵向分级奠定基础。职业图谱的呈现与归类可以采用坐标图或列表方式（当涉及岗位数量较大时，示例如表 7-4）的方式。

表 7-4　职业图谱

纵向分级	横向分类			
	A	B	...	Y
1	/	/	/	/
2	/	/	/	/
3	/	/	/	/
4	/	/	/	/

① 孙善学，杨蕊竹，郑艳秋，等. 2017. 职业仓：从职业到教育的分析方法. 中国人民大学教育学刊，（4）：81-110

续表

纵向分级	横向分类			
	A	B	...	Y
5	/	/	/	/
...	/	/	/	/
X	/	/	/	/

2. 分析工作领域及工作任务

职业教育是面向职业工作体系的教育，在工作体系中分析职业能力，一般包括职业岗位分析、工作任务分析与职业能力分析 3 个环节，即从岗位/职能范畴到工作任务/职能再到职业能力的分析过程。

相比较而言，职业资格是表征个体具有胜任职业岗位的知识、技能等外在显性条件，职业能力是个体胜任职业岗位的完整要素。因此，职业资格是从社会职业标准的角度对人提出的外显行为能力的要求，职业能力是从人的发展角度对人从事职业岗位可持续发展的综合要求。职业资格研究是职业能力开发的前提，当然，职业能力包含且不仅限于工作必需的核心职业资格，其分析与职业能力开发的关系及路径如图 7-6 所示。

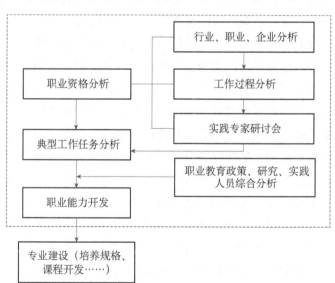

图 7-6　职业资格开发与职业能力开发的关系及路径

其中，在实践专家研讨会基础上产生的典型工作任务分析，是在企业生产经营过程中和学习者职业生涯发展的大背景下对职业活动进行的整体分析，因而，它是工作过程完整的综合性工作任务，包括计划、实施、检查和评价等完整的工作过程。它是针对一个职业（群）而言的，但不一定是企业真实岗位工作任务的全部再现，一定是最有"学习价值/力度"的强有力的知识内容。一个专业所面向的职业群通常包含 10—15 个典型工作任务，这也确定了该专业的基本课程体系框架。通过企业调研与实践专家研讨会的方式获得人才培养的专业范围和代表性工作任务，从而确定职业群/专业群/专业的典型工作任务。该步骤侧重职业发展规律的确定，即对能力的分析广度，但同时需要注意学习水平和能力分级，并结合资格等级标准来确定职业晋升阶梯。

3. 分析和描述职业能力要求

职业能力研究使职业教育与职业世界相衔接，职业教育的成果之一应是缩短人才供给与企业需求之间的距离，使得所培养的毕业生具备职业能力，迅速胜任企业的职业工作，并具备快速适应、转换、发展的能力。但也不能仅限于此，在完成工作任务分析之后，职业教育研究与开发人员需要从社会与人的发展角度，考虑职业世界的需求以及人的发展需求，以及学生的学习基础、教育培养目标和发展目标，概括和提炼出职业能力要求。也就是说，获得职业资格并不是职业教育的最终目标，职业教育的培养目标是学生胜任当前职业岗位及未来持续发展的综合职业能力。

当前，我们还需要充分认识工作任务与职业能力及其关联。职业能力是把工作任务转化为课程内容的中间变量，而且是极为关键的中间变量。如果没有获得对职业能力的成功开发，前面分析的工作任务几乎无法转化为课程内容。有些课程开发过于关注任务分析，忽视职业能力分析，这必然使其成果难以转化成课程体系。从操作角度看，职业能力分析是与工作任务分析同时进行的，工作任务分析结束后即要进行职业能力分析。多年来职业教育课程改革一直难以深入下去，其重要原因之一就是对职业能力的描述过于笼统。用普通能力的描述方法来描述职业能力，使得对课程内容的分析难以真正深入职业内部，这必然导致用基于工作体系的课程来取代基于学科体系的课程成为空中楼阁，这也是职业教育课程中的黑箱现象。要走出传统职业教育课程改革的困境，获得真正的职业知识，就必须进行具体化的职业能力描述——职业能力表述结合工作任务进行。①

课程开发中的职业能力分析需要特别注意以下 5 个方面：①不能把能力等同于能力形成所需要的知识条件；②不能把能力等同于任务；③不能

---

① 徐国庆. 2016. 职业教育项目课程：原理与开发. 2 版. 上海：华东师范大学出版社，86-88

混淆职业能力与工作任务；④要描述出能力中的工作结果；⑤要深入揭示职业能力的内涵。[①]职业能力描述要点包括：①区别职业能力与工作任务各自目的与描述方式；工作任务分析是为了获得岗位的工作内容，职业能力分析是为了获得岗位胜任对人的能力要求；②结合工作任务进行描述，通过对工作任务中的关键动词做进一步拆解来获得；③通常只描述对职业能力的要求，不描述对知识的要求；④描述格式是"能（会）使用什么进行什么操作，达到什么要求"；⑤针对每项工作任务分别进行描述；⑥每项工作任务至少要拆解出两种职业能力；⑦区分职业能力与职业技能，看它们指向的是任务还是肢体或心智；⑧避免简单地从现有教材中抽取内容，同时也要避免重复一些常规的能力内容；⑨要开发出职业特色鲜明，与岗位任务联系紧密的职业能力，需进行细致描述，避免宏观描述，深入挖掘岗位专家的工作经验；⑩对职业能力进行分层，便于教育与课程分层。[②]

在专业教学标准层面的职业能力开发中，还需注意两个方面：一是项目课程开发模式在职业能力分析及职业能力的深度挖掘上有优势，但对于综合职业能力分析来说，如果能够将职业能力进行结构化处理，则更为优化。例如，不仅对专业能力，而且将我国特色的德育与课程思政元素、发展能力（方法能力、社会能力、个人能力）等进行结构化一体分析，则更能体现综合职业能力观的目标（图7-4）。二是职业能力是连接职业世界与职业教育世界的关键纽带，需要基于工作任务开发能力要求。工作任务只是对现实世界的客观反映，仅基于工作任务分析得到的职业能力，只是职业教育对劳动力市场需求的被动适应。随着现代社会科技的突飞猛进，技术工人不能仅仅对岗位具有适应能力，从社会与人的发展角度考虑他们更应具有设计能力。职业教育对劳动力市场应该并且能够产生反作用，通过技术工人的培养来主动促进劳动力市场的发展和优化，因此，职业教育培养的人才不仅应具备岗位适应能力，还应具备设计与创新能力。将这些理念融入职业能力开发中，才能获得全面、综合的职业能力要求。这些综合能力要求能为后续课程的开发与转化提供全面、扎实的基础。

[①]　徐国庆. 2016. 职业教育项目课程：原理与开发. 2版. 上海：华东师范大学出版社，89-91

[②]　徐国庆. 2016. 职业教育项目课程：原理与开发. 2版. 上海：华东师范大学出版社，92-94

（五）职业技能等级标准构建

分析职业教育 1+X 证书制度的内涵与隐喻，我们不难发现，该制度的顺利推行依赖于资历框架作为基石，它不仅为职业技能等级证书体系的构建提供了严谨科学的分级依据，还确保了证书在实际应用中的权威性和认可度。反之，职业技能等级证书的完善与发展，也为资历框架的进一步丰富与细化提供了强有力的支撑，二者间形成了相互依存、相互促进的紧密耦合关系。①若缺乏统一、明确的标准或证书要求，将极大地阻碍该制度在全社会，特别是教育界与职业界的广泛认可与接纳。因此，构建一套行之有效的运行机制显得尤为关键。

资历框架在推动 1+X 证书制度中的作用机制可概括为：首先，依据资历框架确立各职业层次的详细标准与能力要求；随后，基于这些标准开发职业技能等级证书的具体规范；进而，围绕证书标准，制定出配套的考核、课程及培训标准；最终，通过资历框架的保障作用，建立健全职业技能等级证书的质量监控体系。②值得注意的是，资历框架作为制度设计的宏观指导与职业技能等级证书作为技能评价的具体标准③之间，存在一个关键的转化桥梁——职业能力标准。这一标准体系自上而下，由宽泛的资格等级标准逐级细化至具体行业/职业领域的详细要求，再进一步具体到某一专业技能方向的等级标准。每一层级标准均在其上位标准的基础上，既保持理念上的一致性，又逐步增强其实用性和可操作性。

综上所述，资历框架作为资格与能力评价的通用框架，其推进 1+X 证书制度的过程，实质上是一个从抽象到具体、从宏观到微观的精细化构建过程。这一过程要求我们不仅要科学划分能力层次，明确职业能力的具体要求，还需精心设计与之匹配的考核、课程及培训标准，从而搭建起一个结构清晰、流程规范、高效运转的模型，以资历框架为核心，全面推动职业技能等级证书制度的深入实施。

1. 职业技能等级标准的开发逻辑

不同于以往的"双证书"制度，职业技能等级证书（X 证书）不是现有学历教育的组成部分，它根植在学历教育基础之上，是现有学历教育的

① 吴南中，夏海鹰. 2019. 以资历框架推进职业教育 1+X 证书制度的系统构建. 中国职业技术教育，（16）：12-18
② 吴南中，夏海鹰. 2019. 以资历框架推进职业教育 1+X 证书制度的系统构建. 中国职业技术教育，（16）：12-18
③ 目前所开发的职业技能等级证书还不能承担起与学历证书相等值的资格证明，因为其开发主体、开发面向、开发结果上仅面向单个社会职业或职业方向。

延伸，是"学历证书的补充、强化和拓展"①。所谓补充，是指随着科技
发展出现的新技术、新工艺、新规范和新要求，在学历教育人才培养方案
中没有及时反映，要通过职业技能培训来补充这些内容。所谓强化，就是
在学生学习专业人才培养方案所规定的课程的同时，根据学生个人职业选
择的需要，通过职业技能培训，强化其完成某一职业岗位关键工作领域典
型工作任务所需要的职业知识、技能和核心素养。所谓拓展，是指学生在
学习本专业（或专业群）教学内容之外，学习与本专业相近或其他领域有
良好就业机会的职业技能培训课程，以拓宽就业领域，扩大就业机会。②
这三种形式分别对应"四新"经济发展所需的职业技能，以及现有职业技
能中需专门强化的职业技能和需进一步拓展的职业技能。此外，它能够基
于学习成果认定、积累和转换制度进行学分的转化，实现教育公平。

职业技能等级证书开发的核心是制定反映职业技能水平的职业技能等
级标准。"院校内实施的职业技能等级证书分为初级、中级、高级，是职
业技能水平的凭证，反映职业活动和个人职业生涯发展所需要的综合能
力"③。所谓综合能力，指的不仅仅是职业知识、职业技能，还包括职业
素养；除了专业能力外，它还包括诸如方法能力、学习能力、社会能力、
个性品质等核心能力。基于此，技术技能人才能够为当前的岗位胜任及后
续的职业生涯发展做好准备。

2020 年 3 月，教育部职业技术教育中心研究所发布《职业技能等级
标准开发指南（征求意见稿）》。该指南对职业技能等级标准的内容结构、
编写标书规则和格式要求、开发工作流程提出了一般性指导。从层级来
看，职业技能等级标准一般划分为初级、中级、高级。等级划分依次递
进，高级别要求涵盖低级别要求，对接不同教育阶段的层次和不同岗位的
层级。该指南提出，职业技能等级标准"开发要以工作任务分析为前提，
避免传统的学科知识分析。工作任务内容需进行三级分析，第一级分析工
作领域，第二级分析工作任务，第三级分析职业技能要求"。工作领域一
般指向相对独立的岗位/岗位群的功能单元，而工作任务是对工作领域的
具体划分，均采用"名词+动词"的表述形式，而第三级的职业技能要求

---

① 唐以志. 2019. 1+X 证书制度：新时代职业教育制度设计的创新. 中国职业技术教育，
　　（16）：5-11
② 唐以志. 2019. 1+X 证书制度：新时代职业教育制度设计的创新. 中国职业技术教育，
　　（16）：5-11
③ 国务院. 2019-01-28. 国务院关于印发国家职业教育改革实施方案的通知. http://www.
　　moe.gov.cn/jyb_xxgk/moe_1777/moe_1778/201904/t20190404_376701.html

一般可从"行为、条件、标准、结果"4个维度进行描述，同时需要避免笼统、抽象的能力条目描述。采取这种描述方式，一方面有利于反映从业者的工作过程和工作结果，评价其工作任务的完成质量；另一方面有利于融入学历框架转化为具体的培养培训内容，实现1与X之间的融合。

经过对现行多批次职业技能等级标准的深入剖析，我们发现在开发成果上尚存显著的优化空间，这对于为后续教学内容的精准开发与有效实施奠定坚实基础至关重要。具体而言，部分职业能力条目的缺陷主要体现在以下几个方面：①深度解析与描述的不足：当前部分条目未能充分展开对职业能力的深层次剖析与详尽描述，这可能导致在向课程内容转化时，所生成的新知识、技能点显得单薄，难以满足全面培养的需求。②综合能力框架的缺失：部分条目过于聚焦于具体的职业知识或技能，而忽视了职业素养、工作态度及核心价值观等关键要素的整合，从而未能构建一个全面、立体的职业能力框架。③等级进阶的明确性有待加强：针对初级、中级、高级三个能力等级，目前的标准在界定其内在联系与进阶路径上尚显模糊。鉴于职业能力标准旨在全面反映实践专家在工作状态下的综合能力，我们有必要在汇总并分析企业实践专家的典型工作任务与能力要求后，进一步细化学习水平的区分，并据此明确不同等级之间的递进关系。为此，采用诸如概览表等工具，系统性地梳理各能力条目之间的联系与差异，以直观展现其层次结构与进阶路径。这不仅有助于后续标准的持续完善，也为1与X证书制度的深度融合及课程内容的高效转化提供了清晰的指引方向。

2. 职业技能等级标准的一体化构建路向

通常情况下，一般通用技能由学历证书来体现，行业通用技能由职业资格证书来体现，企业特殊技能由个性化的企业技能要求来规定。当前，X证书的代表性存疑，如由个别企业进行开发，并不能代表行业普遍技能；证书太多，使得培训无所适从；校企合作的企业对X证书的认可度较低等。从实践开发来看，X证书只能视为附加资格证书，不能代表一种如"职教20条"所指出的具有一定宽基础的综合能力评价，"也不能作为从事某个职业所需职业能力的认证"[①]。因而，对于书证融通来说，当前开发的"X证书内容相当于人才培养方案中的一个模块""成为人才培养方案、教学标准和资格标准的基础"。职业技能等级标准（X）实际上是

---

① 郭建如，杨钋，田志磊. 2020. 职教X证书制度的财政支持政策探析. 职业技术教育，41（27）：7-12

在"1"基础上的补充、强化、拓展。

如第三章第二节所述，职业技能等级标准主要涉及人力资源社会保障部门与教育部门开发的两类职业技能等级标准。两类标准各有特色，但是职业教育作为跨界性的类型教育必须充分考虑国家职业标准、职业技能等级标准与专业教学标准内部的对接。如德国职业标准不是独立开发的，一般与教育和评估标准相结合，是融合在教育标准和评估标准开发过程之中的①。因此，只有正确处理两种标准的关系并合理借鉴其所长，才能构建符合职业教育本质特征的标准体系。这也为处理与完善两种标准关系及其开发过程提供有益经验。

（1）统一认识：厘清国家职业标准与 X 标准的关系

国家职业标准是国家职业资格证书开发的依据和基础，面向的是所有社会职业，是我国各项职业的职业能力培养与评价的纲领性文件，在整个国家职业标准体系中起到主导作用。X 标准是针对 X 证书开发的标准，而 X 证书体现的是岗位群能力要求，是在对所有职业分析整合基础上的概括化提炼，反映的是具有时代特征与产业升级需求的技能要求。因此，它对以职业为基准的国家职业资格证书起到了补充、强化、拓展的作用。国家职业标准应当有选择性地将符合现实需要与未来发展趋势的"X"技能所对应的新岗位纳入其中，以满足职业与个体的可持续性发展。在实践中，学习者既可以基于自身职业准入与晋升的需要考取国家资格证书，也可以出于个人发展需要与兴趣特长等考取 X 证书，后者指向的具有时代性与创新性特点的专业技能将进一步提升个体的职业适应性与竞争力。

（2）开发理念：进一步体现综合能力导向

人力资源社会保障部、教育部针对国家职业标准与职业技能等级标准开发分别颁布了《国家职业技能标准编制技术规程》与《职业技能等级标准开发指南（征求意见稿）》。前者注重对实际工作岗位任务的确定与职业功能的分析，体现以职业和岗位为中心，这种功能分析法虽然对职业岗位分析已经足够，但对于人的培养与发展来说，还显得不够，还需要进一步挖掘"综合能力"；后者尽管考虑了对个人职业能力的培养，但在其颁布前后，不同的 X 标准开发规范与内容描述也不同，即使颁布后，发布的 X 标准开发使用了三级分析法，规范程度也有所差异，在综合职业能力体现方面仍然不够。总之，一些已开发的职业技能等级标准在后续转化为课

---

① 谢莉花，唐慧. 2018. 德国双元制职业教育专业设置探析——"教育职业"的分类、结构与标准. 现代教育管理，（3）：92-97

程时，还需要进一步改进完善，以保证综合能力的落实与评价，例如，将核心能力、通用能力等能力要求列出条目作为横向要素，横贯性地融入纵向发展的各学科/专业/职业领域的能力要求之中。

（3）开发主体：加强标准开发主体培训评价组织的建设

我国国家职业技能等级认定由过去的政府认定转变为用人单位和社会培训评价组织认定，充分释放了市场力量，以满足行业企业的实际需求。然而，职业技能等级标准的开发与认定的理想过程是职业逻辑与教育逻辑的融合对接，如何解决教育公益育人性与职业培训评价市场利益化的矛盾是需要思考的。培训评价组织是一种集行业组织、教育机构、评价机构的属性为一体的多功能组织，是其中的"经济代理人"，具备凝聚行业企业、院校和考核评价机构力量的能力。通过社会化机制公开招募择优遴选的培训评价组织，其主要职责包括 X 标准开发、教材和学习资源开发、考核站点建设和考核颁证。因此，培训评价组织作为多元利益方代表，最适合成为职业技能标准开发主体以实现多方冲突的平衡，同时政府部门负责组织与监管标准开发过程。

（4）开发逻辑：有效融合标准开发过程中的职业逻辑与教育逻辑

完善的职业技能标准应当同时具备教育性与职业性以实现职业体系需求与教育体系培养的对接。《职业技能等级标准开发指南》（征求意见稿）中关于职业技能等级标准的开发路径为"工作领域—工作任务—职业技能要求"，而职业院校专业教学标准一般也按照这一路径进行开发，再转化为相应的课程设置、课程模块和课程内容。所以，这也意味着，开发后的 X 与专业教学标准进行融合时，职业能力条目发挥关键的作用，通过职业能力条目之间的比较，采用"或者增加""或者包含""或者替代"的方式，实现两个标准的融合，进而再开发相应的专业课程内容或培训模块内容，实现书证融通。

因此，我国国家职业标准开发的逻辑起点虽然为职业性，但其过程必须考虑职业逻辑与教育逻辑的对接与融合。X 标准开发应在开发逻辑上考虑专业教学标准，等级划分依据在关注个人技能技术水平与岗位层级的同时加入对学历层次的考量，要积极探索国家职业资格证书与学历证书、X 证书的融通、学分认定与换算，为构建国家资历框架奠定基础。总体来说，X 标准的开发逻辑应有利于后续 1 与 X 的融合，需要注意的是，它主要面向岗位，而专业层面的职业能力分析应针对职业群、岗位群，两者并不完全对等。

（5）开发技术：探索基于职业特征的深度开发技术

职业技能等级标准开发指南是对标准开发过程的指导性要求，但在具体的开发技术层面应当依据职业性质与特征做出设计与创新。英国的会计和医疗卫生行业的国家职业资格证书之所以被认为是成功的，是因为它们都根据自身行业的要求和特点对国家职业资格框架的许多规则进行了修改①，没有充分考虑职业性质、特征与需求的标准开发技术是无法契合职业要求的。

国家职业标准采用工作目标导向的职业功能分析开发方法，X 标准采用基于工作内容的职业能力分析开发方法，二者没有绝对的优与劣，选择哪种开发方法应当取决于开发对象——职业（或技能）的性质与特征。无论选择哪种方法，都需要在职业工作内容分析之后进行职业能力的深度挖掘，以促成未来职业技术人才进行独立计划、实施与评价工作的能力，并且重视培养除了知识、技能掌握之外的素养，如工匠精神、职业道德、自我发展、终身学习等。因此，这也意味着，除了重视学习成果获得外，开发技术也应尽可能按照工作/学习过程的逻辑来设计，在"做事"的过程中体现职业行动能力和综合素质的培养，将知识、技能与能力进行一体化培养。

国家职业标准与职业技能等级标准开发的后续完善，需处理和统筹好两个标准关系，体现开发理念的综合能力化、开发主体的多功能化、开发逻辑的融合化以及开发技术的深度化，为我国构建"纵向贯通、横向融通"的国家资历框架及现代职业教育体系奠定基础。

第三节　职业能力标准体系的构建案例：
以"汽车维修"为例

针对上一节中关于"职业能力标准的构建""专业教学标准的构建""职业技能等级标准构建"，本节尝试基于职业资格类型，初步构建职业能力标准体系案例。

通过比较香港"能力标准说明"②、职业仓③、职业教育能力标准等

---

① 李庶泉. 2016. 英国国家职业资格证书制度改革的取向. 职教论坛，（28）：81-86
② 香港特别行政区政府教育局. 2022-11-08.香港资历框架（HKQF）. https://www.hkqf.gov.hk/en/home/index.html
③ 孙善学，杨蕊竹，郑艳秋，等. 2017. 职业仓：从职业到教育的分析方法. 中国人民大学教育学刊，（4）：81-110

文本可以看出，不同场景下的"行业"能力标准的分析对象——"行业"的定位有所不同。一种情况是，诸如香港的行业能力标准更倾向于以广泛的行业门类为基准，这些行业门类构成了国民经济中同质性生产活动或经济社会经营活动的集合体，诸如零售业、汽车业等，展现了经济领域的多元性与复杂性。以汽车业为例，其覆盖范围极为广泛，不仅涵盖了企业运营管理的宏观层面，还深入至汽车销售及市场推广、汽车零件管理的中观领域，直至细化到汽车维修服务等具体职能范畴。而单独的职能范畴"汽车维修服务"这一细分领域内，职业岗位类别繁多且等级划分详尽，每一层级都伴随着更为精细化的职能要求。尽管以行业门类为框架的能力标准有助于从宏观视角勾勒出整个经济行业的全貌，清晰地区分了行业的横向边界，但这也带来了一定的局限性。一方面，它可能导致某些在本质上差异显著的职业类别被笼统地归并，如汽车销售与汽车维修之间，除了对汽车基本知识和顾客服务的共通能力外，其专业性和技能要求大相径庭，难以形成紧密的内在联系。另一方面，对于像汽车维修服务这样庞大且细致的职能范畴，其是否应当与其他职能范畴等量齐观，亦或需要更细致的划分与定位，尚需深入讨论。参考我国国民经济行业分类标准（GB/T 4754-2017），不难发现"汽车"相关活动被分散在多个产业和行业门类之中，如"36 汽车制造业"作为行业大类，而汽车销售、汽车维修服务等则分别归属于不同的中类和小类。这种分类方式揭示了"行业"概念在实际应用中的灵活性与多样性，同时也提出了一个关键问题：如何科学合理地界定行业的范围与边界，以确保能力标准的制定既具有全面性又不失精准性。

另一种情况是，主要依据专业（职业群）进行行业的划分，如电子商务、电商物流。该种划分形式与产业链、大行业存在一定的距离，但能够对该"小行业"进行更加细致的纵向分级和横向分类，并且可以与职业资格框架（如我国的 8 级职业资格框架）、职业资格/职业技能等级标准及资格证书相联系。

综合以上两种情况，本节主要针对其中更能体现工作性质同一性的"职业"能力标准，以使后续能够与职业教育的完整资格与能力获取相联系。这里以"汽车维修"①为例，对职业能力标准进行举例分析。案例内

---

① "汽车维修"涉及的职业工种较多，包括汽车维修检验工、汽车机械维修工、汽车电器维修工、汽车车身整形修复工、汽车车身涂装修复工、汽车美容装潢工、玻璃维修工等。这里主要聚焦于一般意义上的汽车维修。

容来自对我国"汽车维修工"职业标准[①]及香港"汽车业"能力标准说明[②]的相关资料分析结果。

根据前述职业能力标准构建程序，"汽车维修"这一职业领域的职业能力标准构建想如下：

1）设立"汽车维修"行业的能力要求等级：依据国家开放大学颁布的《学习成果框架》，初级工至高级技师对应其中的框架等级分别为 1—5 级，因此，这里将"汽车维修"大致划分为 5 级，覆盖资历框架的 1—5 级，形成该行业的能力要求等级。

2）描述"汽车维修"行业的整体能力概貌：依照资格标准的一般描述，针对"汽车维修"行业的各个等级予以具体阐述，其中包括在知识、技能和能力维度上的分别叙述，进而构成该行业的整体能力概貌（表 7-5）。

表 7-5　"汽车维修"行业整体能力概貌

等级	职业资格	知识	技能	能力	（总）职业能力要求*
5 高级技师	能够熟练运用专门技能和特殊技能在本职业的各个领域完成复杂的、非常规性工作；熟练掌握本职业的关键技术技能，能够独立处理和解决高难度的技术问题或工艺难题；在技术攻关和工艺革新方面有创新；能够组织开展技术改造、技术革新活动；具有技术管理能力	具备汽车维修领域坚实的基础理论和系统的专门知识，并对一个领域和交叉领域的知识形成批判性认识	具有汽车维修领域的专门技能和特殊技能；能够熟练运用基本技能和专门技能完成较为复杂的、非常规性的工作；在技术技能方面有所创新	在复杂多变、不可预测以及需要新策略的环境下，管理和改变学习或工作环境；促进专门知识或实践的发展，并对团队整体工作表现负责	在复杂多变、不可预测以及需要新策略的学习与工作领域中，运用基本技能和专门技能完成较为复杂的、非常规性的工作；管理和发展学习或工作环境，促进专门知识或实践的发展，并对团队整体工作表现负责
4 技师	能够熟练运用专门技能和特殊技能完成本职业复杂的、非常规性的工作；掌握本职业的关键技术技能，能够独立处理和解决技术或工艺难题；在技术技能方面有创新；具有一定的技术管理能力	具备汽车维修领域全面的基础理论和专门知识，并对相关理论和原理进行批判性理解	具有汽车维修领域的专门技能和特殊技能；能够熟练运用基本技能和专门技能完成较为复杂的工作	在不可预测的环境下，管理复杂的技术或专业性活动/项目，并做出决策；能够管理自己及小组专业方面的发展	在不可预测的学习与工作领域中，运用基本技能和专门技能完成较为复杂的工作。管理和决策复杂的技术或专业性活动

---

① 中华人民共和国人力资源和社会保障部，中华人民共和国交通运输部. 2019. 汽车维修工国家职业技能标准（2018 年版）. 北京：中国劳动社会保障出版社，61-62

② 香港特别行政区政府教育局. 2022-11-09. 香港资历框架—汽车业. https://www.hkqf.gov.hk/automotive/tc/home/index.html

续表

等级	职业资格	知识	技能	能力	（总）职业能力要求*
3 高级 （技术 工人）	能够熟练运用基本技能和专门技能完成本职业较为复杂的工作，包括完成部分非常规性的工作；能够独立处理工作中出现的问题	具备汽车维修领域必备的基础理论和专门知识	具有汽车维修领域的基本技能和专门技能；并在特定情况下，能够运用专门技能完成较为复杂的工作	在不可预测的环境下，管理以及指导他人工作；检查以及提升自己及他人的工作表现	在相对清晰和部分开放的结构化的学习与工作领域中，运用专门技能完成较为复杂的工作。管理以及指导他人工作，检查以及提升工作表现
2 中级 （技术 工人）	能够熟练运用基本技能独立完成本职业的常规工作；在特定情况下，能够运用专门技能完成技术较为复杂的工作；能够与他人合作	具备汽车维修领域必备的基础知识	具有能够完成汽车维修领域常规工作的基本技能；并在特定情况下能完成较为复杂的工作	在变化的但可预测的环境下，独立完成学习或工作任务；指导他人常规工作，承担评价和改进学习或工作的有限责任	在变化但可预测的学习与工作领域中，专业地完成基本要求，在特定情况下能完成较为复杂的工作。该任务尽可能独立完成
1 初级 （技术 工人）	能够运用基本技能独立完成本职业的常规工作	具备汽车维修领域进一步学习或初始工作需要的基础知识	具有能够完成汽车维修领域常规工作的基本技能	在高度结构化的环境下，在他人指导下，完成学习或工作任务，展示有限自主性	在清晰和稳定结构化的学习与工作领域中，完成基本要求。该任务通过引导而得以完成

*借助现有学习成果框架（资历框架）和职业技能标准的描述，形成职业能力要求的总体描述，但仍需根据实际行业企业调研情况进行具体开发，以便能够形成更加精细化的人才培养要求。

3）划分"汽车维修"行业的横向能力领域：对该行业横向上的职能范畴进行分析，涉及汽车维护、发动机检修、底盘检修、汽车电器检修、汽车故障诊断、汽车大修竣工检修、技术管理与培训、技术指导与革新等功能范畴（表7-6）。

表7-6　"汽车维修"职能范畴

框架等级	职能范畴							
	汽车维护	汽车发动机检修	汽车底盘检修	汽车电器检修	汽车故障诊断	汽车大修竣工检修	技术管理与培训	技术指导与革新
5	/	/	/	/	发动机复合故障诊断排除 底盘复合故障诊断排除 电气复合故障诊断排除 电力驱动及电池系统故障诊断排除	/	技术管理系统培训	技术指导 技术革新

续表

框架等级	职能范畴							
	汽车维护	汽车发动机检修	汽车底盘检修	汽车电器检修	汽车故障诊断	汽车大修竣工检验	技术管理与培训	技术指导与革新
4	/	/	/	/	发动机单一系统故障诊断排除 底盘单一系统故障诊断排除 电气单一系统故障诊断排除 电力驱动和电池维护	路试检验 台试检验	技术管理指导培训	/
3	/	发动机大修 发动机单个机械故障诊断排除 发动机燃油、控制系统单个故障诊断排除 进（排）气系统单个故障诊断排除 润滑、冷却系统单个故障诊断排除 排放控制系统单个故障诊断排除	底盘总成检修 传动系统单个故障诊断排除 行驶系统单个故障诊断排除 转向系统单个故障诊断排除 制动系统单个故障诊断排除	充电、起动系统单个故障诊断排除 照明、信号及仪表单个故障诊断排除 辅助电器系统单个故障诊断排除 空调系统单个故障诊断排除 电力驱动和电池系统维护	/	/	/	/
2	发动机维护 底盘维护	技术参数检测 曲柄连杆机构检修 配气机构检修 燃油、电控系统检修 润滑和冷却系统检修 进（排）气系统检修	传统系统检修 行驶系统检修 转向系统检修 制动系统检修	蓄电池检修 起动系统检修 充电系统检修 照明、信号及仪表系统检修 辅助电气系统检修 空调系统检修	/	/	/	/
1	发动机维护 底盘维护 电器维护	发动机附件拆装 发动机总成拆装	行驶系统拆装 转向系统拆装 制动系统拆装	蓄电池、照明、信号装置拆装 其他辅助电器系统拆装 空调系统拆装	/	/	/	/

4）转化为"汽车维修"行业人才培养的课程内容：纵向上的等级划分和横向上的职能范畴形成二维矩阵，构成"汽车维修"行业的职业能力图表。纵向上，某一职能范畴上的职能变化可以看出不同教育层次上的衔接和进阶（表7-7），这也预示职业教育的中职、高职专科和高职本科应达成的能力层次，上一层应包含或以下一层的能力要求为基础。横向上，某一等级的职能范畴大体对应该等级的"课程体系"，如高职专科阶段的汽

车维修专业尤其需要体现在汽车发动机、底盘、电器等方面的复杂故障诊断和检修上，由各门课程具体落实相关工作任务的完成和能力的达成（表7-8）。对各个等级需要完成的功能单元进行能力单元的命名，如"发动机控制系统故障诊断"，并对各个能力单元进行编码和赋予学时/学分，这也是转化为单门课程相应课程大纲的基础。

表 7-7　职能范畴"汽车发动机检修"的主要职能

框架等级	汽车发动机检修
5	发动机复合故障诊断排除
4	发动机单一系统故障诊断排除
3	发动机大修 发动机单个机械故障诊断排除 发动机燃油、控制系统单个故障诊断排除 进（排）气系统单个故障诊断排除 润滑、冷却系统单个故障诊断排除 排放控制系统单个故障诊断排除
2	技术参数检测 曲柄连杆机构检修 配气机构检修 燃油、电控系统检修 润滑和冷却系统检修 进（排）气系统检修
1	发动机附件拆装 发动机总成拆装

表 7-8　汽车维修工（3级/高级工）

等级	汽车发动机检修	汽车底盘检修	汽车电器检修
3	● 进行发动机总成大修 ● 进行发动机竣工检验 ● 发动机常见机械故障诊断 ● 发动机常见机械异响排除 ● 发动机燃油供给系统故障诊断 ● 发动机控制系统故障诊断 ● 进（排）气系统故障诊断排除 ● 润滑系统故障诊断排除 ● 冷却系统故障诊断排除 ● 曲轴箱通风系统性能和故障检测和诊断 ● 燃油蒸发控制系统性能和故障检测和诊断 ● 废气再循环系统性能和故障检测和诊断 ● 三效催化转换器性能和故障检测和诊断 ● 柴油机排气微粒捕集器、氧化催化转换器、选择还原催化转换器的性能和故障检测和诊断	● 底盘（离合器、手动变速器、万向传动装置、主减速器和差速器、转向器）总成检修 ● 传动系统单个故障（离合器、手动变速器、自动变速器、万向传动装置、主减速器和差速器）诊断排除 ● 行驶系统单个故障（行驶异响、行驶跑偏、车轮、悬架装置）诊断排除 ● 转向系统单个故障（机械转向系统、液压助力转向系统、电动助力转向系统）诊断排除 ● 制动系统单个故障（制动跑偏、制动力不足、制动系统电子控制部分）诊断排除	● 充电系统故障诊断排除 ● 起动系统故障诊断排除 ● 照明系统故障诊断排除 ● 信号系统故障诊断排除 ● 仪表系统故障诊断排除 ● 辅助电器系统（音响娱乐系统，电动座椅系统，电动后视镜，中控门锁，雨刷系统，电动车窗，安全气囊）故障诊断排除 ● 空调系统（空调制冷系统，手动空调系统，自动空调系统，空调取暖和通风系统）故障诊断排除 ● 电力驱动和电池系统（高压维修开关，动力电池）维护

5）以"汽车发动机控制系统故障诊断"能力单元为例，描述人才培养的课程要求：对该能力单元进行描述，包括名称、编码、应用范围、级别、学分/学时、能力要求、考核方法、备注等（表 7-9）。当然，这些能力条目描述中还需要融入核心能力，与各教育领域所强调的核心能力、通用能力等保持一致，以形成更具综合性的能力要求。①

表 7-9　"汽车发动机控制系统故障诊断"能力单元课程要求

名称	汽车发动机控制系统故障诊断
编号	××
应用范围	在汽车维修工场中，从业人员能够依据汽车制造商维修手册的指示，遵循职业安全、健康以及环保的要求，诊断汽车发动机控制系统较为复杂的故障，并执行或安排故障修复工作。在工序完成之后，进行系统检测并填写相关工作报告
级别	3
学分	××
能力	1. 知识（汽车发动机控制系统的结构及工作原理） ● 掌握汽车发动机控制系统的结构及工作原理，包括：汽车发动机；冷却系统；点火系统；汽车废气管制系统；各类发动机管理系统 ● 根据汽车制造商维修指示，了解汽车发动机控制系统的诊断故障程序 ● 掌握汽车发动机控制系统诊断和测试仪器设备的应用，例如：各类车载诊断系统 ● 了解道路（车辆）安全及环保相关条例的要求 2. 技能（诊断汽车发动机及其附属系统故障） ● 掌握汽车制造商维修手册的指示，遵守职业安全和健康及环保要求，准确诊断汽车发动机控制系统较复杂的故障，包括应用专用仪器设备辅助进行诊断 ● 按诊断结果，执行或安排排除故障的修复程序 ● 准确测试汽车发动机控制系统，并应用仪器设备进行测试 ● 进行安全检查及填写有关工作记录，聚焦于：异常情况；测量数据；重要决定
考核方法	此能力单元的考核标准要求为： ● 能够依据汽车制造商维修手册的指示以及职业安全、健康和环保要求，准确地执行汽车发动机控制系统较复杂故障的诊断 ● 能够按照诊断结果，执行汽车发动机控制系统的修复层级 ● 能够在工序完成后，进行发动机控制系统测试和填写有关工作故障报告
备注	此能力单元的学分值是假设被考核人已拥有检修汽车发动机控制系统的知识

对前述关于职业能力标准的案例构建进行反思的话，若未来在国家层面进行进一步探索，我国国家职业资格框架（表 3-1）已稳固地奠定了资格体系的发展基石，其等级划分机制与国际资历框架的进阶逻辑相契合，特别是在"技能"维度的描述上展现出了较高的成熟度。然而，为了全面提升框架的适应性与包容性，我们需聚焦于"知识"与"能力"维度的优化，深度融合前述研究洞察，不仅强化"技能"标准的精准性，更要拓展至涵盖社会能力、发展能力等在内的综合能力图谱，从而搭建起职业资格

---

① 基于职业能力标准的核心内容，后续所开发的专业教学标准、职业技能等级标准可以与此建立衔接与呼应，在此不再展开。

与学历资格之间坚实的"等值互认"桥梁。这一举措不仅将为国家资历框架的科学构建与职业教育的蓬勃发展奠定坚实基础，也将推动形成更加全面、规范的职业资格认证体系。

此外，构建一个更加完善的职业资格框架，还需从系统整合的角度出发，实施全链条的一体化设计与布局。这要求我们在纵向层面，从制度根基的稳固、标准的精细制定，到教育培训实践的高效执行，形成无缝衔接的闭环体系；同时，在横向维度上，促进"产业"与"教育"的深度交融，以及各类教育形式间的顺畅转换，正如本书初步勾勒的路径所示，致力于构建一个更加开放、协同、高效的渗透性教育体系。

最后，我国部门及区域资历框架（表3-2，表3-3）在吸收国际先进经验的基础上，已初具规模，其等级结构清晰，标准描述框架基本成型。展望未来，我们应以此为坚实起点，致力于构建一个广受社会认可的国家资历框架，并以此为平台，汇聚行业企业、教育培训机构的智慧与力量，协同开发既符合国情又具有国际视野的职业能力标准或单元。在开发过程中，充分借鉴系统化设计策略，不断优化从顶层设计、标准细化到实施落地的全方位、多层次体系，为我国职业教育与人才培养的现代化进程注入强劲动力。

第八章 未来路向：资历框架视域下我国职业能力标准体系的再发展

本书在研究视角上回应现实问题与需求，将产教融合的时代背景、职业教育类型思想、学习成果导向范式、资历框架理念等结合起来，对职业能力标准体系进行综合分析。在资历框架、职业体系与职业教育体系下思考联结宏观制度与微观证书的能力标准体系构建。基于统一、规范的职业能力标准能更好地完善职业教育的内部标准，进而确定教育教学内容和考核评价标准，保障职业教育的高质量发展。

第一节 研究回顾总结

本书在第一章"绪论"部分首先针对职业能力标准体系研究的背景与问题，诸如当前我国"多元资格体系分立""权威统一标准缺失""人力资源供需失衡"等问题展开分析，提出了开发具备我国职业与教育特色的综合性国家资历框架及职业能力（资格）标准体系的诉求。其次，从"资历框架"和"职业能力标准体系"两个方面展开了相关研究的梳理、评价与反思。基于此，本书以国家资历框架为视角，尝试构建从"制度"到"标准"到"培养"的一体化职业能力（资格）标准体系，进一步从横向上的"产教融合"和纵向上的"制度-标准-培养"两个维度明确了本次研究的具体对象与特色内容，确定了本次研究的思路与方法。

第二章"逻辑起点"分别从制度、标准和培养这三个层面着手梳理了本书的内容关联，对研究的核心概念及相关理论予以阐释，厘清了概念的内涵、关联以及理论基础。资历框架本身属于一种综合性的资格体系，与职业资格（或职业能力）标准之间存在包含关系，来自多个领域的多种资格（能力）标准在内容和结构上的组合共同构建了国家资历框架中的资格（能力）标准体系。在国家资历框架里，不管是哪一个资格等级或类型，标准的核心内容均是以获取该资格为目标，向学习者提出的标准化学习成果要求。故而，本书将"资历框架""职业能力标准""学习成果"当作核心概念，并对相关理论（例如学习成果理论、职业知识理论、技能发展阶段理论等）展开了分析，为后续研究奠定了基础。

第三章"现实审视"首先对我国制度层面的职业资格体系建设予以回顾和总结，特别是对职业资格证书制度、现代职业教育体系、部门或地区层面的资历框架进行了梳理与分析。其次对标准与证书层面的职业能力标准展开梳理，尤其是对专业教学标准中涉及的职业能力标准、人力资源社会保障部与教育部制定的职业技能等级标准进行了阐述和分析。在此基础上，对我国当前职业能力标准体系的整体建设进行反思，并提出了建设诉求以及问题解决的可能策略。未来需要突破多元资格体系的限制，构建综合性资历框架及其标准体系，尤其对于与产业界联系更为紧密的职业教育体系而言，需要搭建沟通人才培养与人才供给的桥梁，构建职普等值与融通的统一职业能力标准体系。面向未来的资历框架建设，如何将制度、标准与培养进行一体化的顶层设计，显得尤为重要。针对终身学习型社会的需要和建设现代职业教育体系的需求，需要在顶层设计上进行系统化研制、在实践探索中进行科学化考证，构建综合性的资格标准和贯通、融通的职业能力标准。

第四章"国际比较"对职业教育发达的国家——澳大利亚和德国，在资历框架开发与实施的背景下建设职业能力标准体系的情况进行了个案描述与总结。分别从资历框架的建设背景和框架体系的描述着手，阐释了两国基于资历框架的职业能力标准体系的建设成果与构建特点。澳大利亚职业能力标准体系的构建体现了规范化表述的学习成果、阶梯式划分的资格等级、部门资格类型间的等值与融通、贯穿始终的基础技能、指向工作世界的能力要求和个体性与社会性的综合考虑等特点。德国职业能力标准体系的构建体现了基于整合能力观的学习成果导向、跨教育领域的综合性资历体系、体现职业教育与培训领域的特色与要求等特点。两国的建设经验为他国国家资历框架及职业能力标准体系的建设提供启发与借鉴。

第五章"经验提炼"重点分析了前述的澳大利亚与德国的资历框架、通用资格标准和职业能力标准的构建规律，从构建理念、构建原则、构建方向和构建过程角度总结和提炼了职业能力标准体系建设的核心内容。从资格等级标准构建的影响因素来说，国家资历框架模式的确定是整体资格体系结构和内容构建的先导环节，资格等级及类型描述相互之间的结构关系及标准具体内容的详略程度都有其所在框架的模式属性；从资格等级标准构建的核心原则来说，学习成果是标准内容层面上的实质构成，同时学习成果的横向上的维度划分及纵向上的层级变化又与标准结构的形成直接相关；从资格等级及等级标准的纵向发展来说，纵向上等级水平的划分、不同资格等级标准描述的前后衔接及阶段划分都与相关教育、培训及资格体系有着密切的联系，并一定程度上反映了劳动力市场的人才需求情况；从资格等级标准的横向维度划分来说，学习成果分类理论在标准横向的各个子维度的形成中发挥了重要的理论导向作用；从资格等级标准的具体描述来说，描述结构多为"学习成果+任务情境"，同时在描述用语上强调简洁性和规范性。参照此构建经验，我国国家资历框架的资格等级标准在形成过程中需考虑到国家资历框架模式、现存教育与培训及其资格体系、学习成果分类理论等因素的基础性作用，同时也需在资格等级横纵结构、具体标准内容、标准描述结构和用语方面形成较为统一规范的要求。

基于资格等级标准发展起来的资格类型描述包含上述等级标准的构建特征，同时也体现了差异性发展的特点。具体来说，国家资历框架模式在此部分的影响着重体现在不同领域资格类型描述之间的差异性及融合程度上；资格类型描述的纵向发展与其所在部门的教育、培训及其资格体系相关；在具体资格类型描述中，资格类型所在教育部门领域性特征明显，同时标准描述整体上又以基础性的能力要求贯穿其中。此部分的核心启示在于国家资历框架中资格类型描述的构建需以其所在资格等级的等级标准为准，同时也要重点考虑来自于不同教育部门的资格类型在标准构建中产生的领域差异。

技术技能人才的职业能力标准由低一级向高一级的发展体现为，职业活动情境由特定向半开放、开放、多变的情境领域发展，而工作任务由简单向专门化、专业辅助性、专业性的工作要求发展，独立性则由通过引导向独立计划与实施，计划、实施、评价、管控的方向发展。这些基本规律也为我国开发和描述职业能力标准的进阶提供经验参照。我国尤其需要基于上位广泛的跨教育领域的资格等级标准，在职业能力标准中融入等级标准描述与进阶的思路，同时基于下位具体的职业技能标准，在职业能力标准中融入核心能力的思想，使得所开发出来的职业能力标准更具完整性和发展性，达到与学历资格等值的目的。

第六章"构建基础"是基于前述几章关于我国的现状与诉求及国外的经验与规律，提出建设职业能力标准体系的制度基础：资历框架建立的必要性、重难点及资格标准体系的建设。理解资历框架开发的时代意义，突破资历框架构建重难点是核心，这是系统化建设职业能力标准体系的前提基础。我国当前缺少该综合性的资格体系基础，不利于职业教育"等值不同类"地位的确立以及一以贯之的能力标准的开发，未来亟须加强这方面的制度建设。资格标准体系既是资历框架内容与结构上的重要组成部分，同时也是资历框架功能发挥的核心依据与载体，对于资历框架制度的制定与运行而言都至关重要，应予以足够重视。在资格标准基础上形成的职业教育资格体系，是国家资历框架指导下用于对职教领域资格进行分级、认证及转换的子系统。构建该资格体系，既是职业教育自身完善体系建设、强化质量管理的迫切需要，也是跨教育领域国家资历框架制度构建的前期奠基工程之一。

提高当前我国技术技能人才的资格地位和资格社会认可度还需要从制度层面入手，建立包含普通教育、职业教育、高等教育的国家资历框架，由此促进职业教育体系完善和层次地位的提高，为技术技能人才成长提供多重路径和制度性保障，这与当下劳动力市场对于技术技能人才的多层次、多样化需求是一致的。国家资历框架建设需要构建跨教育领域的综合框架体系，为各个教育领域内部标准提供统一基准，并且以学习成果为导向进行开发，将职业教育领域作为重点突破领域。尤其是资格标准的建设，作为国家层面上衡量人才培养结果的基准，其制定原则、内容与结构能够对各级各类标准制定、教育教学活动、教育评价活动发挥质量要求和目标导向作用，同时也能在更好链接人才培养供给侧和需求侧，帮助人力资源市场更好识别人才质量，学习者更好实现学历提升和职业流动发挥参照作用。在开发中，需要贯彻资历框架的基本原则与核心思想，为促进普职等值、融通，产教融合，国际交流做出贡献。

第七章"构建主体"从系统设计和层级标准两个层面，对资历框架视域下我国职业能力标准体系的一体化构建进行了勾画，尤其针对各个层级：资格等级标准、资格类型描述、职业能力标准、专业教学标准和职业技能等级标准（X），提出了关联设计的初步构想，并通过具体案例对这一关联设计进行了开发内容与路径的展示。

在资历框架视域下构建职业教育领域的各级标准能够保证标准理念的统一贯彻，并且能够保障各级标准之间的相关性、延续性和衔接性，如跨教育领域资格等级标准、职教领域类型标准、行业/职业能力标准与职业技能等级标准之间的层层递进，又不失跨教育领域和跨行业领域的可比较性和共识性。各类标准一体化的构建路径需要遵循资历框架资格等级标准—职业教育领域类型标准—行业/职业能力标准—职业技能等级标准的开发路径。当然，现有的已开发的中下位标准并不需要重新开发，而是需要在总的理念下进行一体化调适和更新。"一体化"既体现在从上位框架标准到下位培养标准的一体化设计，也体现职业教育内部的纵向贯通设计和横向综合能力的整体考虑。

第八章"未来路向"对总体研究结果进行了总结与提炼，突出职业能力标准体系建设从框架制度、标准构建到证书开发的整体概貌与核心结论。未来，职业能力标准体系还需进一步着眼于跨教育领域的资历框架的确立、职业能力标准的构建和落实、职业能力证书的整体化开发，这几方面环环相扣，相互影响，共同助力国家资格体系、教育体系、职业教育体系的高质量发展。

第二节　核心观点提炼

本书回应政策需求与实践问题，在资历框架的视域下，基于当前职业教育主流的思想理念，如职业教育类型说，学习成果范式，职业知识理论、技能发展阶段理论等，对我国职业能力（资格）标准体系进行系统化研究，从理论阐释、现实发展、国际经验等多方面展开论述，提出当前时代背景与发展阶段下职业能力（资格）标准体系建设的必要性与可能性。其中，"资历框架"体现了研究视角的系统性，只有集合利益相关者系统构建职业能力标准体系，才能推动标准体系与人才培养质量的统一认可，才能切实推进职业教育 1+X 证书制度的整体设计与落地实施。"职业能力标准体系"作为职教领域人才培养结果的基准，是连接人才需求、人才培养与人才评价三大体系的核心环节，是体现社会需求侧与教育供给侧对人才质量与结构要求的对接平台，是实现人才出口端与人才培养端产教融合的关键纽带，也是解决书证融通核心问题的关键所在。研究针对职业能力标准体系从三个层面：制度层面、标准层面、培养层面进行了一体化研究与思考，核心观点总结如下。

一、国家资历框架制度建设

第一，国家资历框架是一种将所有教育类型的资格纳入统一框架，进而对资格进行表征、分级、认定与转换的国家制度工具。资历框架制度的建立，有利于规范各级各类教育和培训的内容，有利于鼓励大众通过不同教育或培训路径获得个人生涯发展所需的资格，实现不同类型教育证书的可比性，从而进一步推进教育公平和社会公平，实现"人人皆可成才，人人尽展其才"的人才发展目标。①理想状态下，资历框架能够在融通教育内部、推动各教育体系发展的基础上，连接外部劳动力市场，实现人才供需的基本平衡，从而更好地达成教育质量化、公平化及终身化发展的目标。国家资历框架是基础性制度，学习成果认证和学分银行制度是国家资历框架得以实施的保障。②资历等级、资历通用标准、职业（行业）能力标准是建设资历框架的核心内容。要使职业（行业）能力标准在终身学习领域真正发挥作用，则需要对学习成果进行计量、计算、换算，以及认证、积累和转换，并存入终身学习账户中。

第二，以学习成果为导向构建综合性资格制度，是解决当前我国教育系统与劳动市场体系中多元资格体系分立、标准繁杂、人力资源供需失衡等问题的重要途径之一。国家资历框架和职业教育资格体系二者都是综合性资格制度，其差异体现在层次及范畴上，但都包含多种资格类型，且具有以下功能：一是为各级各类教育确立统一标准体系，确立质量标准线，并为相互之间的转换、融通搭建平台；二是作为教育界与产业界的中间变量，反映产业界需求，指导教育实践，实现供需平衡；三是通过资格制度的指导作用，将学习成果、资格融通、终身学习贯通到教育教学实践中。

第三，结合国际先进经验与本国基础和特色构建我国资历框架。资历框架的建设可以为学历证书和职业技能等级证书之间的学习成果认证和衔接提供转换标准和衔接平台，其设计上必须强调整体性，其构成要素应该覆盖正规教育、非正规教育和非正式学习所获得的各类技能成果，融合学校教育和社会培训，架构上要强调体系的完整性，明确等级级别、能力标准、立法管理、成效为本课程体系、学分体系、质量保证体系、过往学习认证标准等③。从资历框架建设的发展路径来看，英国等部分国家和地区先建立单一类型资历框架或地方资历框架，在此基础上逐步发展为综合性的国家终身教育资历框架。新西兰、澳大利亚等国家和地区则是直接建立统一的国家终身教育资历框架；德国、马来西亚等 126 个国家和地区已通过对接欧洲、东盟等跨国的区域参照资历框架，建设本国跨教育领域的资历框架，实现国际互认。我国相比于其他国家资历框架建设也具有优势，如先期探索了区域/部门资历框架、学分银行、职业资格标准，为教育体系的一体化和人才培养标准设计提供基础，在框架构建上可以不必重新摸

---

① 赵志群. 2023-03-10. 加快推进国家资历框架制度建设. 中国教育报，（第 2 版）
② 张伟远，谢浩，张岩. 2021. 加快推进国家资历框架建设 完善全民终身学习体系. 中国职业技术教育，（12）：58-62
③ 谢青松. 2019. 巴基斯坦国家职业资历框架分析与启示. 职教论坛，（6）：162-169

索，结合本国特色，对接国际通用或先进框架进行整体化、跨发展阶段的
建设。国外资历框架在形成综合能力导向的学习成果描述、论证职业教育
与普通教育等值而不同类、确定对现有教育领域内部资格体系的影响边界
等方面为我国提供了启示。

二、职业能力标准体系构建

第一，资历框架以及职业教育资格体系的建设，为教学标准及证书体
系的形成和完善提供了制度平台。国家资历框架和职业教育资格体系通过
学习成果导向原则、资历等级划分、标准维度划分、标准核心要求作用于
职业教育领域具体标准及资格体系构建，为职业教育实践框定质量标准
线，支撑职业教育与培训体系系统构建。职业教育基于国家层面的制度框
架，结合本领域资历构建基础与需求，探索形成遵循教育规律、契合新时
期劳动力市场用人要求的职业能力标准，继而以能力标准为上位标准，指
导教育领域内专业/学科标准及证书的开发。

第二，职业教育资格体系乃是国家资历框架指导下针对职教领域资格
进行分级、认证及转换的子系统。构建职教资格体系不仅是职业教育自身
完善体系建设、强化质量管理的迫切需要，同时也是跨教育领域国家资历
框架制度构建的前期奠基工程之一。完整意义上的国家资历框架，是一项
国家层面上牵涉多个主体，作用范围广泛且影响深刻的制度改革与构建，
有一定的构建难度和周期，各教育领域内部或有条件的地区在遵循国家资
历框架的基本导向下先行试点构建自身资格及标准体系不失为一种循序渐
进的方式。职业教育与培训领域作为涉及资格种类最为复杂、资格间融通
实践最为丰富的领域，其资格体系构建不仅有助厘清职教自身当前的资格
及标准体系现状，同时也能够为国家资历框架构建解决一重大难题。

第三，构建融通职教专业教学标准和国家职业标准的职业能力标准体
系。基于职业能力标准对专业教学标准进行修改完善，为各级各类职业教
育与专业教育人才的培养提供参照。我国的专业教学标准在开发内容方面
参考了职业标准的要求与内容，然而由于专业对应的职业面更宽广，所培
养的综合职业能力也更为广泛，所以这两类标准之间的对接机制还较为模
糊，尚未形成系统完整的衔接模式，需要发展跨界的职业能力标准体系，
为职业界的要求与内容顺利转化为职教界的规格与课程提供坚实基础，为
产教融合助力。职业能力涵盖胜任劳动力市场职业群的能力要求和个人发
展要求，是学制范围内职业教育最终需要产生的结果，因此是能够指导各

个学习地点开展职业教育的总方针。尤其是当前现代学徒制的开发、实施与评价，更需要能够统领职业学校教育与企业培训统一的职业能力标准体系。

三、职业教育证书体系建设

第一，职业教育证书制度建设是促使职教内部标准体系功能实现的重要一环。学习成果导向、综合能力发展、职业标准与教育标准融通等理念的实现都需要证书制度保持"统一步调"，对资格及其标准而言，证书是最后授予的结果，也是二者功能实现的路径。职业教育 1+X 证书制度的核心出发点也是促进学历教育体系学历证书与劳动力市场体系职业资格证书的衔接沟通，保证学习者掌握职业活动与生涯发展所需的综合能力。

第二，职教领域目前分立而行的证书现状需要统一的职教证书制度加以整合。我国职业资格证书和教育学历证书由两个部门颁发，两者分离，且内涵不同，影响职教整体发展质量。面对这一失衡现状，职教内部亟须构建统一的职教证书制度，将学历与职业资格证书都纳入其中，规范二者各自的标准制定及资格认证行为，并为二者相互间沟通、衔接提供通道。与此同时，国家层面上容纳所有教育领域资格的国家资历框架也应加快开发和建设步伐，为职教证书制度发展提供更科学的顶层设计和依据。

第三，完善书证融通制度，实现学习成果的学分形式呈现及在课程内容中的延伸。我国部分地区已开展的"双证融通"实践为职教证书制度建设提供基础和经验。职业能力标准为书证融通提供上位参考标准，通过同一规格/标准的比对，实现学分积累与转换，同时也为产教融合课程内容的确定奠定基础。书证融通制度的完善也有赖于国家层面资历框架与资格标准体系的建设。

第三节　未来研究展望

一、职业能力标准体系系统设计的底基：国家资历框架的确立

国家资历框架主要涵盖普通教育、高等教育、职业教育与培训及各级各类非正式、非正规学习过程的标准化学习成果，最终表现为学历教育资格证书和职业资格证书这两种正式的资格证明形式。我国现阶段对国家资历框架研究和探索现状与我国当下社会和教育各界对国家资历框架的构建及开发需求之间仍有着的较大差距，离完全意义上国家资历框架功能和目

的的实现还有一定的距离。在我国国家资历框架开发和构建从理论文本走向实践操作的关键节点上，该主题下的理论研究工作还有待强化。首先，关于国家资历框架的比较研究工作需要进一步深化，总结其他国家资历框架内容、结构及运行上的内在一般性规律，还需要实现研究侧重点由必要性、关联性及单纯经验介绍性的研究转向对国家资历框架本体性内容和结构层面的研究。其次，在理论基础的构建方面，应当具备跨教育与职业领域的视野。国家资历框架作为一个综合性的社会制度体系，需要丰富的理论作为支撑，同时还应增强理论的针对性，从而确保国家资历框架开发的每个环节都拥有坚实的理论依托。最后，在本土化研究中要加强对我国相关领域的实践背景研究，在此基础上，方能提出既具备理论基础又具备实践基础的国家资历框架构建建议。未来尤其可以基于当前已开发的各类相关框架及标准实现国家层面资历框架的高效构建：在等级上，在参考我国已有的地方/部门学习成果框架的基础上，考虑8级框架的设计，一是可以对接我国8级职业资格框架，这也是资历体系中最复杂的部分；二是可以参考国际通用的资格等级，在后续对接方面也能较为顺畅和高效。在维度上，采用国际通用的知识、技能和能力的学习成果描述，尤其在"能力"维度上可以赋予我国特定的价值追求，包含若干子维度，例如态度和价值观等。在针对所有教育和培训领域的资格描述构成上，采用针对职业/工作领域或学习领域的统一或分开描述，使得既包含学历成长的路径，职业路径成长也置于同等地位，促使多样化成才通道的建设。

此外，国家资历框架构建牵一发而动全身，除了政策推动和理论研究进一步深化，法律制度保障的健全，构建模式及路径的选择，标准内容的确定，各利益主体的参与及相互之间关系的协调，实践中人、财、物的充分配置等，这些都是国家资历框架构建过程中需要统筹考虑的具体事项。在实践探索层面，除了当前部分领域或个别地区已经开展实践工作外，国家层面也应在此基础上早日出台相关制度构建政策，成立专门的资历框架构建组织；各教育领域专题专项推进标准制定进程，保证相互之间标准兼容且衔接；个别地区先行试点，及时总结经验教训，逐步扩大推广范围；积极参与跨国性、地区性资历框架构建工程，并逐步提高我国资格认证体系在国际上的认可度；完善与之相匹配的学分制度等。

二、职业资格与教育体系贯通的依据：职业能力标准的建设

党的二十大报告提出"统筹职业教育、高等教育、继续教育协同创

新，推进职普融通、产教融合、科教融汇，优化职业教育类型定位"，肯定了职业教育作为一种类型教育的发展方向。2019 年，《国家职业教育改革实施方案》《中国教育现代化 2035》中关于"推进资历框架建设，探索实现学历证书和职业技能等级证书（1+X）互通衔接""启动 1+X 证书制度试点工作""开展 1+X 所体现的学习成果的认定、积累和转换"等内容，则为产教融合背景下的国家标准制度与证书融通机制建设指明了具体路径。资历框架、资格标准、资格证书之间存在互为基础、相互联动的关系。"虽然国家资历框架还未建立，但在 1+X 证书制度试点中运用资历框架的思想，不仅可以推动 1+X 证书制度实施，进而破解相应的难题，而且可以为 1+X 证书制度的实施提供框架性保障。"[①]我国未来应基于资历框架思想来系统设计职业能力标准体系。

国家资历框架及资格标准作为上位标准，因其综合性和基准性，仅包含最一般意义上的学历资格与职业资格标准。基于此，职业能力标准体系应遵循"资格标准—职业能力规格—1+X 书证融通规范"的开发路径（图8-1），此路径既能推动和落实资历框架的职能和理念，又能让专业/学科标准及其评价标准的构建成果得到各方认可。未来针对各个行业/职业领域的职业能力标准建设除了理论层面的澄清外，其构建内容还需涉及：

1）阐释职业能力标准的基本内涵，确定学习成果作为标准构建的核心原则。综合国际国内对职业能力标准体系基本含义的理解，确定职业能力是衔接产教之间体现技术技能人才职业资格与学历资格的综合能力。学习成果导向是多数国家在构建国家资历框架、资格标准、职业标准、课程标准、评估标准时所遵循的核心原则。为使得职业能力标准在其中产生上下衔接的作用，其构建也需遵循学习成果原则。除了确立学习成果作为职业能力标准构建的核心原则，更需要落实其具体实现。

2）确立要素、结构与关联三个层面的职业能力标准基本构成。职业能力标准基本上是一个横纵结构的二维矩阵。横向维度构建主要是学习成果的呈现，纵向维度构建主要是能力等级的分层。框架构成遵循同一核心原则与描述基本规则，保持横向关联与纵向衔接。

3）构建基于学习成果分类理论的横向维度和以职业及教育资格体系为依据的纵向等级。职业能力标准横向上是技术技能人才的学习成果要求，学习成果分类理论为横向维度划分提供了教育学、心理学等多学科领

---

① 李海东，杜怡萍. 2019. 建立我国国家资历框架的思考. 中国职业技术教育，（7）：77-80

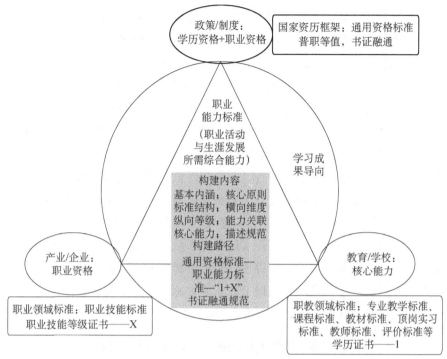

图 8-1　职业能力标准的构建内容与路径

域的依据。同时，结合我国现有技术技能人才职业等级划分与职业教育结构体系，分析技术技能人才职业生涯发展中职业能力发展路径，划分纵向的职业能力进阶阶段。

4）注重职业能力标准规格的相互关联及核心能力的融入。职业能力标准基于资历框架的资格标准，同时考虑职业领域的职业标准和教育部门的领域性特征而产生，确保能力规格构建的统一性与关联性。核心能力是贯穿能力框架的基础能力要求，能应用于各种学习和工作任务，是个体知识、技能和能力适应情境化发展的重要基础，也是上位资历框架功能完善及下位教育功能实现的重要方面。如何将核心能力融入职业能力描述中，是职业能力完整性与综合性的必要体现，也为后续 1+X 书证融通提供统一指导。

5）形成职业能力标准的描述结构及规范用语。能力规格遵循何种描述模式，例如，是否运用"什么知识""什么技能""如何"去完成"什么样的任务"或是解决"何种程度的问题"等具体描述形式，是上位思想的外在直接表现。此外，能力规格具有广泛的领域适用性以及一定时间范围内的相对稳定性，需要形成一套规范化且适应面较广的描述用语，如任务情境方面采用"常规的""变化的""不可预测的"等表述。

本书呈现了理论探究上的部分成果，但这些研究成果还需要进一步结合行业实践案例进行应用研究，以便理论与实践能够在互动中生成新的实践智慧。应用案例开发应围绕核心产业，选取典型职业领域/专业，结合本书研究理论探索的初步方案，并且基于某一职业领域已有的相关职业标准与专业教学标准，通过对相关实践专家关于职业发展路径与要求的访谈，获得或验证该职业领域核心的资格与能力要求，反馈并修正相应的技术技能人才职业能力标准，并且以专家研讨论证的方式对基本方案进行修正和完善。通过开展案例研究，进一步完善开发内容与路径，进而推广到其他行业/职业领域，为资历框架的落实和职业能力标准的建设提供理论基石与应用经验。除此之外，在实证研究之后，还需要探讨职业能力标准体系对当前专业建设与发展、课程开发与更新、人才质量评价等方面产生的影响和实质作用，进一步反馈至职业能力标准体系的后续建设。如此，构建的职业能力标准体系才能愈发完善。

三、职业教育完整、等值资格的体现：职业能力证书的开发

在当前我国从学历型社会走向技能型社会的转型过程中，我国职业资格证书整体数量萎缩，职业教育的"双证书"制度逐渐淡出，新建的1+X证书制度在实际操作过程中也面临一些问题，包括其合理性、科学性、权威性、流通性、认可度不高和信效度差等。职业资格证书制度的弱化使职业教育缺少了独特的人力资本价值评价，也会从根本上动摇职业教育的根基。因此，需要重建国家职业资格证书制度，为职业教育发展根基奠基。

完整的职业教育资格是什么？如何进一步发展当前的1+X证书制度？是否有类似德国、澳大利亚的资历框架中完整、独立的职业教育资格？在我国，与普通教育相等值的职业教育资格应该是什么？针对这些问题，笔者认为，理想的"1"应是完整的资格，取得"1"则意味着具备结业和升学的凭证。无论是哪种职业技能等级证书（X），其范畴实际上都小于该"1"的范畴和功能。因此，职业教育的完整资格，既不是当前组合式的1+X，也不是X所代表的职业技能等级资格，而是蕴含职业资格的"1"。本书所讨论的职业能力标准的内涵实际蕴含这样的思想——它是各级职业教育所应达成的完整的能力概貌，为学历要求和职业技能要求的确立提供统一的基础。

在建设国家资历框架和职业能力标准的基础上，为进一步落实标准实

施，需要在标准开发的基础上，尤其聚焦于作为过程的课程开发和作为结果的证书开发。

1）确立各职业领域的职业能力标准。首要任务是清晰界定各职业领域的综合职业能力标准，这一"1"的概念，应全面涵盖某一学段、特定职业领域的完整能力体系。此处的"职业"凸显了职业教育的特色定位，"能力"则超越了单一技能或资格范畴，指向《职业教育法》所倡导的职业综合素质与行动能力。该标准需纵向贯通各职业教育层次，横向与普通教育等值互认，确保产业与教育需求的无缝对接，获得广泛的社会认可。

2）职业能力标准转化为人才培养内容。基于上述能力标准，设计课程体系，旨在培养既能适应当前市场需求，又能持续成长的技术技能人才。课程体系构建时，不仅要融入职业特定能力要求，还需强化通用能力与思政教育元素，形成工作导向与学科系统化并重的课程结构，确保学生能力的全面发展。

3）开发体现完整能力的职业能力证书。鉴于 X 证书仅覆盖专业方向，不足以代表完整的职业教育资格，探索建立全面体现职业能力、具备广泛认可度的职业能力证书制度显得尤为重要。此举旨在提升技能人才的社会地位与就业竞争力[①]，促进产教深度融合。此类证书应实现纵向衔接、横向融通，成为教育、就业及行业认可的重要凭证，助力构建能力导向型社会。

在国家资历框架的统一引领下，职业资格及证书的设计需严格对应框架内相应等级的资格标准，推动职业教育由"1+X"向完整"1"的转变，构建统一的职业资格体系。此举不仅促进了职业教育内部的连贯性，也增强了职业教育与普通教育在跨领域比较中的可比性，实现了两者资格的等值互认。形成完整的"1"也是国外职业教育的典型做法，从国际经验来看，澳大利亚针对职业教育的Ⅰ级、Ⅱ级、Ⅲ级、Ⅳ级、文凭、高级文凭，德国的如双元制职业教育（3—3.5 年）、职业进修教育等职业教育文凭，均是"单证"，因为该单证体现了该级职业教育的学习成果，能够被外部劳动力市场所识别，且是进入相应层次及领域从业的必备条件。那么，我国职业教育的"双证书"属于类似一些国家混合职业教育与普通教育而获得的双重资格（学历资格+职业资格）吗？是 0.5+0.5？还是 1+1？如果是 0.5+0.5，那么，1 作为"和"应包含传统的双证（学历证书+职业证书），是基础，而 X 则是 1 的补充、强化和拓展，是作为额外补充部分，

---

① 徐国庆. 2024-02-07. 要让人们愿意上职业学校需协同努力. 人民政协报，（第10版）

反映那些及时的职业模块内容。如果是 1+1，那么学历资格与职业资格就属于双重资格，应当在学历系统中受到认可，有利于升学，也应当在就业系统中受到认可，有利于就业。借鉴国际经验，我国亦应致力于形成单一而全面的职业教育文凭，以体现学习成果的市场价值与从业资格。

这同时涉及职教高考作为高校入学资格的问题。职教高考作为中职阶段升入高校的凭证，也需要进行区分：如果进入职业类高校，则依据高中水平考试可给予直接认可，形成贯通入学；如果进入学术类高校，则需要引入"职教高考"，在补充一些普通课程后再进行入学考试，从而进入学术型高校。例如，瑞士由职业基础教育进入高等职业教育，凭借自身获得的单证形式的"联邦能力证书"（Eidgenössisches Fähigkeitszeugnis，EFZ）可以直接升入高等职业教育，而由职业基础教育进入学术教育系统中的应用科学大学，则需要参与"职业性质的高校入学资格"（Berufsmaturitaet，BM）的课程学习和考试，才可以转入；由职业基础教育进入学术教育系统中的综合性大学，则需要在获得 BM 证书的基础上，再进行补充考试，从而转入。当然，这并非体现了职业教育转轨的障碍设置，而是在遵循各类教育自身入学条件的前提下，确保各类教育的类型特点和高质量发展。反之，由普通高中进入高等职业教育、应用科学大学，学生仍然需要补充相应的职业实践经验及其证明。这一机制既尊重了各类教育的独特性，又保障了教育体系的整体质量与连贯性。

最终，我国无论是历史沿革中的"双证书"制度，还是当前的 1+X 证书制度，其核心目标都应是构建完整、高质量的职业教育资格体系。与如德国作为"单证"的职业资格（指向宽基础、完整的职业群资格）相比，我国尚未形成两者融合的职业教育文凭，而该职业教育文凭才能真正与学历资格文凭实现独立基础上的相互对等，各自具有不可替代性。正如一些学者提出的"只有职业教育证书重新由'双'和'多'回归到'一'，才象征着职业教育真正办出了特色，真正成为了'类型教育'"[①]。因此，各层次职业教育的统一标准及其体现该标准与结果的文凭或职业能力证书的高质量发展，才能真正体现职业教育的本质特征和最终目标，为社会培养更多高素质的技术技能型人才。

---

① 孟景舟. 2020. 职业教育关键问题的十大反思. 职教论坛，（1）：6-15